中国人の日本語作文コンクール

[第14回] 受賞作品集

中国若者たちの生の声

日中交流研究所 所長
段躍中 編

中国の若者が見つけた 日本の新しい魅力

見た・聞いた・感じた・書いた、新鮮ニッポン！

特別収録…現場の日本語教師の体験手記「私の日本語作文指導法」

日本僑報社

推薦の言葉

石川 好（作家、元新日中友好二十一世紀委員会委員、日本湖南省友の会共同代表）

日中平和友好条約締結40周年の節目の年にあたる2018年、日本僑報社・日中交流研究所主催の第14回「中国人の日本語作文コンクール」が盛大に執り行われました。併せて14作目となる本作品集のご出版、誠におめでとうございます。

このコンクールは、日本と中国の相互理解と文化交流の促進をめざして2005年にスタートしました。以来、中国で日本語を学ぶ学生にとって日ごろの学習の成果を発揮する絶好の機会となり、中国で「最も影響力のある日本語作文コンクール」として広く知られるようになりました。今やこのコンクールが、学生たちにとって学びの目標の一つともなっています。また作文は一つひとつが中国の若者たちのリアルな「生の声」であり、貴重な世論であるとして、回を重ねるごとに両国の関心を集めています。

ここ数年、難しい時期にあった日中関係も、最近はますます改善の勢いを増しています。昨年（2017年）の国交正常化45周年を経て、今年は平和友好条約締結40周年という記念すべき年を迎え、10月には安倍晋三首相が中国を公式訪問されました。来年2019年は中国の習近平国家主席の訪日が実現するよう大きな期待が高まっています。

こうした前向きな両国関係の背景をとらえ、中国で日本語を学ぶ若者たちの日本語学習熱もいっそう高まりを見せているようです。今回のコンクールには、中国全土から計4288本もの作品が寄せられたうかがいました。テーマは(1)中国の若者が見つけた日本の新しい魅力　(2)日本の「中国語の日」に私ができること　(3)心に残る、先生のあの言葉——の3つでした。この作文集には、そのなかから厳正な審査を経て選ばれた入賞作81編を収録しています。

とくにメインテーマともいえる「中国の若者が見つけた日本の新しい魅力」の入賞作からうかがえるのは、実際に日本を訪れ、あるいはインターネットを通じて、自らが見つけた「日本の魅力」を生き生きとした筆致で描いてくれた学生さんが多かったことです。

振り返れば、作文コンクールが開催されてきたこの14年間に中国は目覚しい発展を遂げ、今や第2の経済大国として国際社会における影響力を増しています。それに伴い、豊かになった中国の多くの人々が、日本や海外への旅行を楽しむ時代になってきました。大学で日本語を専攻する学生さんたちも、日本に短期で留学したり、訪問したりする機会が以前に比べてはるかに増えてきたようです。また、インターネットの発達により、中国にいながらにして日本の文化や現象がリアルに感じられる時代になったことはいうまでもありません。

現代中国の若者たちは、「日本の新しい魅力」をどのように受け取ったのでしょうか？　本書に収められた作文の数々は、2020年東京五輪・パラリンピックを前に次々と訪れる中国や世界の人々にとって、また日本に関心のある全ての人にとって、この国を深く理解するための一助となるに違いありません。　日本の皆さんにとっては、新しいグローバル時代にあって、日本の魅力や面白さ、不思議さを外から再認識することのできる「映し鏡」になることでしょう。

主催者である日本僑報社・日中交流研究所は、日中相互理解の促進を目標に掲げ、民間の交流活動である本コンクールに14年間、一貫して取り組んでこられました。中国における日本語教育の発展に大きく貢献されてきたばかりか、毎年作文のテーマにタイムリーな事象を取り上げ、両国メディアや教育、文化、学術界らの注目を集めてきました。

それは、日中関係の発展に向けて重要なヒントとなり得る「正能量」（プラスエネルギー）を、両国の人々に提供し続けている貴重な活動であるともいえます。

この場をお借りして、両国関係の明るい未来のために意義深い活動を続けてこられた主催者をはじめ、関係各社、機関・団体、ご支援ご協力をいただいた全ての皆様に、心より敬意と感謝の意を表したいと思います。

とりわけ今回もこのコンクールに積極的にチャレンジし、外国語である日本語を使いこなして、自分の意見を率直にかつ堂々と「作文」に表現してくださった全ての学生の皆さんに心より感謝いたします。

そして皆様には、今後も民間交流活動である本コンクールに変わらぬご指導ご鞭撻をたまわりますよう、そしてこの作文集を引き続きご愛読ご推薦くださるよう、よろしくお願い申し上げます。

2018年11月吉日、東京にて

目次

推薦の言葉　石川　好 ……………………………………………… 3

上位入賞作品 ………………………………………………………… 11

★ **最優秀賞（日本大使賞）**

車椅子で、東京オリンピックに行く！ …………… 復旦大学　黃安琪 12

★ **一等賞**

中国の若者が見つけた日本の新しい魅力 …… 広東外語外貿大学南国商学院　呉曼霞 27

流行語からの発信 …………………………………… 華東師範大学　劉　玲 24

日本の新しい魅力 …………………………………… 清華大学　王婧瀅 21

中国の若者が見つけた日本の新しい魅力 …… 中南財経政法大学　王美娜 18

日本の「中国語の日」に私ができること …………… 青島大学　邰華静 15

★ **二等賞**

中国の良さの再発見 ………………………………… 東華大学　朱　雯 30

最も美しい景色 —人— ……………………… 江蘇師範大学　周夢琪 32

私を応援してくれる大切な言葉 …………………… 蘭州大学　郭順鑫 34

日中間により多くの文化の清流を
祖父の望みを背負って
先入観のほろびしおでん煮えにけり
留学生に謝りなさい！

光

「冷たい」日本人
「おもてなし」から見つけた日本の新しい魅力
空から見よう、日本のすべてを——私の夢「中国語の日」に実現
中国の若者が見つけた日本の新しい魅力
心に残る、先生のあの言葉
心に残る先生のあの言葉
他人を思いやる日本の若者

★三等賞

日本語を学ぶのは何のため
日本の高齢者の魅力
サッカーの世界から見えた世界
日本の新しい魅力、それは、きれいに化粧をしているお年寄り
共に中国の詩歌の魅力を感じよう

清華大学　周凡淑　36
山東政法学院　張伝宝　38
上海理工大学　黄鏡清　40
北京科技大学　武田真　42
中国人民大学　王寧　44
浙江万里学院　陳昕羽　46
湖州師範学院　倪雲霖　48
黒龍江外国語学院　由夢迪　50
東華理工大学長江学院　周義東　52
杭州師範大学　陳夢嬌　54
福建師範大学　周婕　56
常州大学　何発芹　58

南陽理工学院　鍾子龍　60
浙江工商大学　王龑苑　62
武昌理工学院　万興宇　64
杭州師範大学　高楹楹　66
西北大学　徐雨晨　68

あの雨天、あの言葉 ……………………… 中国人民大学　陳長遠　70

スタンプを捺そう ……………………… 中国人民大学　路雨倩　72

日中の義を結ぶ包子 …………………… 常州大学　丁嘉楽　74

日本の「中国語の日」に私ができること … 上海理工大学　蒋　心　76

障害者に共感が強い日本人 …………… 湖州師範学院　張暁利　78

桜の力 ………………………………… 上海理工大学　丁雯清　80

半端ない文化融合力 …………………… 華東師範大学　陳詩雨　82

「日本の中国語の日」に、真実はただ一つ … 天津工業大学　暴青青　84

一緒に中国語を食べよう ……………… 東北育才外国語学校　関倩鈺　86

マジックな手帳 ………………………… 天津財経大学珠江学院　楊昊瑜　88

ジャポニズム …………………………… 天津科技大学　黄芷萱　90

キズナのキズ …………………………… 大連外国語大学　王　冕　92

「ゆるキャラ」はかわいい日本大使 …… 西安財経大学　薛　釗　94

日本の「中国語の日」に私ができること … 中南財経政法大学　趙凱帆　96

自信は成功の先決条件だ ……………… 雲南民族大学　呉　琳　98

どうか、このやさしい気持ちを ……… 青島理工大学　李丙垚　100

ひきこもりの自白 ……………………… 北京林業大学　魏思佳　102

心に残る、先生のあの言葉 …………… 北京第二外国語学院　呂嘉琦　104

孤高の星　羽生結弦 …………………… 中国人民大学　黄琳婷　106

愛情あふれる日々の食事 ………………………………………………… 常州大学　蒋婕儀 108

おもろまち …………………………………………………………………… 同済大学　呉沁霖 110

心に残る、先生のあの言葉 ………………………………………… 暨南大学　張奕新 112

心に残る、先生のあの言葉 …………………………………… 杭州師範大学　銭　易 114

自分の目で世界を見て、自分なりの考え方を持つ … 杭州師範大学　劉培雅 116

「彼らが本気で編むときは」からの考え ……………… 湖州師範学院　汪頌今 118

「ニーハオを言うんだ」 ……………………………………… 青海民族大学　許洪寅 120

中国書道の独特な魅力を体験しよう …………………… 東華大学　霍一卓 122

中国の若者が見つけた日本の新しい魅力 …………… 天津工業大学　岑静雯 124

暗闇の光 ………………………………………………………… 広東財経大学　陳佳玲 126

中国の医療を変えていく、一つのヒント …………… 西安交通大学　王雄凱 128

「お祖母さんによろしく」 ………………………………… 南京農業大学　袁思純 130

日本の美食の魅力 …………………………………………… 広東海洋大学　莫麗恩 132

好きなだけ生きられる …………………………………… 華東政法大学　姚子茜 134

私と手帳君の物語 …………………………………………… 西安財経大学　張安娜 136

絵文字からの日本 ………………………………………………… 復旦大学　蒋雨任 138

初志貫徹 ……………………………………………… 江西農業大学南昌商学院　王瑩 140

中国の若者が見つけた日本の新しい魅力 ………… 浙江工商大学　呉希雅 142

日本人の「三国志熱」 ……………………………………… 斉斉哈爾大学　顔　坤 144

8

私と交換ノート 江西農業大学南昌商学院 王 競 146

四度目の涙 渤海大学 洪 梅 148

日本の「中国語の日」に私が伝えたいこと 菏澤学院 陸恵敏 150

心に残る、先生のあの言葉 華中師範大学 賀佳瑶 152

中国の若者が見つけた日本の新しい魅力 暨南大学 鄭瑞瑛 154

心に残る、先生のあの言葉 凱里学院 趙玲玲 156

「美味しい」──魔法の言葉 大連海事大学 王明丹 158

日本の「口国語の日」に私ができること 広東外語外貿大学南国商学院 陳泳琪 160

活躍している日本の高齢者 湖南大学 杜 湘 162

嫌いな先生のあの言葉 西安電子科技大学 韓沢艶 164

風鈴と情 吉林財経大学 李悦涵 166

中国の家庭教育に足りないもの──日本から学ぼう── 西安交通大学 尚童雨 168

人生の可能性 南京農業大学 陳 凱 170

日本人の距離感 広東海洋大学 江嘉怡 172

日本語の勉強を通じて発見した「日本らしさ」 上海杉達学院 王之妍 174

新しい若者ファッション 吉林華橋外国語学院 雷 妍 176

ひとくち分の思いやり 中南財経政法大学 劉 錦 178

★ 佳作賞受賞者一覧 180

9

第十四回 開催報告と謝辞 ……………………………… 184

特別収録 現場の日本語教師の体験手記 「私の日本語作文指導法」

作文指導とともに成長を遂げて ……………… 西南民族大学 徐 秋平 214

作文指導を通して思うこと ―中国人学生の体験や思いを日本人に届けたい― ……… 常州大学 古田島和美 210

私の作文指導の実践紹介 …………………… 大連海事大学 田中 哲治 204

作文指導で生じている三つの問題点 ………… 武昌理工学院 半場 憲二 200

特別掲載

第十三回 中国人の日本語作文コンクール 授賞式開催報告 …………… 217

第十三回 最優秀賞・日本大使賞受賞者の日本滞在記 …………… 223

第一〜十三回 受賞者名簿 …………… 228

第一〜十三回 受賞作品集と関連報道 …………… 249

10

第14回
中国人の日本語作文コンクール
上位入賞作品

最優秀賞（日本大使賞） 1名
　黄安琪　復旦大学

一等賞　5名
　邰華静　青島大学
　王美娜　中南財経政法大学
　王婧瀅　清華大学
　劉 玲　華東師範大学
　呉曼霞　広東外語外貿大学

二等賞　15名
三等賞　60名
佳作賞　221名

☆**最優秀賞（日本大使賞）** テーマ「中国の若者が見つけた日本の新しい魅力」

車椅子で、東京オリンピックに行く！

復旦大学　黄安琪

六十歳になった祖母がいる。若い頃は地元で小学校の体育教師をしていた。彼女の人生最大の夢はオリンピックを見に行くことだった。一番残念だったのは、十年前の北京オリンピックに行けなかったことだ。

二〇〇八年、待ちに待った北京オリンピック開催の年、祖母は交通事故で右足を粉砕骨折、九時間の手術の末、車椅子生活になってしまった。病床で彼女は何も言わず、ただ窓の外の空を眺めていた。あの日の夕焼けは、流れる血のように鮮やかだった。

私は一人っ子である。一人ぼっちだった。祖父や両親は用

第14回 中国人の日本語作文コンクール上位入賞作品

が多かったため、祖母も一人ぼっちだった。それで、私と祖母は一番の仲良しになった。実家は杭州、祖母と街中遊び回り、また祖母からいろんな話を聞くのが私の楽しみだった。週末になるといつも、八十七番バスの霊隠寺駅で降りて境内の鐘の声を聞いたり、十二番バスの雷鋒塔駅で下車して西湖に沈む夕日を眺めたりした。

しかし、事故の後、祖母は外へ出かけなくなった。祖母と外の間に、越えられない壁ができたみたいだった。

車椅子で交通機関の乗り降りをするのは、結構大変なことだ。介護者が同伴しても、バスの昇降口にはかなりの段差があるので乗り降りが難しい。運転士や他の乗客はそれで長時間待たせられ、イライラしてしまうことも少なくない。迷惑をかけているのはこちら、赤の他人のせいで時間を無駄にされたくないという気持ちもわかる。だが、やはりそういう気持ちに触れたり、体の自由がきかないことを直視したりするうち、祖母はどんどん元気を無くしていった。あんなに負けず嫌いだった、祖母が。

それ以来、祖母は新聞や絵本を読んだり、手なぐさみに何か弄ったり、縁側の日向で空を見たりして、その日その日を家で過ごした。八月には無事にオリンピックが始まったが、祖母は行かなかった。「本当は、そんなに行きたくないんだ」と言っていたが、そんなはずはなかった。

あれから十年が経ち、私は大学三年生になった。昔から日本文化が好きだった私は日本語学科に進み、京都で短期交流のプログラムに参加することもできた。

その日は九月中旬を過ぎたにもかかわらず、とても暑かった。昼近くに活動を終え、いつも通りバスに乗った。まもなくバスは祇園に着き、観光地だけに多くの人が乗って来た。立ち並ぶ人の熱気と外からの日差しで、さっきまでの心地よさは一気に無くなってしまった。

次のバス停に着くと、乗車待ちの行列に車椅子の方が見えた。

「皆さん、すみませんが、お時間いただきます」という車内放送が流れた。運転士が車椅子の乗り込め

13

るスロープを出す間、乗客たちは座席を畳んでスペースを作った。もともと五分遅れている上、更に出発時間が遅れていたが、誰一人文句を言わなかった。介護の方は乗客たちに「お待たせして、すいません」と申し訳なさそうにしていて、車椅子のおばあさんもずっと「すいません、ありがとうございます」と言っていた。乗客たちは、それを笑顔で迎えた。

なんだか、心が温かくなった。

バスを降りる際、「ご協力ありがとうございました、よい一日になりますように」と運転士に言われた。私は不覚にも目頭が熱くなった。運転士の言葉に感動したのか、皆の優しさに心打たれたのか、それとも、祖母を思い出したのだろうか。

たしかに、日本では街で障がい者をよく見かける。都会はもちろん、地方でもバリアフリー化が進んでいて、各所でスロープや多目的トイレがよく見られる。「車椅子の人も歓迎されているんだ」と感じ、感銘を受けた。それは「平等」や「愛」を伝えるメッセージであるだけでなく、不幸な人の心を癒し、幸せにする「薬」なのだ。

「ねえ、おばあちゃん、知ってる？ 私、おばあちゃんを東京に連れて行くよ。オリンピックに！車椅子で！」

祖母の夢はここで実現できる。日本は魅力的な国だから。そう、信じている。

帰り道に空を見上げた。赤い夕焼けはあの日と同じように輝いていた。

（指導教師　丹波江里佳、丹波秀夫）

黄安琪（こう・あんき）

一九九六年、浙江省杭州市出身。復旦大学日本語文学学部四年。本コンクールへは今回が初参加にして、見事上位入賞となった。

作文は「中国の若者が見つけた日本の新しい魅力」をテーマに「車椅子で、東京オリンピックに行く！」との題で、訪れた日本で進んだバリアフリー文化に接した黄さんが、車椅子の祖母の夢を東京五輪でかなえてあげたいという強く優しい思いを綴った。「先生方をはじめ、ご支援いただいた全ての方に感謝したい」と受賞を喜ぶ。趣味は、料理と撮影をすること。

14

☆一等賞 テーマ「日本の『中国語の日』に私ができること」

日本の「中国語の日」に私ができること

青島大学　邰華静

「これはどういう意味??　日本人はひどすぎ!!!」

一年前のある朝、ウィーチャット（「微信」、中国SNS）から友人Aさんの怒鳴り声が聞こえてきた。相当怒っているらしい。

目覚めたばかりで、まだ寝ぼけていた私はびっくりして、さっそく一緒に届いた写真を見た。

「青い空を目指し、中国必死」

日本の新聞記事のタイトルが目に飛び込んだ。「中国必死」の四文字には赤い丸印までついていて、非常に目立った。短気な彼が何を誤解したのかがすぐ分かり、苦笑するしかなかった。

「怒らないで、平気平気、深呼吸して……日本語の必死って一生懸命頑張ることなのよ。自分勝手に解釈しないでよ」

私の説明を見て、彼は驚いたようだった。「へえ、そんな意味だったのか……」。納得したのか、恥ずかしそうな顔の絵文字が届いた。

彼によると、この日本の新聞記事のタイトルはネットで大騒ぎを起こしたそうだ。私がその記事を見た時には、もう日本語が分かる人からの説明が書いてあって、幸いなことに誤解は解けていた。

このことは深く印象に残って、今でもはっきり覚えている。「必死」のような中日同形語に理解が足りないからこんなことが起こるのだと痛感した。

中日同形語には中国と日本で意味のまったく異なるものも多い。日本語の勉強を始めたばかりのころ、中国語で「無理をする」という意味の言葉「勉強」は日本語では「学習すること」だと知って、みんなが「やはり日本人は賢くて正直だなぁ、勉強って確かに無理だよ」と冗談を言った。翻訳の授業で、自信満々で「他在研究地道」（彼は地下道を研究している）と中国語に訳した人がいて、みんなが爆笑した。

中日同形語を誤解しても笑い話になるだけで、別に大したことじゃないと思っていたが、両国民の友好関係を損ないかねなかった一年前の騒ぎで、私は中日同形語について真剣に考えるようになった。

中日両国でともに使われている漢字は相手の国の言葉での読み方は分からないが、ある程度意味が理解でき、いわば両国民の相互理解に役立つ架け橋であると言える。しかし、意味がまったく同じであるとはかぎらず、「必死」「勉強」「地道」のように意味がまったく異なる中日同形語もある。誤解しても笑い話になるだけならばいいが、中日両国で使われている漢字が両国民相互の誤解を招く落とし穴になってしまってはいけない。

祖先からいただいた漢字という宝物を両国民の間の架け橋にするために、私にはやりたいことがある。それは常用中日同形語の意味分別リストを作ることだ。中日同形語の意味の違いをしっかり研究して、中日両国の人々に分かりやすく示せばきっと役に立

つだろう。思い出つ日が吉日、実は一年前、友人Aさんの「必死」問題が起こったその日にリストの作成に取り掛かっていた。

これまでに一年が経った。始めたばかりのころ、多分つまらなくて面倒くさいと思う日が来るだろう、そしてもうやめようとする自分を「頑張って！」とこっそり励ます場面まで想像していたが、実際にやってみると面白くて、達成感があって、やればやるほど言葉には魔力があるなぁと感じている。今はもう日常よく使われる言葉を千語ぐらい収集し、両国語における意味の異同を詳しく分析した。日本の「中国語の日」（日本僑報社が提唱、毎年八月八日を想定）までにはもっとたくさんできると思うが、その日にネットにアップして、皆とシェアしたい。影響は大きくなくても、まずは日本の皆さんが中国語って面白いなぁ、ちょっと勉強してみようかなと思ってくれればと願っている。

中途半端にやると他人のマネになる。とことんまでやれば他人にはマネできないものになる。将来、それがきっと大きな力になれると信じて、やり続け

ようと思う。毎年「中国語の日」にネットにアップして、多分、五年目のその日、アップするのは常用中日同形語の辞典だ。

（指導教師　張科蕾、小川郁夫）

邵華静（たい・かせい）
一九九六年、山東省出身。二〇一八年六月、青島大学日本語学部卒業。同年九月より天津外国語大学大学院在学中。本コンクールへの参加は今回が四回目で、初の上位入賞となった。
作文は「日本の『中国語の日』に私ができること」をテーマ・題として、中国語と日本語の同形異義語から生まれる中日間の誤解をなくそうと辞典作りに奮闘する自身の取り組みを紹介。受賞を機に「永遠の中日友好のため、もっと日本語を勉強します」と抱負を語る。
趣味は、読書、卓球、バドミントン。

☆一等賞　テーマ「中国の若者が見つけた日本の新しい魅力」

中国の若者が見つけた日本の新しい魅力

中南財経政法大学　王美娜

　「日本人はどんな人間？ なんかテレビで見ていると、すっごく悪いことをしているんだけど」。今年の春節、新年の挨拶に来たおばさんに聞かれた。その問いに誰も答えず、部屋がシーンとして、変な空気になりそうな時、母が別の話に変えた。現在の日本のことをちっとも知らない中国人にリアルな現状を伝えたかったのに、何も言えなかった。
　日本への就職が決まってから、何度も似たような質問攻めにあった。「日本はどう？ 外国人にあまり友好的じゃなさそうだし、なんか冷たそう」。どうって、何をどう言えばいいんだろう。「日本に行っても、外国人は外国人。やっぱり助けてくれるのは同胞なんだからね」。うーん、そうかもし

第14回 中国人の日本語作文コンクール上位入賞作品

れないね。

でも、今なら答えられる。はっきりと、証拠付きで。その証拠は十日前に帰ってきたばかりの東京一人旅にある。

全日空の飛行機に搭乗する時、日本の魅力が垣間見えた。落ち着いた淡い青色のユニフォームを身に纏うキャビンアテンダント達と、少し離れたところで全体の進捗を見守り、方向を示す男性スタッフの笑顔と何度も繰り返すお辞儀。今、思い浮かべても、幸せな気分になる。航空会社の人から「ようこそ、私たちの国へ」というウェルカムな姿勢が感じられたのは初めてのことだと思う。日本のサービスって、こんなに気持ちがいいんだ。

飛行機は無事に成田空港に着陸。空港で親切に外国客を案内するスタッフの姿を見て、これから始まる四日間の旅はきっと楽しいものになるだろうと、期待で胸がわくわくした。そして、東京はその期待に見事に応え、私の初めての日本の旅はすばらしい思い出になった……三日目までは。

四日目、帰国の日。思わぬハプニングに見舞われ

たのだ。空港に向かう電車に乗ろうと、駅の改札に入ろうとした時、一時間前に使ったばかりの財布がないことに気付いた。スーツケースと泊まった民泊の部屋を隅々まで探したが、財布は出てこない。

「これから帰国なのに、どうしよう」と、慌てる私を「まだ時間の余裕があるから、落ち着いて」「きっと誰かが拾ってくれたよ」と民泊の大家さんが慰めてくれた。大家さんは日本語でうまく説明できない私の代わりに、最寄り駅に電話を掛けてくれた。

しかし、ないという返事に私はもう一度がっかりした。

大家さんはあきらめずに、今朝どこに行ったかとか、最後にいつ財布を見たかとか、記憶を整理しようとしてくれたが、ぼんやりとした記憶しかない私はいつ、どこで紛失したのか全くわからなかった。

すると、大家さんは私の行った駅と近くの交番に一つ一つ電話を掛けてくれた。

私は民泊を出て、歩いてきた道を探し、近くのコンビニに聞いて回ったが、財布は出てこなかった。

がっかりしながら民泊に戻ると、大家さんは私を近

19

くの交番に連れて行ってくれた。渡された遺失物届けに大家さんの住所と電話番号、財布の中身を細かく書いた。でも、正直、財布が戻ってくるとは全く期待していなかった。

と、その時、目の前に見慣れた財布が入ったビニール袋が出された。「ああ！　それは私の！」。思わず大声が出た。涙が出るほど嬉しかった！

「良かったね！　良かった！」。感激のあまり、大家さんは私をハグしてくれた。今、思い出しても、感謝の気持ちで胸がいっぱいになる。拾って交番に届けてくれた人と大家さんのおかげで、大事な財布が手元に戻ってきた。

冒頭の話に戻そう。そう、今なら証拠付きではっきりと答えられる。

日本人ってどう？　ちょっと冷たい感じがするけど？

日本人はね、困った時、助けてくれる優しい人がたくさんいるよ。

日本ってどう？　外国人にあまり友好的じゃなさそうだけど。

日本はね、フレンドリーな態度で外国人に接する包容力のある国だよ。

これこそ、日本に行ったことがなかった私が見つけた日本の新しい魅力だ。日本のことをいまだにひどい国だと思っている多くの中国人に、実際に日本に行って、本当の姿を見てもらいたいと心から願っている。

（指導教師　中村紀子、周新平）

王美娜（おう・びな）
一九九五年、福建省出身。二〇一八年六月、中南財経政法大学外国語学部卒業。本コンクールへは大学二年の時から挑戦し、今回三回目にして初の上位入賞となった。

作文は「中国の若者が見つけた日本の新しい魅力」をテーマ・題として、なくした財布が戻ってきた東京一人旅での驚愕の体験から「困った時に助けてくれる日本人の優しさ」が、自身が見つけた日本の魅力だと説いた。「日本でお世話になった方に改めて感謝したい」と王さん。趣味は、中国将棋。

20

第14回 中国人の日本語作文コンクール上位入賞作品

☆一等賞　テーマ「中国の若者が見つけた日本の新しい魅力」

日本の新しい魅力

清華大学　王婧瀅

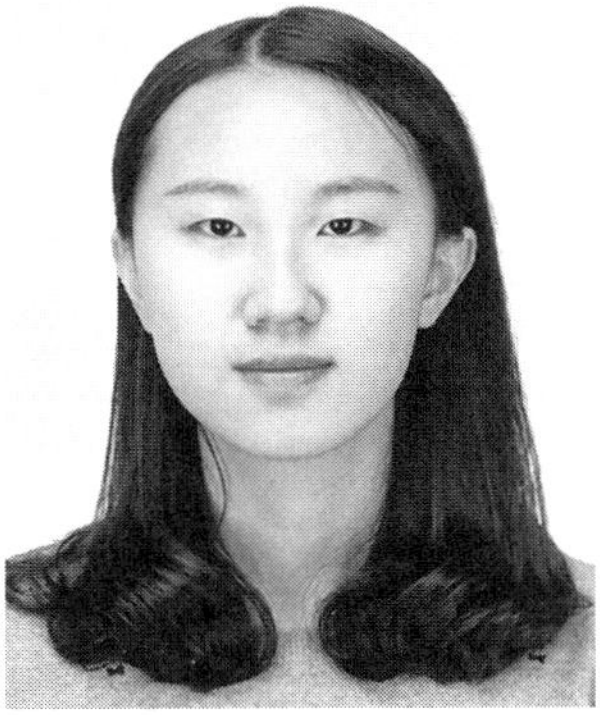

日本と言ったら、「高齢化社会」という言葉を思い出す人が多くいるはずだ。高齢者数及びその割合が年々増加しており、労働力不足などの問題は日本が直面している「国難」と呼んでもいい問題である。今の日本社会に対する疑問と好奇心を持ちながら、私は二〇一八年三月に日本に来た。活気がない人ばかりの社会だという覚悟をしたが、驚いたことに、日本に来てから出会ったお年寄りたちはすべて元気で生き生きとしていた。お年寄りに対して、「古い」「つまらない」という先入観を持つ人もいるかもしれないが、私はむしろ「新しい」「面白い」という印象を受けた。

その中でも一番強い印象を受けたのは、日本に来たばかり

21

の時に奈良で出会ったボランティアガイドのお爺さんである。

　私が奈良に行ったのは、三月の末だった。当時は奈良の平城宮跡の修復工事がまだ終わっていなかったので、観光客も地元の人も少なくて、一人で全部の広い遺跡の世界を楽しめた。そのため、大極殿に入ったとたんに、親切に見えるおじいさんが迎えてくれたことに正直緊張した。日本に来てから、多くの現地の人と話したことはあるが、日本語の能力にも限界があり、自分の考えを上手く伝えられない場合が多くあった。若い人と話しているときには、わからない言葉を英語で話せばいいが、年配者が相手となるとこの方法は難しい。それゆえ、おじいさんが近づいてきたとき、私はすごく動揺したが、全身全霊でどうにか自分ができる日本語を話そうとした。

　そして、ようやく勇気を出しておじいさんに声をかけた。

「こんにちは！」

と、私が大声で話しかけると

「ニーハオ」

とおじいさんは答えた。

　そして、おじいさんはペラペラではないもののわかりやすい中国語で自己紹介に進んだ。自己紹介の次は、中国語による大極殿紹介だった。そのあとの三十分ぐらいの時間、私とそのおじいさんはずっと中国語で話していた。

　おじいさんは、「現在八十二歳で、六十五歳で中国に行った時に中国語を勉強し始め」「ボランティアとして中国からの観光客をガイドしている」らしい。「まだ若く、時間もあるから、中国語の勉強を始めた」とのことである。そのとき、私は涙が出そうなほど励まされたと感じた。

　八十代のおじいさんが自分を「若い」と言っている場面は、その後も幾度となく思い出さずにはいられなかった。日本に来る前に私が抱いていた日本に対する先入観は、実際に自分の耳で聞いて相手と話し合うと、あっという間にすべて消えてしまった。

　そして、その代わりに、尊敬の念が増えていった。「若い」という言葉は「年齢」のことではなく、「心」なのだということを身をもって気づかされた。これ

22

は、奈良のおじいさんだけではない。私は日本で過ごしたこれまでの時間に、彼のように日々努力を重ねて自分の価値や能力を見出した「お年寄り」と何度も交流する機会を得た。趣味や学問を学んでいる人もいるし、ボランティアとして活躍している人もいるし、彼らの元気な姿は今でも私の目に浮かぶ。日本の「お年寄り」は、自分がまだ「若くて」可能性があると思えるから、いろいろなことに挑戦して日々成長しているのである。

今の社会には、私を含めた将来を担うべき若者が「未来が見えない」であるとか、「迷っている」など悲観的な発言ばかりを繰り返している。それに対して、お年寄りたちは「これから頑張る」であるとか、「まだ若い」などと口々に語り、自分の無限の可能性を信じている。日本のお年寄りは年齢の面で確かに「古い」といえるが、意識の面においてむしろ私たち若者より「新しい」のではないだろうか。年齢だけで「お年寄り」を定義するかわりに、年齢にかかわらずだれでもやりたいことができる「エイジフリー社会」を目指して頑張ろうではないか!

として、訪日時に見た高齢者たちの元気な姿が「意識の面で若者より新しい」と書き綴った。「日本で出会ったお年寄りたちのように、いつまでも元気満々生きていきたい」と受賞の感想を語る。趣味は、読書。

作文は「中国の若者が見つけた日本の新しい魅力」をテーマ・題

王婧澄（おう・せいえい）一九九七年、上海市出身。清華大学日本語学科四年。本コンクールへの参加は、前年の第十三回に続いて今回二回目。受賞歴も前年（三位受賞）に続いて二回目となる快挙となった。

（指導教師　日下部龍太）

☆一等賞　テーマ「日本の『中国語の日』に私ができること」

流行語からの発信

華東師範大学　劉　玲

　これは三年近く日本語を勉強しているが、まだ一度も日本に行ったことがない私の体験である。
　先学期、交換留学で一年間中国語を勉強している日本人のAさんと友達になった。彼女はよく中国語の勉強のために、中国の番組やドラマや歌などについて聞いてくる。私は彼女から中国語に対する情熱を感じた。今学期になってAさんの中国語がだいぶうまくなったので聞いてみると、冬休みにも中国の番組を見ていたそうだ。中国にいる間に、彼女の中国語は日常会話だけではなく中国の流行について話せるまでに上達した。その時、中国人として私は非常に感心した。
　しかし、Aさんのような学生はどちらかというと少数だ。

以前、短期プログラムで中国に来た日本の大学生と交流したことがあった。彼らは日本の大学で中国語を勉強していた。恥ずかしいのか、まだ中国語に馴染んでいないのか、私たちと話す時にほとんど日本語だった。そして、なぜ中国語を勉強したいのかと聞くと、「漢字に興味がある」「文化も近いし、一応外国語だから中国語を選んだ」という答えが多かった。それは私から見れば、どうも中国または中国語に情熱があるとは思えなかった。初めて中国に来たのだから仕方がないのかもしれないが、彼らは中国のことも知らないしあまり興味もない様子だった。

でも、後でよく考えてみて気づいた。確かに今の中国には日本のサブカルチャー文化のような日本の学生を引き付ける何かが足りない。日本人が学校で学んでいるのは昔の中国である。それはもう過去であり今の生きている中国ではない。中国に興味をもてない理由は、そこにあるのかもしれない。では、どうしたら日本で中国語を学習している日本人に、今生きている中国を身近に感じてもらえるようになるのだろうか。そんなことを考えていると、私は中

国の流行語について作文を書いたときのことが頭に浮かんだ。日本人の先生が、私たちの作文を読んで、改めて今の中国を肌で感じる事ができたと喜んでいたのだ。もし中国の流行語を日本人に紹介したら、きっと今の中国を伝えられるのではないか。

中国では、日本と同じように流行語大賞が毎年選ばれる。選ばれた流行語はネットで検索すれば出てくるが、その解釈や裏にあるエピソードまでは、なかなか日本人には届かない。さらに、同じ漢字で違う意味の場合、誤解を招くこともある。日本人に分かるように中国の流行語を訳して日本人に紹介することは、私のできることではないか。まず、色々な資料を調べ、中国語の専門家に流行語の意味を確認する。そして、その裏にあるエピソードを整理する。日本人の先生の指導の下で、できる限り中国の新しい文化を詳しく紹介して日本語に訳す。文章だけでは伝わらないので楽しいイラストもつける。最後に、それらを絵葉書のセットのようにしてプレゼントとして日本人に送ってもいい。もし短期プログラムの学生に会ったら、彼らにも送りたいと思う。もっと

劉玲（りゅう・れい）
一九九七年、安徽省出身。華東師範大学外国語学院日本語学部四年。本コンクールへは今回が初参加にして、見事上位入賞となった。作文は「日本の『中国語の日』に私ができること」をテーマに「流行語からの発信」との題で、「流行語から生きた中国に興味を持ってほしい」と説いた。そうすることで「日本の『中国語熱』が高まるよう期待したい」と劉さんはいう。
趣味は、音楽、運動、本を読むこと。

詳しい情報は、ウェブサイトで紹介して広める。自分で検索すれば日本語も中国語も出てくるようなサイトがあれば、生き生きとしている中国が伝わる。そのようなサイトを作ってみたい。「中国語の日」に、私は友達とこの活動に取り組みたいと思う。

ある国の言葉を勉強しようとするとき、まずその国の文化を理解しなければならないとはよく言われる。中国で勉強しているAさんは、生きている中国を身近に感じられるからこそ勉強にも熱が入った。日本で中国語を勉強している学生も、中国の流行語を知ることで、生きた中国に興味をもってくれるのではないか。

言語を勉強しているからには、小さなことでもいいから両国の理解を深めたい。今の中国にとって、足りないのはソフトパワーだ。いつの日か、より多くの日本人に「今中国の○○にはまっている」と言ってもらいたいと思う。

（指導教師　島田友絵）

☆一等賞　テーマ「中国の若者が見つけた日本の新しい魅力」

中国の若者が見つけた日本の新しい魅力

広東外語外貿大学南国商学院　呉曼霞

　ある日の会話の授業中、日本人の先生は学生に次のような質問をした。
「皆さんはもし日本へ行ったら、まずどこへ行きたいですか」
　これに対して学生は、東京タワー、北海道、富士山などと一人ずつ自分が行きたいところを答えた。
「じゃ、呉さんは？」
と先生が私に聞いた。私は、
「和歌山のある駅の猫の駅長を見に行きたいです」
と答えた。
　私の答えはクラスのみんなに笑われてしまった。日本には

猫の駅長がいるということ自体、あまり知られてお
らず、どうして日本まで行ってわざわざ猫を見るん
だと考える人もいたかもしれない。もちろん、日本
の有名な観光地は素晴らしいと思うが、私にとって
は、猫の駅長という日本ならではの駅文化がより面
白く、魅力的に感じられたのだ。私はこの質問を機
に日本の特別な駅文化の魅力を実感したいと強く思
うようになった。

そして、そのチャンスはやってきた。それは日本
の関西へ旅行に行った時のことだ。猫の駅長を見る
という夢を叶えるために、朝八時から約二時間電車
に乗り、大阪から和歌山の貴志駅へ行った。この貴
志駅こそが、猫の駅長がいる駅だった。駅に着くと、
駅内の壁には猫の駅長の写真や、特別委嘱状が飾っ
てあった。地面にも猫の駅長の貼り紙を見つけた。
また記念品を販売する店もあり、初代駅長のたまち
ゃんのために設けられた神社までも見つけることが
できた。これらを見て私は本当に驚いた。日本人に
とって、この猫の駅長はペットやお金を得るための
道具ではなく、尊重すべき本当の駅長のような存在

なのだと感じた。

当時は二代目の駅長ニタマちゃんが自分の専用オ
フィスでぐっすりと寝ていた。その首には「ニタマ
駅長」と書いてある名札がついていた。私が写真を
撮ろうとした時、二人のおじさんの話が聞こえてき
た。

「可愛いですね」

「そうだね。猫は貴志川鉄道の救世主として、神
のように現れたんだ。たまちゃんの精神は和歌山電
鉄や地方の公共交通の中で生き続けている。これか
らは地方鉄道や日本がもっと明るくなるように、頑
張ってほしいな」

二人は話しながら、たま駅長の神社の方へ歩いて
いった。

私が元々貴志駅へ行ったのは猫の駅長に会うため
だったが、この話を聞いて、日本人と動物の特別な
関係に深く感動を受けた。現在のような経済が高度
な成長を続けている時代、どんな分野においてもハ
イテクで新しいものが次々と現れてくる。そんな時
代において、猫の駅長はまさに泥中の蓮のような存

28

在であり、より特別な存在に感じられた。たった一匹の動物を駅長にし、地方鉄道や地域を盛り上げるというのは、非常に日本らしく、魅力的なことだと思う。

この猫の駅長は、乗車数が少なく赤字が続いていた和歌山電鉄の社長が考えついたアイデアだ。たまちゃんを駅長にしたことをきっかけとして、観光客の数は激増し、その年に猫の駅長が生み出した経済効果は十一億円にも上ったそうだ。「たま駅長」を皮切りに、全国で猫の駅長が現れ、地域の観光客誘致につながった。そして同時に、日本全国にネコブームが広がっていったのだ。大都市にはネコカフェという店が作られ、繁盛していたり、猫が主人公のテレビドラマや映画なども次々と公開されている。

つまり、日本では猫の駅長をきっかけとしたネコブームが大きな市場を生み出している。そして、「ネコ文化」が「ネコ経済」を促進し、「ネコ経済」はまた「ネコ文化」を促進するという好循環が生まれているのである。これは日本独特の「ネコ経済

学」ともいえる効果なのである。

感情のない冷たい機械に囲まれた現代社会において、猫の駅長はそよそよと吹く爽やかな風のように、私達の心を綺麗にしてくれる。このような魅力が、日本の新しい魅力なのだと、私は考える。

（指導教師　木村あずさ）

呉曼霞（ご・まんか）
一九九六年、広東省汕頭市出身。広東外語外貿大学南国商学院日本語学部四年。本コンクールへは今回が初参加にして、見事上位入賞となった。
作文は「中国の若者が見つけた日本の新しい魅力」をテーマ・題として、日本の内外で有名な和歌山県の「猫の駅長」を訪ねた経験を振り返りつつ、これは日本の猫ブームを牽引した「独特の『ネコ経済学』」だと綴った。「作文コンクール（参加）により、中日関係をもっと良くしたい」と期待を込める。
趣味は、旅行。

★二等賞　テーマ「中国の若者が見つけた日本の新しい魅力」

中国の良さの再発見

東華大学　朱　雯

「中国のアリババはすごいね」「ここのキャンパスは樹木が多いね、綺麗だね」

明治大学の伊藤先生が私の大学に授業をしに来てくださった時、中国のことや大学構内のことなどをよく褒めてくれました。中国のことが日本人にこのように褒められるなんて意外だなあと思いました。

中国のことや大学構内のことなどをよく褒めてくれました。中国のことが日本人にこのように褒められるなんて意外だなあと思いました。中国のことや大学構内のことなどをよく褒めてくれました。中国のことが日本人にこのように褒められるなんて意外だなあと思いました。

「中国の大気汚染はひどすぎて、リアル魔界村だ」「中国はマナーが悪い」などのニュースを見ていると、日本人は中国に対してマイナスの印象しか持っていなさそうだからです。おまけに、日本人の八割が「中国に親近感なし」という報道もありました。古代の日本は、確か

に中国から漢字や年中行事など様々なものを取り入れてくれましたが、今は中国のネガティブな面ばかりに目を向けているように感じていました。

しかし、平昌五輪のフィギュアスケートの試合で、羽生結弦選手が演技を終えた後、中国CCTVの実況の解説者が「容姿は宝石の如く、姿は松の如し。軽さは大白鳥の如く、美しさは舞う龍の如し」「運命は勇者に囁きました、あなたは嵐に対抗できません。勇者は言い返しました、私が嵐ですと」と表現すると、意外にもこの言葉が日本でたちまち話題になりました。ツイッターでは、この言葉が日本人によって日本語に翻訳され、「中国の人達の言葉は本当に美しいな。やっぱり言葉の国と言われるだけあるね」「やっぱり中国は文化が豊かな国だなあ……中国語では何て言ったのかな、さぞかし流麗な言い回しだったんだろうな」というようなリツイートが

第14回 中国人の日本語作文コンクール上位入賞作品

七千を超えていました。日本人が中国のことを褒めてくれるというのはあまり記憶に残っていなかったので、珍しいと思いました。

また、ツイッターでは二〇一五年のフィギュアスケートの試合後の記者会見の写真も話題になっていました。

「中国の金博洋ことボーヤンは、記者会見が長く話しすぎちゃって自分の時間がなくなってもニコニコしてたり、日本人選手の撮影の邪魔にならないように隠れてたりする可愛すぎる選手だから応援宜しくね」。日本人が記したこのツイートは、当日の人気記事になっていました。

国籍や試合上の敵対関係などにとらわれず、中国語の美しさと中国選手の思いやりの気持ちを素直に称賛し、敬意を表してくれたことは素晴らしいことだと思います。

また、中国人として、日本人に認めてもらえた嬉しさや誇りだけでなく、日本人が現在の中国の物事を心から素直に称賛してくれたことに感動しました。日本人が中国の良い所に再び注目してくれるようになったことこそ、日本の新しい魅力だと思います。

人はどのようにして親友を作るでしょうか。やはり相手のどこかを好きになったり、相手の良い所を認め合っ

たりすることで親しくなれると思います。私が十年来の親友の李さんと知り合ったのは、小学生の時のことでした。何事も猛スピードで行う彼女は、いつもゆっくりしている私とは全く性格が違うので、最初はそりが合わないなあと思っていました。しかし、同級生を助けている姿や、爽やかな笑顔を振りまいている彼女を見て、いい人だな、友達になりたいと思うようになりました。国同士の交わりも同じだと思います。国籍を飛び越え、偏見を捨て、正しく国を見て、良い所を見つけ合って、互いを褒め称え合うことで、友好関係を育むことができます。

両国の国民が互いの良い面や美しい面を探し合うことは日中の友好を強固なものにする方法の一つだと思います。中国の魅力は中国語の美しさや金選手が見せた思いやりの心だけではありません。広大で豊かな自然、誰に対しても気さくで情熱的で自ら進んで手を差し伸べようとする態度など、私は日本人により多くの中国の美しさを知ってほしいのです。その一方で、私達中国人も日本の良い所を発見し続けてゆきたいのです。そうすれば、両国の関係に必ずや新しい変化が生まれるはずだと思います。

（指導教師　岩佐和美）

31

★二等賞　テーマ「中国の若者が見つけた日本の新しい魅力」

最も美しい景色 ─人─

江蘇師範大学　周夢琪

もう二年経ったが、そのおじさんの笑顔はまだ記憶に新しい。

あれは高校卒業旅行の時のことだった。大学受験で猛勉強した自分達へのご褒美として、日本に行くことを決めた。初めての海外旅行で、言葉が通じず、ちょっと心細かった。それに、東京の地下鉄が複雑すぎて頭が混乱してしまった。ある日、あたふたと電車に乗って、乗り間違えてしまったことに気づいた。しまったなあと思いながら、隣に座っていた携帯を見ているおじさんに助けを求めた。

私は、勇気を出して「すみません」と小さな声でおじさんに言った。「はい、なんでしょう？」。おじさんが慌てて携帯をポケットに入れた。おじさんは、私の下手な英語の説明を聞いた後、私達の焦っている様子を感じ取ってくれたらしく、「大丈夫」と慰めてくれた。そして、自分の携帯を取り出して、乗換案内と路線図を調べてくれた。顔をしかめながらつぶやいていて、英語の言葉を思い出すように一生懸命考えている様子だった。その後、「次の駅でこの電車に乗り換えたらいい」と言って携帯を私に見せた。おじさんの英語もそんなに上手ではないのに、一生懸命話してくれた。自分がうまく説明できないと心配したようで、身振り手振りを交えて話していた。それに、何回もゆっくり説明してくれた。電車に冷房があって涼しかったのに、彼の額に汗が出てきた。「すみません」。彼は何度もハンカチを取り出して汗を拭いた。英語しか使えなかったので、会話は結構大変だった。しかし、おじさんは根気強く、ずっとニコニコしながら、丁寧に話してくれた。次の駅に到着してから、おじさん

は念を押してもう一度「ここで乗り換えたらいい」と私達に声をかけてくれた。「お気をつけて!」と見送ってくれた。

おじさんが必死に教えようとしてくれた様子にすごく感動した。この他にも、一週間の間に、たくさんの日本人に助けてもらった。初めて日本へきた私にとって、日本人の優しさはとても魅力的に感じられた。

私は南京出身で、日本という国は幼い頃からよく耳にしていたのに、微妙に距離感があり、謎めいた存在であった。しかし、この旅によって、たくさんの優しい日本人と出会って、その謎がすこし解けたような気がする。

もちろん、きれいな町や美しい景色など数えきれない魅力があり、本当に感心させられた。その一方で、国民こそが国の顔であり、彼らの優しさと笑顔は日本の最も優れたセールスポイントだと思う。美しい人こそ何より素晴らしい景色だ。

親切な人達の笑顔は今でもよく覚えている。いつでも思い出すと、心がぽかぽかと温かくなってくる。しかしその時は日本語がわからず、感謝の気持ちをちゃんと伝えたかった、もっと日本人と喋りたかった、と後悔した。日本語を勉強したいという決心をしたのはその頃のことだった。

大学に入った時、希望通り日本語科に入った。よく周りの人に「どうして日本語科を選んだの」とか「将来何をするつもりなの」などと聞かれた。私はただ日本のことが知りたくて、もっと日本人の優しさなどの魅力を周りの中国人に伝えたいのだ。中国人も日本人も友好を望んでいるのに、しかし、様々な原因で、民間の交流がまだ少なくて、相手のことをあまり知らない。結局今でも、日本人と中国人の間には誤解が数多く存在していて、日本人と中国人の関係を邪魔しているのである。これはとても残念なことではないだろうか。だからこそ、私は中日友好の懸け橋になりたい。できるだけ、自分が見つけた日本の魅力を周りの中国人に知らせて、心の中の壁を壊したいと思う。

中国では「国の友好は国民の親愛にあり、国民の親愛は心の疎通にあり」という言葉がある。だから、中国人と日本人はお互いに分かり合うのが一番大切だと思う。日本の最も美しい景色として、日本人の優しさはその片鱗にすぎない。これからも、もっと日本の新しい魅力を探していきたいと思う。

（指導教師　佐々木正治、徐志）

★二等賞　テーマ「心に残る、先生のあの言葉」

私を応援してくれる大切な言葉

蘭州大学　郭順鑫

高校生の時、「秒速5センチメートル」という日本のアニメ映画を見た。登場人物が、ほろほろ散っている桜の花びらのなかで擦れ違うシーンがあった。その色彩の美しさに感動し、深く印象に残った。私もいつか、散りゆく桜の花びらの中を歩きながら、静かな美しい景色を見たいと思った。そして、映画や小説に書かれる日本人の心の温かさを感じたいと思って、日本に留学することを決意し大学では日本語学科を選択した。

入学した大学には、日本人の先生がいた。ある食事会をきっかけに、勇気を出して「どうやって日本に留学することができますか」と尋ねてみた。先生は「まずは日本を好きになり一生懸命勉強すればできますよ」と答えた。それを聞いて私は嬉しくなった。私は日本が好きだし、日本語の勉強も楽しかったからだ。きっと、念ずれば花開く、私はそのときそう思った。先生は頼もしくて、いろいろな日本にある大学の情報を紹介してくださった。

それから、一年後、私の成績は学年で一位になり、日本の大学に留学する資格を取ることができた。もうすぐ夢は実現する。

私は故郷の母に留学資格のことを伝えた。そこで予想外のことが起こった。母はぶるぶる震えて怒り出し、「留学はできない」と言ったのだ。それは我が家に伝わる日中の戦争の「悲しい歴史」が原因だった。その話を聞いて私も悲しく、苦しかった。でも、それは過去の出来事だ。いまの日本人がしたことではない。日中の関係は長い時間をかけて改善してきた。私にとっても魅力あ

34

る国だ。どうして過去にこだわり、未来に向かおうとしないの？　だが、いくら思いを伝えても母の態度は変わらず、娘の夢より「悲しい歴史」にこだわった。日本語学科の進学は認めてくれたが、留学することには強く反対されてしまった。

留学をあきらめるしかなかった私は辛くて落ち込んだ。夢を失って、やる気もなかなか出てこなかった。しかも、その日本人の先生は病気になって、日本へ帰ってしまい、誰も助けてくれなかったから、更に悲しくなって、絶望的な気持ちになった。

その後、新しい日本人の先生がやってきた。先生はいつもにこにこしてとても優しく見えたが、あまり個人的に話しかけたことがなかったので、頼れるかどうか全然分からなかった。ところが、あることから、先生に対する印象はずいぶん変わった。

それは一緒に運動場でジョギングした夜のこと、先生は突然「なぜ留学しないのですか」と声をかけてきたのだ。「あ……あの」。どうやって答えればいいか迷っていると、先生は続けて「本当は行きたいですね、先生は知ってるよ」。まさか先生が私のことを気にかけてくれているとは思わなかったから、驚いた。「あきらめるな、

先生は応援するから」。先生はそう言ってくれた。「色々な方法を一緒に考えよう」。先生の温かさが心に染みた。長い間一人で全てを背負い込んでいた私は本当に嬉しかった。夜色に隠れ、先生に見えないように静かに泣いてしまった。「はい！」。私の心に勇気が湧いてきた。絶対あきらめない、きっと日本に行くと思うと、トラックを走る足取りも急に軽くなった。先生は、「私は一人でひとりぼっちではない」こと、夢を支えてくれる人がこんなに近くにいることを教えてくれた。

あの日から、先生はずっと私のことを心配して日本に行く方法を探してくれている。私は、先生のおかげで自分の夢を取り戻した。暗い過去に手を振って、明るい未来を目指すことを強く心に誓った。大学院に進学して、自分の力で日本に行くために、日本語力を磨かなければならない。腕試しとして大学が主催するスピーチコンテストや作文コンクールに積極的に参加した。その途中、どんな困難に出合った時でも、「あきらめるな、先生は応援するから」というあの言葉が心に浮かび、いつだって勇気づけられている。私は絶対にあきらめない。

（指導教師　柳井貴士）

35

★二等賞　テーマ「中国の若者が見つけた日本の新しい魅力」

日中間により多くの文化の清流を

清華大学　周凡淑

昨年の中秋節の日、日本人の友達に中国の天狗の話について聞かれ、私はあやふやに「空に住んでいて、月を食べる犬だろう」と返事をした。彼女が「日本では天狗が半人半鳥の姿だよ」と説明してくれ、私は「そうそう、鴉天狗と大天狗の二種類の天狗があるらしいね」と付け加えた。彼女は私の知識を授業で学んだものだと思ったが、実はゲームを通して無意識的に頭に入った知識であるだけだった。

二〇一六年六月、日本の平安時代を舞台とした「陰陽師」というゲームが、中国の携帯電話のアプリストアでなんと首位に躍り出た。様々なSNSサービスで有名になったゲームを通して、日本の新しい魅力を発見する中

国人、特に若者は、私のみでは決してない。日本の魅力の再発見に伴い、「中国はどうだろう」と中国の魅力を再発見する可能性がある。例えば、カエルが日本の名古屋城など各地を旅行するゲームアプリ「旅かえる」は、中国においてカエルが万里の長城など各地を旅行する「旅行青蛙」としてリメイクされている。

古代日本の歴史と伝説は関連が強いと考えている。例えば、平安時代の末期、正体が九尾の狐と考えられた鳥羽上皇の皇后は殺されてから殺生石になったと言われている。こうして歴史に神秘のベールをかぶせ、奇妙な新世界を広げている。現代では伝説などの知識を古臭くて役に立たないと言う人がいるかもしれないが、私はそう思わない。『源氏物語』の中で、夕顔が六条御息所の生霊に襲われたという場面は今でも強く目に浮かんでくる。平安時代に流行っていた日本の若干の伝説を頭に入れておけば、その風流な時代の裏には人生の無常に対する嘆きが隠されていたことがすぐにわかるのだ。夏目漱石の

第14回 中国人の日本語作文コンクール上位入賞作品

『夢十夜』を読んだ際、「自分」の恋人を騙した天探女はどんな存在かすぐにわかった。二〇一八年の冬期オリンピックのフィギュアスケートで羽生結弦が演じた「陰陽師」は、まるで平安時代にタイムスリップして安倍晴明の優雅な姿が見えるようであった。いわゆる「古臭い知識」は日本の新しい魅力の源泉なのである。近現代の様々な文学・芸術・娯楽作品などを通して、忘れられていた知識が息を吹き返し、海外でも光を放ったのである。

日本の妖怪は中国の妖怪を原型とすることが多い、前述の天狗はその代表例の一つである。中国から帰国した日本の僧は天狗が流星の化身という話を日本に伝えた。現地化に従って、日本天狗と中国天狗とは別物になった。今や中国製日系ゲームの「陰陽師」によってかえって日本天狗が中国に伝わった。私たちの世代は、中国製のアニメがまだあまり発展していなかったため、「千と千尋の神隠し」や「NARUTO」など日本文化の特徴が目立つ作品に触れながら育ってきた。たとえ日本語が分からなくても「一休さん」の「スキ、スキ、スキ、スキ、アイシテル」というメロディーを知らない中国の若者はほとんどいないであろう。中学生の頃、『三国志演義』などの古代中国の長編小説をあまり読みたくなかったが、日本のゲーム会社が中国の三国時代を

題材に作った「真・三國無双」のおかげで、古典文化に対する興味を持つようになった。長い目で見れば、日中の文化交流は互恵的な関係なのである。文化の伝播はたんぽぽのように、風に吹かれて種が他の所へ運ばれ、そこに根ざし、芽生え、再び風に乗って四方に広がっていく。すなわち、「古臭い知識」のつながりこそが過去から現在までの日中文化交流の成果であり、両者は相互補完関係にあるのである。

ゲームをきっかけに、新たな日本の魅力を発見した。幻怪の伝説のみならず、日本と中国の文化の交流とオリジナリティーの魅力も驚嘆に値する。日本は外来文化の強い同化能力があり、独自の発展を経た上で世界に発信できることが魅力の源泉である。閉ざされた文化は濁った水のようになりがちであり、自由に流れる水からこそ、新しい生命が育まれるとともに新たな出会いや発展が期待できる。「古臭い知識」という既成概念は、文化交流をせき止めているダムであり、私たちが協力すれば日中間により多くの文化の清流を作っていくことができるのである。

日中の、ダムから生ず、清流や。

(指導教師 日下部龍太)

★二等賞　テーマ「日本の『中国語の日』に私ができること」

祖父の望みを背負って

山東政法学院　張伝宝

大学入試に合格した時、私が一番学びたいことは日本語だった。だが、両親は私の考えが軽率だと思ったようだ。頑として反対した。こうして私は、合格の喜びに浸る間もなく、急転直下奈落の底に突き落とされた。

それから三日後。両親と私は、祖父母宅を訪ねることになった。私は祖父に問われるままに、「僕の夢は中日友好の伝道者になることなんだ」と夢を語った。それを聞くや否や、祖父は「若者の未来は、若者自らが決定するべきものだ。本人の考えを尊重してやろう」と両親を説得してくれた。

祖父は第二次世界大戦の生き残りだ。多少の歴史上の考えを持っているはずだが、意外なことに私を応援してくれた。当時の私は藁にもすがる思いだった。そのときの感動は生涯忘れることはないだろう。

ところが、一年後。私の気持ちは大きく変化し、動揺していた。大学入学後最初の夏休み、祖父はソファーでのんびりと寛いでいた。唐突な話であることを十分に理解していたが、私は思いきって祖父に話しかけた。

「日本語を勉強し、中日友好の懸け橋になることについてだけど、もうやめたい」

「ふうん、いきなりまた、どうして」

「僕の日本語のレベルって、全国にいっぱいいて、だから僕はごく普通の日本語専攻の学生に過ぎなくて、『伝道者』なんて夢はもう実現不可能だから」

「はっは、普通でいいのさ。偉くなって欲しいなんて夢にも思ってないから」と祖父は私を慰めた。それでも私は、「いや、でも、もうできない。もう無理」と繰り

第14回 中国人の日本語作文コンクール上位入賞作品

返し、いつまでも小さな子どものように駄々をこねた。しまいに、祖父の顔から笑いが消えた。真剣な顔で祖父は話し始めた。

「一九四三年、軍人だった私のお父さんは抗日戦争で死んだ。それは、私が生まれる前だった。父がいない前に私は、生まれたその日から中日の数年にわたる戦争とその混乱の中を切ない思いで暮らさなくてはならなかった。その時、一番自分がやりたかったこと、大人に一番期待したことは日本人に復讐することではなく、戦争を停止させることだったんだよ」

「どうして。当時、日本が敵だったのに？」

「お前も若いな。戦争こそが一番怖いものだ。日本人は元々怖いものではない。本当に怖いものは戦争にほかならない。いつでもお腹が空き、毎日死んだ人を見た。耳に入るのは銃、飛行機の地獄のような音だった。今だに思い出す当時の光景はまるで地獄のようだ。その時、一番役立ち、中日友好のために努力した人たちはほかならぬ日本語専攻の学生たちだったんだ。そういう大変な時代に流暢に交流をしている姿は天使のようだった。

「本当？ きっと偉い人たちだったんだね。でも、今は戦争がないから偉くなれるチャンスもないよ」

「いいや、同じように偉い。ただ戦争中のように目立

った活躍の機会がないだけだ。中日交流を支える唯一無二の人材はお前のような日本語専攻の中国人と中国語専攻の日本人学生たちだ。今でも一番役立つ学科だよ。自分たちの気持ちを相手の言語で話し、自分と祖国の本当の姿を伝えられる力は大切だ。友好交流はもちろん、戦争を阻止する原動力なんだよ」

祖父は私に語り続けた。今だに、あの時の祖父の熱い思いが心に残っている。日本語学習から逃げ出そうとした日本語専攻学生の私にとって、新たな出発の原点となった。

今や、祖父のように恒久の平和を望む中国人は多い。私のように日本語を専攻するごく普通の学生だけでなく、現代を生きる若者の多くが、友好交流の進展を望んでいる。

私は今日も「中日友好の伝道者として、必ず役立ちたい」という夢を実現するため、普通の大学生の一人として、相変わらず懸命に努力している。両国の人たちの本当の気持ちを双方に正しく伝え、友好交流に寄与したいからだ。今年の「中国語の日」、祖父の望みを背負う私は、必ずや自慢げに「今日、私、伝道者だ！」と言い、行動を起こしたい。

（指導教師　柴田公子）

39

★二等賞　テーマ「中国の若者が見つけた日本の新しい魅力」

先入観のほろびしおでん煮えにけり

上海理工大学　黃鏡清

　私はおでんが大好きだ。そして、おでんを食べる度に、あの日のことが思い出される。

　大学に入る前、私は日本について富士山、桜、ドラえもん程度しか知らなかった。とこ ろが、縁があって大学の日本語学科に入って、茶道や花道など日本の伝統的な魅力を知った。そして、ある日私は一人の日本人の友達に出会い、日本の更なる新しい魅力に気付いた。

　あれは一年前の冬休み、故郷から学校に帰る途上だった。その日、上海は寒かったし、お腹が空いていたので、空港に到着した私は、コンビニに入り大盛りのおでんセットを注文した。食べ始めようとしていると、突然、レジの方から日本語なまりの中国語が聞こえてきた。私は、思わず耳をそばだてた。

「すみません、おでんください」
「はい、何にしますか？」
「卵としらたきありますか？」
「すみません、売り切れです。他の物はどうですか？」
「うーん、それだけ食べたいんだけどなぁ……」。そう日本語で呟いたのだ。その時私は、自分のおでんの中に、卵としらたきがあることに気づき、思わず彼女に日本語で話しかけた。

「あの、私おでんを買いすぎたので、もしよければ、私の分をお分けしましょうか？」
「えっ？」と彼女は驚いたようだった。
「大丈夫ですよ。私、まだ食べ始めていませんし、それにこんなに食べきれないですから。よければ一緒に食べませんか？」
「ありがとうございます。とても嬉しいです」

　そして、私たちは一緒に食事をしながら雑談を始めた。彼女は、最近上海の大学に留学してきた日本の大学生で、

Aさんと言った。

Aさんいわく、「正直いって私、ここに留学に来る前、中国は日本に比べてどうせ不便だろうとか、中国人の友達はできないだろうとか、勝手に想像してたんですよ」

「ああ、そうですか。よく分かります」と私。

「でも、こうして上海に来てみると、初めて会った人でも親切に助けてくれるし、毎日が本当に楽しい。今は、留学してよかったと思ってます」

「なるほど。実は私も、日本人について勝手な思い込みをしてたみたいです。日本人は、初対面の人にむやみに心を開くことはない、ってね」

「どういうこと?」とAさん。

「教科書には、日本人は初対面の人とはあまり打ち解けない、みたいなことが書いてあるじゃないですか。でもAさんは違うみたい。こうして初めて会った私とも、心を開いて率直に話してくれてますよね。なんだか、日本人のイメージが変わったような気がします。Aさんと知り合えてよかった」

初対面だった私たちはまるで古い友人のように、色々と語り合った。

こうしておでんを契機に、私は「日本人の率直さ」という日本の魅力に、新たに気づいた。実はその後も、私はAさんだけでなく、他の日本人の知り合いにも率直な人はいるようだった。

いや、日本人は元々そういう率直さを持っているのかもしれない。私のような外国人が、日本語や日本文化の学習を通し、日本人が人間関係に配慮するあまり、とかく曖昧さを好み、率直な表現を避ける傾向がある、というような日本人像を作り上げてきたのではないだろうか。そういう先入観を持って日本人に接すれば、「日本人らしさ」の持つ多様性を忘れ、ついその一面だけを安易に飲み込んでしまうことになるだろう。Aさんもまた、かつては中国に関する先入観を持っていたが、上海に留学したことによってそうした認識を改めたという。

久保田万太郎に「人情のほろびしおでん煮えにけり」という名句がある。それにならって言えば、まさに「先入観のほろびしおでん煮えにけり」である。この句の意味は、「先入観がなくなれば、中日間の心のおでんが美味しく煮えてくる」というものだ。

この春、Aさんの留学期間が終了した。帰国する彼女との別れは少し悲しかったが、将来の楽しみもできた。なぜなら、私たちは、東京で会おう、と約束したからである。

おでんよ、本当にありがとう!

（指導教師　郭麗、福井祐介）

★二等賞　テーマ「心に残る、先生のあの言葉」

留学生に謝りなさい！

北京科技大学　武田真

「大学時代で一番印象深い思い出は何ですか？」と聞かれると、私はいつも井田先生との出来事を思い出します。でもそれは、良い思い出ではなく、とても嫌な思い出でした。

あれはまだ大学に入学して間もない冬の日で、窓の外は大雪が降っていました。井田先生は私たちの発音授業の担当で、その日は日本人留学生を呼んで交流会を開いてくれていました。

留学生と何を話せばいいか分からず、少し退屈になった私は留学生に隠れて机の下でスマホをいじっていました。すると、背後から急に手が伸びてきて、先生にスマホを取り上げられてしまいました。無言でスマホを持ち去った先生を私は慌てて追いかけました。

「ごめんなさい。許してください」

「謝るなら、僕じゃなくて留学生に謝りなさい！留学生は大雪の中、わざわざみんなと交流しに来てくれたんですよ」

その言葉は私の胸にズシリと重くのしかかりました。私は留学生の気持ちも、先生の気持ちも全く考えずにスマホをいじっていたのです。自分がすごく失礼なことをしていたことが分かり、私は自己嫌悪に陥りました。そして先生にもひどく嫌われてしまったと思いました。予想に反し、翌日から井田先生は何もなかったかのように接してくれ、熱心に指導をしてくれました。でも、私はいつもスマホ事件のことが気になっていました。

日本人は相手の気持ちを考える。そして、相手の迷惑にならないように行動する。授業でこんなことを学びました。それがスマホ事件と重なって、私は日本人と積極的に話すことができなくなり、手伝ってほしいことがあっても自分で解決するようになりました。

42

第14回 中国人の日本語作文コンクール上位入賞作品

井田先生にもっと指導してほしかったのに、迷惑にな
るかもしれないと思って言い出せません。そうしている
うちに時間が経ち、井田先生は二年生の終わりに突然大
学の仕事を辞めて日本に帰国してしまいました。

それから半年が経った今年の冬休み、私は広島大学の
文化研修に参加することになりました。私は勇気を出し
て井田先生に連絡しました。すると、島根に住んでいる
先生はわざわざ広島まで会いにきてくれました。

一緒に広島観光をした後、私たちは夕食を食べに居酒
屋に入りました。私はそこで今まで先生に聞きたかった
ことをたくさん聞きました。そして、私は最後に一通の
手紙を先生に渡しました。

「先生は私が一年生の時、交流会でスマホをいじって
いたことを覚えていますか？　留学生に謝りなさい！
その言葉を聞いて、私は相手の気持ちを考えるようにな
りました。先生は私が嫌いかもしれませんね。でも、私
はもっと先生と話したかったです」

読み終わった先生の顔に笑みがこぼれました。

「やっと素直に自分の気持ちを話してくれましたね、
本当にうれしいです。大丈夫、僕は嫌ってなんかいませ
んよ。武さんは僕にとってとても大事な学生です」

今まで胸の奥でずっと消えなかった痛みが一気になく

なりました。そして、先生は見送りにきてくれた広島駅
で、最後にこんな言葉をかけてくれました。

「僕は日本に帰りましたが、いつでも頼っていいんで
すよ。武さんは僕に頼ることが迷惑になると思っていま
せんか？　大事なことは相手に迷惑だと感じさせない関
係性を築いていくことです。僕は武さんのお願いを迷惑
だとは思いません」

先生の言葉を聞いて、私の頬には涙がこぼれ落ちてき
ました。今までずっと自分一人で頑張ってきた私は急に
気持ちが楽になったような気がしました。相手の気持ち
を考えるとは、相手に頼ってはいけないという意味では
なく、心を開いてお互いに理解したり、思いやったりす
ることだと分かりました。

あの日以来、私は井田先生とよくチャットや電話をす
るようになりました。勉強のことも日常のことも、今で
は何でも話せます。

スマホ事件は私にとって嫌な思い出でした。でも、今
は良い思い出です。なぜなら、あの事件がなければ、私
は井田先生とこんなに仲良くなれていなかったからです。

（指導教師　朱琳）

★二等賞　テーマ「心に残る、先生のあの言葉」

光

中国人民大学　王　寧

ここ数年、中日両国の関係が時々微妙になる。その影響で、日本語を勉強している中国人も時々微妙な位置に置かれることがある。私が日本語の勉強を始めてから、二年が経った。もちろん中日の友好関係に貢献したい気持ちはあるが、板挟みになって困ったこともある。そのとき、どうすればいいかわからなかった。それで、敏感な問題から目を背けながら、日本語の勉強を続けてきた。

そんなある日の午後、私は日本文化についての講座に参加した。うとうとと半分居眠りをしていると、講座担当の戴煥先生の次の言葉がふいに耳に入ってきた。

「日本語ができる中国人として、日本人に向かって言うべきことを言う勇気を持ち、中国人に向かって中国人の気に触ることでも言う勇気を持つべきだ」

先生が言い終わった後、私は眠気がすっかり消えた。日本語学科の学生として私はどのような態度で日本人と中国人に接するべきなのか。私はどのような立場で過去を振りかえって、現在を見て、未来に向かうべきなのか。この言葉は光のように私の心の底に埋まっていたことを照らした。

去年参加したボランティア活動のことを思い出した。それは日本人が中国語を学ぶ学校である日中学院の学生と相互学習したり、北京を巡ったりする活動だった。この活動を通じて、多くの日本の方々とよい友達になった。

しかし、ある日、活動のパンフレットを見て驚いた。最初の行き先が盧溝橋となっていたからだ。正直に言って、そのとき、両方が気まずい沈黙になり、友好的な雰囲気が壊されるかもしれないという心配があったので、一緒

44

に行くかどうか迷っていた。ちょうどその日授業があったので、それを理由として断った。実は、私は日本人の友達と歴史問題で気まずくなるのを恐れていたからこそ、行かなかったのだ。そのときの私にとって、逃避が一番いい対策だった。しかし、それ以来、この問題はずっと心の病のように私を苦しめることになった。

中国人に接するときにも悩みがある。母が病気で入院したときの思い出が蘇った。暇なとき、私は時々同じ病室の人と世間話をした。母のベッドの左側の病人は日本のことに興味を持っていて、ずっと日本のことを話していた。日本は確かに文化水準の高い国だなと感心していた。一方、右側の人は日本に対して批判的で、日本のものすべてが果たしていいと言えるのかと不満を言った。二人が話している間、私はずっと黙り込んでしまった。日本の肩を持っていると思われるのを恐れていたからだ。そのときの私は先入観がある中国人に客観的に日本のことを話す勇気がなかったのだ。

戴先生はあの言葉を私に向けて言ったような感じがする。私のような日本語を勉強する人は責任感と勇気を持つべきなのだ。日本人に対しても、中国人に対しても、言うべきことを言う勇気を持つべきだ。

それからしばらくして、私は勇気を出して日本人の友達に戦争についてどう考えるかと問いかけた。驚いたことに、早速日本人の友達はわざわざ長いメールを書いて送ってくれた。私は今後戦争は絶対に行うべきではないと考えると書いた。また、中国人に対しても、英語スピーチの授業で日本のゴミの分別を紹介して、日本の経験を参考にするべきだという考えを伝えた。スピーチの前には反発を受けることを心配したが、スピーチを始めた後みんなが顔を上げて興味を持った顔をしたのを見て、うれしくてしかたがなかった。

戴先生の言葉は私に心の柵を超えさせて、勇気を持たせて、第一歩を踏み出させたのだ。

逃避で歴史問題を解決することも逃避で日本との差を縮めることも不可能だ。日本語ができる私たちより一層過去と現在を直視して、事実を言う勇気を持つべきだ。

人間は耳に心地いい言葉を聞きたい傾向がある。しかし、忠言は耳に逆らいて行いに利あり。戴先生の言葉は光のように私の日本語を勉強する毎日を照らし、人生の道を案内してくれる。

（指導教師　大工原勇人）

45

★二等賞 テーマ「中国の若者が見つけた日本の新しい魅力」

「冷たい」日本人

浙江万里学院　陳昕羽

時間が戻ればいいなあ、私は時々そう思えてなりません。なんでその時、言わなかっただろうと、今私は思えば思うほど後悔しています。

あれは去年の夏休みのことでした。その時私は、サマーキャンプに参加し、一カ月間日本にいることになりました。日本に行ったこともないし、日本語も下手だし、日本人とうまく付き合えるかなと、私はあれこれの不安と心細さを抱いたまま、旅に出ました。

日本についてから、「井荻」という所に住むことになりました。マンションから駅までの道で、たまたま出合ったある料理屋では、今まで想像もつかなかった日本人の"メリット"に気づかされました。

いつからあの店の常連客になったのかは、もはや覚えてなりません。記憶の片隅に鮮明に残っているのは、ただ看板に大きく書いてある「家庭の味」という文字、それから、旦那さん夫婦のことでした。旦那さんはいつも、お世話してくれました。おまけの果物をくれたり、にこにこしながら私たちのことを見たりして、親切にしてくれました。特に、毎回食事を終えて、店を出ようとする私たちへの挨拶は、一番印象深かったです。お世辞の「まいど」だけではなく、気にかけてくれる話をいつもしてくれました。たとえば、帰りの遅い日に「夜道には気をつけてくださいね」とか、雨の日に「傘、忘れないでくださいね」とか、心配して話してくれました。

他人からみれば、「なんだ、つまんない」としか思えない話かも知れませんが、国を離れて、初めて異国で暮らしていた私にとって、それほどありがたいことはなかっ

46

第14回 中国人の日本語作文コンクール上位入賞作品

ったです。こんなにいい人たちに出会えたなんて、よかったなと、ただそう思うだけではありません。日本人へのイメージが一変したということです。

日本語専攻の学生として、日本語を習い始めて以来、死に勉強してきました。そして、日本人は冷たくて感情を表に出さないというテキストに書いてある内容を疑わず受け入れました。太宰治の『人間失格』を読んでいた時も、主人公葉蔵が機嫌を取るため、せっせと道化を演じたにもかかわらず、周りの人間の冷たい姿を見て、ああ、これこそ日本人だと思えてなりませんでした。けれど、とんでもないことだと、私は日本に来てから初めて気づきました。

中国へ帰る日に、天気が崩れました。空からざっと降ってきた雨も、別れの悲しみを告げるようでした。「最後の一日だから、お別れ、しない？　後は後悔するかも』。店で食事していた最中、先輩はまんざら冗談でもなさそうに言いました。「いやあ、日本語は下手だし、それに、なんか恥ずかしい」。私はあっさりと断りました。そして、旦那さんが言った「台風が来るから、気をつけてくださいね」。という言葉は、私の心に残る最後

の一言になりました。

今から思えば、冷たく見えたのは、日本人じゃなく、かえって、私たち中国人のほうでした。日本人は優しい心を見せてくれたのに、私は勇気を出さず、結局何の答えも出しませんでした。

「いつもお世話になっております。ありがとうございます。外国人で日本語専攻生の私に、考えたこともない日本人の優しさを見せてくださって、本当にありがとうございました」。今の私は、もう一度旦那さん夫婦に会ったら、ためらいなくそう言います。

日本人に対するイメージだけではなく、テキストや書物に書いてある日本がありのままの日本ではありません。今はもう帰国したけど、これからは周りの人たちに、私がこの目で見た日本や日本人をできるだけ伝えたいのです。そして、将来は日本に行って、中国のことをより多くの日本人が知るため、頑張るつもりです。いつか偏見をなくして、分かり合えて、仲良く付き合える日も来ると、私はそう信じています。

（指導教師　章静波）

★二等賞　テーマ「中国の若者が見つけた日本の新しい魅力」

「おもてなし」から見つけた日本の新しい魅力

湖州師範学院　倪雲霖

大学に入るまで、私にとっての日本は、たまにテレビで放送された日本に関する番組を見ても、日本の魅力などあまり理解できなかった。しかし、今はもう大学の日本語科の三年生になり、習った日本語を通して、いろんな文章を読んだり、日本の伝統芸術を見たり、日本のことがだんだんわかるようになってきた。「言語は文化の橋」という言葉をよく聞いた。確かに、私も実感している。私は、更に日本のことを知りたいと思い、今年の冬休みに日本へ旅行した。これをきっかけに、日本の新しい魅力をたくさん見つけた。日本は二〇二〇年の東京五輪で世界に注目されている。

この前、インターネットでニュースを見た時に、私は、ある言葉に惹かれた。二〇一三年、東京五輪招致活動の最後のプレゼンテーションのスピーチの中で「おもてなし」という言葉があった。その後、この言葉も流行語になった。辞書で調べると、そもそも「おもてなし」とは、お客様に応対する扱い、待遇のことを指した。しかし、東京五輪のフレーズとして、「おもてなし」は単なるその意味だけではないと思った。この疑問を持ちながら、今回母と一緒に東京に旅行した。

日本は国際的な観光地、とくに東京へ旅行する外国人は甚だ多い。今回の旅行で、日本人の「おもてなし」、あるいは親切さに感動させられた。日本の都市の交通機関はとても複雑だと思う。浅草寺から人形町へ行った時に、迷ったことがあった。浅草橋駅はなかなか見つけられなかった。その時、ひとりの人力車夫さんが私たちを手助けしてくれたのだった。その上、人力車に乗ること

も要求せず、いくつかの名所を私たちに教えてくれた。私は、その車夫さんの明るさや微笑む顔は絶対に忘れられない。また、六本木ビルの室外展望台へ行く前に、必ず荷物をロッカーに預けなければならない。しかし、そのロッカーの使い方は知らなかった。この時、隣にいたお爺さんが熱心に私たちに教えてくれた。一緒にエレベーターに乗った時、そのお爺さんが自分で撮った写真を私たちに見せてくれた。また、どこへ行けば富士山がよく見えるかと説明してくれた。印象では日本人は無愛想だと思っていたが、実はとても優しい民族だった。このような日常の場面から、日本人の「おもてなし」が強く感じられる。見知らぬ旅行者にも熱心に案内してくれる。これは日本の新しい魅力だと私は思った。

「職人精神」は日本人の「おもてなし」として、今、日本社会の常識になった。「職人精神」は（そのモノやコトを）利用する人のために、心を込めて自分の仕事に夢中になって完成させるという精神だと思う。今回の旅行で、目にした光景は私に強い印象を残した。それは観光するために電車を利用した時のことだった。新宿への帰りに、小田急線の電車の中で、ぱりっとした制服を着た車掌さんに気づいた。発車の前にちょっと派手な手振りをしている。なぜこんな手振りをしたのか、その時はわからなかった。今にして分かったのは、これは「指差喚呼」というもので、安全確認の基本原則の一つだ。JRや、江ノ電など、いずれの車掌さんもこのルールを守らなければならない。これは車掌さんたる者の職人精神だと思う。中国人の私から見ると、これは、お客様を安全に目的地まで運ぶという「おもてなし」の精神だと思う。これは簡単で難しい。これも日本の魅力だと私は感じた。

この旅行をする前は、私が知っていた日本の「おもてなし」は、お店や食堂などで、「いらっしゃいませ」というような店員さんの挨拶だと思った。しかし、今回の旅行をきっかけに、日本の「おもてなし」がしみじみと感じられた。挨拶だけではなく、心を込めた他の人への心遣いだ。こんなに真心を注いだ心遣いは私を感動させた。私たち中国の若者は、日本の日常のありふれた生活の中で、日本の新しい魅力を発見し、学ぶことができるのはとても大切なことだ。

（指導教師　松下正行、許春艶）

★二等賞　テーマ「日本の『中国語の日』に私ができること」

空から見よう、日本のすべてを
―― 私の夢「中国語の日」に実現

黒龍江外国語学院　由夢迪

　私の父は日本を誤解していました。日本は嫌いだと思っていました。しかし、私が日本語学科に入ってからというもの、少しずつ、日本のことを調べていたようです。そして、日本への印象は、「嫌い」から「好き」に変わってきたようです。先ずは、日本をよく知ることが大事なのだと思いました。

――私だけではできないけれど、実現できるといいなぁ。

　高校の最後の試験の後、私は大学の専攻を何にするのかを考えました。フランス語、ドイツ語、スペイン語などの、いろんな言語があります。悩みましたが、私は以前から日本語に興味があったので、父に日本語を専攻したいと伝えました。父はすぐに反対しました。どうして日本語を専攻したいのか。日本は悪い国だ。今以上の発展もない国だ。父はそのようなことを言いました。それでも私の気持ちは変わることもなく、日本語の専攻を決めました。

　面白いことを思い出します。大学の入学のために、私は父と一緒に大学に行きました。その時に、乗る予定のバスの停留所を見つけられませんでした。父は道を歩いているたくさんの人に聞いてみましたが誰も教えてくれませんでした。父がだんだんイライラしてきたのが分かりました。私は父に、もしここが日本だったら、誰に聞いてもすぐに教えてくれるよと言いました。父もそれだったら、日本人のほうがいいなぁと言って、私と一緒に笑いました。この時私は、父の日本人に対する態度がだ

50

んだん変わってきているのを感じました。後で、母から聞いた話ですが、父は私が日本語を専攻したことで、自分でも日本について調べたようです。子供が日本に留学に行っている知り合いにも話を聞いたりして、日本に対する偏見が少しずつ溶けてきたようでした。

私の父を見てもわかるように、日本を知ることによって誤解は減ってくるようです。そこで、私の「中国語の日」は、とにかく日本を実際に見ることに決めました。大きな気球に乗って日本海を渡り、みんなで日本の見学旅行に行く日としたいと思います。日本を嫌いなお年寄りを中国全土から集めて、いざ出発です。気球に乗って北京から東京に渡り、半分の人たちは東京から北海道へ、残りの半分の人たちは東京から九州へ、空から俯瞰して日本人の行動を眺めます。私も一緒に気球に乗って、中国のお年寄りたちに日本の素晴らしさを説明してあげます。もちろん、空からのガイドとして、日本の中国人と日本人が共存して仲良く暮らしている町、横浜中華街、池袋、神戸の中華街などを案内し、続いて、今も戦争の傷跡として日本に残っている町、広島、長崎の原爆資料館なども案内します。中国のお年寄りたちにも実際に日本の街を歩いてもらって、日本人の真面目さ、優しさを

理解してもらうことができます。一年に一回、八月十五日、この終戦記念日を「中国語の日」とします。日本人がどのぐらい戦争を嫌って、後悔しているかを知ってもらうには一番良い日だと思います。

日本にいい印象を持っていない中国人もたくさんいます。大部分は戦争に関わり、それに関係のあるおじいさん、おばあさんたちのような老人かもしれません。ずっと今でも日本人を恨んでいる人もいます。私は、日本は戦争当時の日本と全然違うと思っています。私はこの「中国語の日」を機会に、父のような考え方の人たちに日本の良さを教えていき、日本に対する誤解を少しでも減らすために努力したいと思っています。私は私自身も、もう一度日本の良いところを探したいと思います。

中国と日本。日本海を隔てて隣り合うアジアの経済大国が仲良くすることがアジアの発展、平和、ひいてはそれが、世界の平和につながることは明白です。私は日本語を専攻したことによって、父の日本に対する誤解が少しずつ減っていったように、中国のお年寄りたちの誤解も、早くなくなることを期待しています。

（指導教師　纐纈健司、王鵬）

★二等賞 テーマ「中国の若者が見つけた日本の新しい魅力」

中国の若者が見つけた日本の新しい魅力

東華理工大学長江学院　周義東

「陰陽師」というゲームを知っていますか。これは3Dの中国製和風RPGスマホゲームの名前です。このゲームは日本の平安時代を背景とし、陰陽師と日本の伝説の妖怪たちとの物語で、一時若者の間で話題になりました。

そして今、ネット書店では、日本の民俗文化、怪談、特に妖怪文化の本がよく売れています。多くの人が、「陰陽師のゲームが楽しめた。日本の妖怪伝説が本当に面白いからもっと詳しく調べたい」というコメントを残しました。絵が美しいことやストーリーが面白いことは、ゲームの成功に不可欠なものです。しかし、私の心に残ったものは、日本の妖怪文化や民俗文化でした。それは、民俗文化が古い時代から生き続ける地域と国の魂だと思っているからです。

私は、祖母がキリスト教信者である影響からか、子どもの時は宗教、神話、伝説、怪談などに興味を持ち、地域の文化を比較し、日本独特の民俗の魅力に惹かれました。民俗は地域に根ざした人民の文化で、最も人々の思想を表す物だと思います。特に、日本の「神道」の考え方は私の心を掴みました。この世の中のすべての物には魂があるという「万物有霊論」は、原始の精霊信仰で、いたる所どこにでも神様がいるという「八百万の神」の思想がとても好きです。私はネットや本の中で、田舎道に並ぶお地蔵様や、神社の赤い鳥居の写真を見て、畏敬の念を抱けることも日本民俗の魅力だと思います。

しかし、多くの人はその古い物に魅力を感じることができません。現在は近代化が進み、特に若者は、古い物

52

よりも新しい物が好きです。私はこのような人々に民俗の魅力を伝えたいのです。そのために、古い物の中に新たな血を注ぐ再創作が必要だと考えています。

日本はオリジナリティーと包容力に富む民族で、その長所を利用し、民俗の魂を残し、現代人に合う形に（文化の発信を）変換してきました。それは、安倍晴明や酒呑童子など、古書の中に隠れていた登場人物をさらに創作し、豊富なストーリーで、人物の性格をはっきりさせ、現代人のイメージに近づけることによって理解しやすくしたことです。

これらの創作作品は民俗文化の魅力を復活させ、現代のステージで光を放つと同時に、世界に文化を輸出し、日本の魅力を示しました。特に、アニメの「犬夜叉」や、小説の「少年陰陽師」などの創作作品は、若者を釘付けにし、民俗文化に新しい魅力を与えたと思っています。

中国は怪異異文化発祥の地ですが、日本はそこから妖怪文化を発展させました。中国と日本は昔から文化交流があり、民俗は似ているものが少なくありません。

例えば、弘法大師が遣唐使として、唐の時代に中国で仏法を習い、そして日本へ戻った後、作られた伝説には中国の影響が出ています。それは、文化交流が必ず両国

の民俗に影響を与え、繋がっているということです。民俗文化が似ていることはとても良いことです。

私は日本の伝説を背景にしたゲームが好きで、よく日本のゲームサーバーへ遊びに行きますが、日本のプレイヤーとゲームのストーリーをきっかけに、実際の民俗文化の交流をすることもあります。チャットを見るだけでも勉強になるのですが、質問をすれば日本のプレイヤーは熱心に答えてくれます。面白いのは、日本のプレイヤー“中日友好”の文字を見ることもあります。両国の若者がゲームで繋がるように、民俗文化は中日友好の鍵だと信じています。だから、もし中日両国の人々が、お互いの民俗文化を勉強したなら、両国の人と人、国と国の理解もより良い方向へ行くかもしれません。

民俗文化は魂、再創作は体、二つの物が交わって新しい魅力が生まれます。民俗文化は確かに古いものですが、そこには新しい可能性もあり、今もきっとたくさんの魅力が眠っています。これが中国の若者に発見されれば、民俗文化が両国の懸け橋になること間違いなしです。

（指導教師　呉麗麗、藤波喜代美）

★二等賞　テーマ「心に残る、先生のあの言葉」

心に残る、先生のあの言葉

杭州師範大学　陳夢嬌

　私は昔から弱気な人間でした。中学校の国語教師の魯先生は厳しいおばあさんでしたが、私は魯先生が大好きでした。その時の私は日本の文化が大好きで、いつか日本に行きたいと思っていましたが、でも日本語は全然分からず、日本語を知っているふりをすることもありました。そんな私に日本のことを教え、理解させてくださったのが魯先生でした。

　ある日、先生は授業中突然、戦争の話を始めました。先生は授業専門の国語教科以外のお話もとても上手な人でした。いつも先生の授業なら、学生たちは指名されるのを恐れて、緊張しています。しかし先生がこの話を始める

と、教室はいつもにぎやかになりました。学生たちは戦争に興味を持っていて、その話は人気があったのです。先生は、朝鮮戦争、解放戦争などの様々な戦争の話をしてくださいましたが、一番人気があったのは、抗日戦争でした。その日も、その抗日戦争が話題でした。その話を聞くと、一部の学生は何だか嬉しそうな顔をして、「戦争を怖がらず、積極的に参加しよう」と言いました。それは、日本のことが大好きな私にとって、みんなの悪意を感じる瞬間でした。「裏切り者！」と悪口を言われることもあったくらいです。

　その時、先生は真剣な顔をして「君たちなら、ライフルを見るとすぐ逃げ去ると思うよ。いいかい、戦争は災厄なんだよ。私たちは平和をちゃんと大切にしなきゃね。自分の命も同じだよ」と言いました。それから、先生はお祖母さんのことを話し始めました。先生のお祖母さんは抗日戦争を経験した人です。その時、彼女は銃弾に当

たらないために濡れた布団で体を覆って、戦場を逃げた
こともあったそうです。戦争は彼女の命こそ奪いません
でしたが、周りの大勢の人が死んでしまったそうです。
「戦争はそんな残酷なものだ」と言って、その日の授業
は終わりました。

授業の後、私は事務室に行って、「先生に聞きたいこ
とがあるんです」と言いました。先生の顔を見て、「私
はどうすればいいですか？日本が大好きです。でも友
達に裏切り者と呼ばれています。日本を嫌うべきです
か？」と聞きました。

「いいえ、それはあなたのせいではなく、教師の落ち
度だ。勇気を出しなさい！世界の人々、特に日本と中
国は、仲良くつきあっていくべきだと思うよ。だからあ
なたみたいな人が必要なんだ。あなたは、世界の懸け橋
になりなさい」と、先生は答えました。

教室に戻ると、がやがや騒いだ学生たちはまだ戦争の
話を続けていました。私は静かに座って先生の話を考え
ました。裏切り者と呼ばれた自分に何ができるのか。先生
の「世界の懸け橋になりなさい」という言葉が心に響い
ていました。

次の国語授業でも、先生はその戦争の話を続けました。
「日本も中国と同じで、取り返しのつかない損失だけが

残った。戦争に勝利者はいないんだよ。君たちは平和の
時代に生まれた若い世代だから、戦争を経験したことは
ない。戦争をおぼえていなければならないのは、人類が
互いに憎みあうためではなく、平和のためにお互いに頑
張るためだからだ。君たちは、これから世界の懸け橋に
ならないといけないんだよ」

何故先生が授業中に突然戦争の話をしたのか、少し理
解できます。今の世界は平和と激動が共存する時代です。
度々ネットでは中日関係のスレッドが見られますが、皮
肉な言葉が多いです。これは一種の戦争だと思います。
そういう時は先生の「世界の懸け橋になりなさい」とい
う言葉を思い出します。だから絶対スレッドに「私は日
本語を勉強中の中国人。私の願いは世界平和だ」と書き
残します。

中学時代は短い時間でしたが、先生と出会い、そして
先生から聞いた日本のことを今までも忘れられないです。
先生の話は、日本語を学びたいと思っていた私に過去と
現在を理解する重要性を教えてくれました。今の私は、
自分の過去の経験を踏まえた上で、中日交流の懸け橋に
なるために一生懸命日本語を学んでいる最中です。

（指導教師　洪優、南和見）

55

★二等賞 テーマ「心に残る、先生のあの言葉」

心に残る先生のあの言葉

福建師範大学　周　婕

それは中学校一年生のときのことです。

小学校を出て、新しい学校に入ったばかりの私はまだ慣れていませんでした。知らず知らずのうちに「三年前の私」に戻ってしまったのです。内向的で、人と付き合う勇気がなくて、すごく弱い「私」でした。その「私」は「親しい人以外の人から注視されたら、自分がバレてしまったかも」といつも考えていました。つまり、自分の欠点などが人に知られると、みんなに嫌われてしまうのが怖かったのです。自分ひとりで遊ぶのは寂しかったのですが、どう変えたらいいかわからなくて、困っていました。このような状況が続いたら、どうしようかなと

気が塞いでいたとき、曙光が見えてきました。

第二週の火曜日、中学校で初めての道徳の授業がありました。新しい学校の新しい先生だから、「どんな先生かな」「どんなやり方で授業をするのだろう」「おもしろいかな」といろいろ想像して、なんだかどきどきして、期待していました。

ベルが鳴ったとたんに、先生は教室に入ってきました。「みなさん、おはようございます!」と先生はとても元気な声であいさつしました。私たちは頭をあげて、声の出るほうを向くと、先生の笑顔が目に入ってきました。その笑顔はまるで太陽のように輝いて、人の目を引きつけました。

「じゃ、つぎ、自己紹介をします……」。ずっと笑みを浮かべていた先生の顔を見て、みんなも真面目に先生の話を聞いていました。

56

第14回 中国人の日本語作文コンクール上位入賞作品

先生は「みなさん、私の左の目を見てください」と言ったあと、みんなの視線が先生の笑顔から先生の左の目に移りました。そしたら、みんなびっくりしました。ほとんど瞳がなくて、人に怖い感じを与えました。

「私がみなさんに教える前に、私の左の目に気がついた人がいますか」と聞きましたが、誰も答えなかったので、先生は「もしいるなら、手をあげてください」と話し続けました。周りを見ると、手をあげた人は二人しかいませんでした。

「はい。いいですよ。じゃ、どうしてみなさんはこんなに目立つところに気づかなかったのですか」

「先生の笑顔がやさしいからです」

「先生の声が元気で、すぐ引かれたからです」

「先生の自己紹介がおもしろいからです」

みんなはそれぞれの考えを話しました。私もこころで「どうして」と自分に問いかけて、やはり先生の笑顔が眩しくて、私の目を引きつけたからだと思いました。

「はい、分かりました。その秘訣は笑顔です。私は完璧な人ではなくて、普通の人よりももっとみにくいです。でも、私は笑顔で自分の一番いいところをみなさんに見

せようとしています。こころから笑顔で接したら、みなさんが私の好意に感動するからです。そして、みなさんが私の大したことではない欠点に気づかなくて、私のいいところだけ注目してくれたのです。ですから、みなさん、笑顔でいる自分は最高だと信じましょう!」

その話のおかげで、私は変わってきました。なんだか、笑顔さえ浮かべていれば自信が出てくるようになりました。そして、親しくない人と付き合うのも怖くなくなりました。笑顔は私にとっては、シンデレラのガラスの靴みたいな宝物です。笑顔でいるために、私もやさしくて、すてきな人になれます。

先生が言ってくださった言葉はいまでも心に残っています。そして、日本語を勉強している私はその話をより信じるようになりました。日本人が人と付き合うときずっと笑顔でいるのはそのためなのかなと思っています。それはマスクをするのと同じではないかと思う人もいるかもしれませんが、やはり、もしこれで人に自信を持たせ、相手に好意を感じさせ、付き合う雰囲気を良くすることができるのなら、いいのではないでしょうか。

（指導教師　李海裕）

57

★二等賞 テーマ「中国の若者が見つけた日本の新しい魅力」

他人を思いやる日本の若者

常州大学　何発芹

日本語学科の学生になった後、自然に日本の文化や日本人の精神を理解するチャンスが昔よりもっと多くなった。特に、先生のおかげで、日本人との交流会を何度か体験した。

だからこそ、日本人との直接的な交流を通して、日本人の印象が大きく変わった。どの交流会も全部素晴らしかった。出会った人々からは、優しい思いやりの気持ちや態度を学ぶことができた。私は、今でも出会った日本の人たちを覚えている。

その中で、私が一番印象深かったのは、日本の大学生との交流会だ。

あの日は土曜日だった。だから、彼らと一緒に遊園地に行くことになった。最初、私はいろいろな不安があった。「私の日本語はよくないから、相手が理解してくれなかったら、どうしよう」とか、「どんな話題で話し始めたらいいか」とか。

遊園地に到着したのに、みんなは全員黙って歩いていた。その時、私は、「日本人も私たちと同じように緊張しているのだ」と思った。今度の交流会は失敗に終わるかもしれないと思った。その時突然、すごく可愛い日本人の女の子が、「あのね、ジェットコースターってありますか？」と尋ねてきた。私は「え？ありますよ。すごく面白いです。みんなで一緒にいきましょう」と答えた。しかし、この時、ある中国人の女の子が「うん、行きたい。でもちょっと怖いよ。どうしよう」「私は、下で待っているよ」と言った。他の中国人は、「では他の所に行こうか」と。

ところが、日本人の女の子はすぐ「大丈夫よ、上の景

58

色はとてもきれいです。それに、せっかくだから、自分に挑戦すれば、ほんとに意義があります」と微笑んで言った。それで、みんなで一緒に挑戦した。全員がジェットコースターから降りたときに、日本人の女の子が先ほど怖いと言っていた中国人の女の子に駆け寄り「大丈夫ですか?」と聞いた。そして「大丈夫。ほんとに素晴らしい体験でした」という中国人の答えを聞いて、「よかった。よかった。私も嬉しい」という独り言を言った。この瞬間、あたたかい感情が込み上げてきた。

3Dの映画館に入った時に、ある日本人男性が「これは簡単です。全然怖くないよ」と独り言を言っていた。とても不思議だった。映画館を出た後に、彼が高所恐怖症だと小さい声で言った。最初に言うと、他の人が心配するから、我慢して皆と一緒の行動をとったのだ。私は、胸がいっぱいになった。

中国人学生は、他人を思いやるというより自分自身が楽しんでいる人が多くて、恥ずかしくなった。日本人の若者の他の人を思いやるという気持ちは素晴らしくて、人への優しさを学んだ。

夜、カラオケに行った。一人の日本人男子学生が、日本語の歌だけでなく韓国語の歌も英語の歌も全部上手だった。私達が、感心して褒めると、彼は、「まだまだです。今の私はいろいろな不足があるのです、将来、中国語を勉強したい、毎日一生懸命頑張って、きっと中国語の歌を歌うことができる」と言ったのである。私は彼から、異文化理解への謙虚さと私達中国人への尊敬と思いやりを感じた。

この日、私たちは本当に疲れたが、全員が嬉しさを顔に表していた。みんなで一緒に素晴らしい思い出を作れた。

もちろん、日本の若者がすべて素晴らしいわけではないだろう。しかし、私が出会った日本人大学生の他人を思いやる言動は、自然であり本物だった。どんな時代でも、そういう態度を示す品格のある若者が育っているのは、国にとってもとても幸せなものだと思う。私たちが学ばなければならないものがたくさんあると思った。

この日本の若者の他人を思いやる優しさや品格は、日本の大きな魅力だと思う。将来、日本に行きたい!日本の若者と友達になりたい! 私は、このような若者が創り出し発展する日本社会を見たいと思っている。

(指導教師 古田島和美)

★三等賞 テーマ「心に残る、先生のあの言葉」

日本語を学ぶのは何のため

南陽理工学院　鍾子龍

「你好！ 日本」「こんにちは！ 中国」と、日中両国民が、笑顔で挨拶し自由に行き交うのが理想です。ところが、去年の日本人の中国に対する親近感は一九％足らず、日本から中国への観光客も減っていると聞きました。

一方、中国人に「日本人をどう思うか」と尋ねれば、「恩知らず、鬼畜。友達になっても建前で物をいうから信用できない」と、答える人が少なからずいるのも事実です。実は、私もその一人でした。

中学生時代、ネットで、あるジャーナリストが日本を否定的に述べた『日本はどんな国』というサイトに出会いました。それには「冷血」「疎外」「いじめ」などの語彙が並び、日本を悪国と断定していました。私は、それを鵜呑みにして偏見を持つようになったのです。

ある日、日本に旅行され、帰国後「日本人の印象は」と聞かれた私の高校の先生が「固定観念で人を判断するのは愚かです。どんな国の人でも、実際に会って、知って、感じることが大切です」と、答えられました。私は、そのように先生に言わしめた日本に、是非行きたいと考えるようになりました。

私が大学で日本語を専攻したのは、その思いが益々強くなっていたからです。大学で出会った日本人の教師の方々は、私がそれまで抱いてきた日本人のイメージとはかけ離れていました。

「こんにちはは你好、あなたが好き。さようならは再見、また会いましょう。中国語の挨拶はとっても素敵」

中国語をあまり知らない日本人の先生が、授業中そういわれたので気を利かした私は、

「先生、你好はあなたが好きではなく、你好嗎？ が挨拶になったものです。また会いましょうといいたければ、再見の前に、今度会う時を入れます」といいました。

第14回 中国人の日本語作文コンクール上位入賞作品

「え、どんなふうに」

「例えば…、明天見で明日また会おう」

「へえ、では、明日の授業で必ずまた会おうね！　は」

そこで、私は「ァっ」と言葉を詰まらせました。なぜなら、その頃授業をさぼりがちだったからです。そんな私に、クラスは大爆笑。

その日本人の先生は、六十代の長い海外経験を持つ方で、学生たちの学習のモチベーションを上げようと、教科書の他、色々な話をされます。先生は、二〇一二年反日デモの吹き荒れる中、なぜ南陽理工学院に赴任したのかの答えとして、日本のテレビ番組を見せてくださいました。それは、南陽市の農民一家が、記憶喪失の日本兵を様々な困難に耐え五十年間保護し続け、我が学院の関係者の協力で帰国させたという感動的なドキュメントでした。また、先生の出身大学は、一九七五年、戦後初めて中国人留学生を受け入れた大学で、当時の留学生の様子や日本人学生との交流がどの様であったか、さらに、日中国交正常化のために周恩来総理をはじめ両国の人々がどれ程尽力されたかなど、実体験を織り交ぜながらの話は、どれも初めて知ることばかりでした。そして「日

本語を学ぶのは何のためか、どうか少しでも考えてください」といわれました。それは、日本語学習の目的が日本語能力試験合格のみになっていた私にとって衝撃でした。日中間には忘れてならない不幸な歴史があります。

しかし、それを繰り返さないために自分に何ができるかを考えたことはありませんでした。

私は、現在、日本語学科の学習委員長として、一年生に日本文化について講演したり、日本のニュースを中国語にして発表するなどの活動をしていますが、後輩たちに大切なこととして、真の人間交流は思い込みや誤解を払拭してこそ始まるのだと訴えていきたいと思います。

ここ河南省が誇る甲骨文字で、あの「你好」の好は、愛する子供を抱きしめる母親の姿をしています。そして、日本語の「こんにちは」も、元をただすと太陽であり母親のことだと習いました。何と優しい、何とおおらかな挨拶でしょう。こんなにも共通点が多い文化を持つ両国、両国民の懸け橋となることを改めて私の使命と捉え、これからも日本語学習・研究に励んでいきたいと思います。

（指導教師　南都万規子）

61

★三等賞　テーマ「中国の若者が見つけた日本の新しい魅力」

日本の高齢者の魅力

浙江工商大学　王襲苑

私は日本に留学中、ある男性の友人ができました。その人はなんと七十歳を過ぎた高齢者で、私の寮の隣に暮らし、毎朝奥さんと一緒に散歩するごく普通の人です。高木さんと言います。

私は初め、お隣さんではありますが、ちょっと馴染めない感じがして、高木さんを避けるようにしていました。そもそも私と高木さんではジェネレーションギャップがあり過ぎて、近所付き合いする感じではなかったのです。でも顔を合わすたびに、高木さんは頑張って中国語で話しかけてきます。その発音は聞き取りにくいのですが、何回も繰り返して聞くと、最後には言おうとする意味がわかります。高木さんは毎週中国語教室に通っているのです。ある日、「王さん、来週中国語教室に来ませんか」と誘われました。なんか面白そうだなと思って、「はい。伺います」と答えました。高木さんはとっても喜びました。行ってみると、学生は全て高木さんのような高齢者ばかりで驚きました。高齢の方といっても皆とても元気そうで一生懸命中国語の勉強をしています。あるおばあさんはもう二十年以上勉強していると聞いて更にびっくりしました。中国語だけでなく、中国の歴史とか文化についても勉強しているようです。私は最初信じられませんでした。中国の大半の高齢者は、退職後は家でのんびりして、あまり外に出て行きません。なぜ日本の高齢者は外に出かけ、勉強を続けたりするのか、中国人の私にとっては理解できませんでした。

しばらくして、高木さんの家に食事に招待されました。高木さんはアルバムを出してきて、見せてくれました。幼いころの様子から、裕福ではない家庭に育ったことがわかりました。中学卒業後、本当は高校に行きたかったのですが、家計を助けるために船員になることにしたそ

うです。船内の鉄パイプの二段ベッドだけの狭い部屋に住み、四〇度を超える厳しい環境の中で辛抱して働きました。悪天候の時には、船は荒波にもまれ、危険な状態になることもありました。そんな船員時代のある日、中国の広州に寄港した時、中国古代の物語を耳にし、それから中国古代史に興味を持つようになりました。

働き続け、ようやく安定した生活を営めるようになりました。そこで、忘れていた勉強への思いが蘇ってきたのです。六十歳を過ぎ、八生、後悔しない……にと何か勉強を始める決心をしました。選んだのは興味のあった中国語です。初級から初めてもう十年になります。一歩一歩着実に前進しています。また中国の古代史、例えば三国志にも強い興味を持っていて、私よりずっと詳しく、いろんなことを語ってくれました。本棚には中国の本がいっぱい並んでいて、中国の話になると、目を輝かせ話にいっそう力が入ります。

その表情を見て、胸が熱くなりました。こうした前向きな姿勢は私達若者も学ぶべきです。私は向上心、世界への好奇心に欠けているなと恥ずかしくなりました。ごく普通の日本人である高木さんから日本民族のすばらし

さを感じ取りました。

帰国後も、メールのやりとりをし、身の回りの出来事を知らせ合ったり、日本での思い出を振り返ったりしています。また時々中国語の質問をされたりもします。私が将来の夢について話すと、高木さんもまだこの先にある目標や夢について語ってくれます。

短い留学期間ではありましたが、日常生活の様々な場面で感動を与えられました。日本は高齢化社会ですが、その高齢者の生活を見ると、やはりすばらしい国家だということがわかります。好奇心、向学心に溢れ、前向きに生きる姿勢は本当に勉強になりました。周りに頼らず自分の力で生き、しかも社会に貢献したいという高齢者に日本のエネルギーを感じます。この高齢者の魅力は次世代に引き継がれ、日本はますます魅力的な国になっていくものと思います。

（指導教師　賈臨宇、岡田重美）

63

★三等賞 テーマ「中国の若者が見つけた日本の新しい魅力」

サッカーの世界から見えた世界

武昌理工学院　万興宇

僕は留学、仕事、旅行など、どれもチャンスを見計らって海外を見てみたいという欲求がある。国内にとどまる気はしない。世界を目指したい。

そんな中で特に魅力に富んだ国がある。それはアジアの東部、中国の隣にある大小五千以上の島からなる日本だ。この国はいつも中国の若者の視線の中にある。

中国の若者は日本という国に複雑な感情を持っている。日本語学科の中でも、たまたま日本語を勉強しているだけで、相変わらず日本に憎しみを持った学生がいる一方で、日本の若者文化に興味を持つ日本語学習者が大勢いる。僕が日本語の専門を選んだ理由は、日本のスポーツ

文化に興味があったからだ。

僕は小学校からサッカーが好きで、初めて試合を見たのは四歳の頃だ。二〇〇二年にFIFAワールドカップが行われ、最初は父と一緒に中国チームを応援していたが、残念ながら中国チームは三連敗した。その後、日本の試合も見ていた。その年、日本チームはチュニジアを完封し、ベルギーと戦うときの逆襲劇も綺麗だった。トルコのチームに負けたに、それは体力の差だったと思う。負けたけど悔いのない戦い。日本のサッカー選手を一言で形容するなら、それは「自信」だと思う。青いユニホームを着た若き青年で、ヨーロッパの強豪と競い合う彼らに、僕は感動した！

当時、セリエAのパルマの主力の中田英寿、アーセナルの補欠選手の稲本潤一、ポーツマスのゴールキーパー・川口能活など日本の選手たちは十六強入りを果たし、日本はアジアのサッカーチームの存在感を世界に示した。それをきっかけに、日本のサッカー選手はヨーロッパのクラブへ入団していくようになる。日本のサッカーの実力を示す時がきた。アジアサッカー年間最優秀賞獲得の本田圭佑は、有名なクラブ「ACミラノ」に入団した。

第14回 中国人の日本語作文コンクール上位入賞作品

香川真司はドイツのクラブに抜擢された。今はドルトムントの主力であり、すごく剛直なサッカー選手である。内田篤人はシャルケ04の後衛だ。スポーツ応援に国境はない。中国内にも多くの日本人選手ファンがいるのが事実だ。

中国のサッカーチームの実力は、まだ弱い。中国のクラブはアジアの一流チームを目指しているが、なかなか難しいものがある。というのは大資本に頼るばかりか、中国のクラブの中心的存在はほとんどが外国選手なのだ。どうして中国の国内チームといえるのか？　それに対して、日本のクラブは日本人で構成され、チーム内の結束を高めることができる。勝敗はチームで得るものだ。

中国スーパーリーグ「杭州緑城」で二年間監督を務めたことのある岡田武史氏が、中国サッカーの未来へ五つの意見を提出している。（一）中国サッカー管理者はサッカーが好きではありません、責任を持っていない。（二）選手はサッカーを仕事としてはいけません。日本の選手はサッカーが好きだからプロ選手になる。（三）親の観念を変えるべきだ。子供がサッカーをすると勉強ができないという話はおかしい。（四）他国の真似だけをしては

いけない。自分のスタイルを探そう。（五）中国の選手はお金だけを求めてはいけない——。岡田監督が強調する夢を持つことは必要だと思う。

本田圭佑選手は小さい頃、ノートに夢を綴っていたようだ。プロになる夢を描き、実際に努力を続け一流の選手になった。お金だけに惑わされてはいけない。この意見は貴重だ。

こうして、僕は日本のサッカーやサッカー選手に魅力を見つけた。日本選手の持つサッカーに対する純粋な情熱、そして世界の強豪と戦う時の自信、チームが一丸となって戦う姿を見ていると、逆に中国の若きサッカー選手たちに不足しがちなところが見えてくると思う。

「タイムアップの笛は、次の試合へのキックオフの笛である」（デットマール・クラマー元サッカー日本代表監督）。いつか中国と日本のサッカーチームが戦う時がやってくる。正直に言えば、その時はどっちも勝って欲しいし、どっちも負けて欲しくないと思う。

（指導教師　半場憲二）

65

★三等賞 テーマ「中国の若者が見つけた日本の新しい魅力」

日本の新しい魅力、それは、きれいに化粧をしているお年寄り

杭州師範大学 高楹楹

中国で「化粧術」といわれる日本のメイク方法は、中国の「PS術」、韓国の「整形術」、タイの「変性術」とともに「アジアの四大邪術」の一つとされている。だから、中国では日本人は化粧が上手だというイメージがある。

今年の四月に、長崎に留学すると、本物の日本人をたくさん見る機会に恵まれたが、間近に目にした日本人の化粧は想像以上だった。

町を歩き回っていると、若い女性はもちろん、お年寄りもきれいに化粧をしていた。さらに、化粧品コーナーで熱心に化粧品を選んでいる人も珍しくなく、その中にはおじいさんまでいた。だが、それを気にする人はいな

かった。若者だけでなく、お年寄りもごく普通に化粧をすることに中国人の私は、新しい魅力を感じた。中国では、お年寄りの女性は素顔のほうが多い。特に田舎では、おしゃれをしすぎると人に嫌われる可能性もある。お年寄りの化粧には、本人のみならず、周りの人にも大きな抵抗感があり、それを許さない雰囲気があるのだ。何故、中国と違うのだろうかと疑問に思った。

でもその後、話を聞くチャンスがあった。私の寮には月に一回、隣の公園を掃除するボランティア活動がある。新入生の私も友達と一緒に参加した。学生以外では、近所のお年寄りたちも参加していた。草を抜きながら中国語で友達と話していると、傍で落ち葉拾いをしていたおばあさんに話しかけられた。

打ち解けた後で、ちゃんと化粧しているおばあさんに「中国ではお年寄りが化粧するのは珍しいんですが、日本のお年寄りが化粧するのは普通ですよね。それはどうしてですか？」と質問した。

おばあさんは微笑んで「わたしは化粧したいから化粧してるだけ。それに、美しい人のほうがモテるでしょう？」と答えた。

「そうですか……。でも、文句を言われたりしませんか？　年寄りなのにおしゃれをしすぎ！とか……」

「化粧するのはね、きれいになりたいから。努力してもっと自分をよくする。それは人に迷惑をかけることじゃない。逆に、人に敬意を払う振る舞いだと思うのよ。もちろん、きれいに化粧をしようとして失敗しちゃったこともあるけど」とおばあさんは説明した。それから、まだ初心者だったころ、チークの加減がわからず、塗りすぎて「おてもやん」状態になったことなど、若い頃の面白い話をしてくれた。知らず知らずのうちに時間は経って、寮の集合時間になったので、おばあさんと別れた。

帰る途中で、祖母のことを思った。大学に入ってから一度、生まれも育ちも田舎の祖母に化粧をしてあげようとしたことがあるが、祖母には「もうこんな年だから、化粧するなんて恥ずかしい」と断られた。しかし、祖母は時々鏡を見ては「シワがこんなにいっぱいになっちゃったか」とか、洋服を買うときには「どうしておばあさんだと紺とか黒とか、地味な色しかないのよ！」と文句を言ったりする。

実は祖母もきれいになりたいのだと思う。「もうこん

な年だ」から化粧をしたくないとか言っているが、本当に化粧が嫌いなわけではないはずだ。それはただ「人に文句を言われたくない」とか「嫌われたくない」という理由だけでしかない。お年寄りは化粧をしないという中国の古い暗黙のルールにこだわってしまっているのだと思う。

しかし、化粧することと年齢とは、全く関係がないはずだ。化粧するかどうかは自分の気持ち次第だ。さらに対人関係では、相手を重視して敬意を払うために化粧をし、相手も年齢に関係なく美を求め続ける気持ちを認める。それが日本ではお年寄りでも化粧をしている理由なのだと思う。このような「化粧術」というより、むしろ「仙術」だと思う。

だから、日本のお年寄りの化粧を中国のお年寄りにも広められれば最高だ！　今度は、祖母とちゃんと話をして、化粧をしてあげたい。祖母や中国のお年寄りが周りの目を気にせずにきれいに化粧をして、なりたい自分になることを心から望んでいる。

（指導教師　南和見、洪優）

★三等賞 テーマ「日本の『中国語の日』に私ができること」

共に中国の詩歌の魅力を感じよう

西北大学 徐雨晨

先学期の末頃、お世話になっている文学史の日本人の先生が帰国することになった。先生も皆も未練があった。先生は、帰国する前に一つの願いがあるという。それは、授業で勉強したばかりの「小倉百人一首」を模倣し、「中国の『百人一首』を作ってもらいたいということなのだ。この中国版の「藤原定家」は、いうまでもなく、子どもの頃から既に何十編何百編の唐詩を丸暗記してきた私たちなのだ。

最初、母語への自信を持ち過ぎたせいか、絶対楽に完成できると思いきや、本格的に取り組んでみたら、一体どうやって日本人に中国の詩歌の意味や情緒を分かって

もらうのかと戸惑ってしまった。結局、ネットや辞書を頼りながら、何とか日本語の漢文体と現代語に訳しただけだが、日本人が注目している唐詩や宋詞ならいざ知らず、漢賦・元曲ときたら、多くの名編はネットでは日本語訳も見つからなかったので、大変工夫を凝らしたものだった。

とうとう、中国版の「百人一首」が完成できた。百首も編纂したら、中国の何千年の詩歌のエッセンスと言っても過言でもない。先生は、お土産として日本国内で教師をしている友達に持っていくと喜んでくれた。

私は、ふと先生のこの言葉が気になりかけた。と同時に日本の「中国語の日」についての霊感が閃いてきた。それは、より多くの形式で中国の古典の作品を宣伝することだ。明らかに古典の中日言語は大きく異なるのもさることながら、現代語の両者の間にも、ギャップがある。日本語を専攻としたそういう言語や時代の壁を乗り越える橋の役割を果たす主役ではないか。幼い頃から中国の古典詩歌に薫陶されてきた私は、今こそ中国語の古典美をどんどん世界に紹介しないと。まして、多くの優秀な漢賦・元曲は今見落とされていて、あるべき地

位にはおかれていない。これはなんと惜しいことか！

中国語の古典美といったら、例えば、最近終わったばかりの平昌オリンピックの男子フィギュアスケートの伝奇的な選手、羽生結弦が決勝戦のフリーが放送された時の中国語の解説だ。中国の解説者は、「容姿は宝石の如く、姿は松の如し。軽さは大白鳥の如く、美しさは舞う龍の如し」と三国時代の曹植の名編「洛神賦」を引用して羽生選手を賛美した。元々この文は曹植が夢で一目惚れの美人を描いた名句だったが、ここに引用されても、全く違和感がなく、むしろぴったりと合うのだ。こんな「詩的教養味溢れる表現」（日本のネチズンのコメントより）は日本で熱烈な反響を起こした。日本の皆さんは解説員の凄さを褒める一方、漢詩や中国の古典文化の美しさにも魅了されたようだった。

もう一つの例。阿倍仲麻呂の有名な一首――「天の原振りさけ見れば　春日なる　三笠の山に　出でし月かも」と李白の「頭を挙げて　山月を望み　頭を低れて　故郷を思ふ」。両方とも、ほのぼのとした情緒を煌煌とした月光に注いでいる詩だ。阿倍と同様に長年異郷に住んでいる先生は「この和歌は国外にいる現代の日本人の胸にも響

くものです。切なくなりますね」と仰っている。日本人の先生のみならず、故郷を離れた人がこの詩を読む時の心境は、私たち中国人も、つくづくと感じられるものだ。同様に、さぞかし日本人も李白の詩に宿る抑えきれない望郷の念を汲み取りうるだろう。

「力をも入れずして、天地を動かし、目に見えぬ鬼神をも、あはれと思はせ、男女の中をも和らげ、猛き武士の心をも慰むるは歌なり」と紀貫之の書いた通り、和歌はそのような力を持っているが、中国の古典詩歌もそうではないだろうか。人間に共有する心の富みの象徴である詩歌があればこそ、お互いに温めあい、慰めあい、この寂しい惑星で手を繋いで生きていけるのではないだろうか。今後、中国の古典詩歌によって、中日友好の懸け橋を築こうと思っている。これがまさに日本の「中国語の日」に私のできることなのだ。

（指導教師　薛紅玲）

★三等賞 テーマ「心に残る、先生のあの言葉」

あの雨天、あの言葉

中国人民大学 陳長遠

私は今、家から三百キロほど離れたところで生きている。恵州学院、ここで四年間の大学生活を送っている。ゆっくりと生活の中の雨露を吸い取って、日差しを浴びて。でも、時には霧の中で見当がつかなくて立ち尽くしている。

大学に入学したばかりの二年前の私は、何も心配せず、自分の専攻もあまり気にかけていなかった。だが、時々、自分はなぜここにいるのか、なぜ日本語を専攻したのか、何をしたいのかなど自問していて、五里霧中にあった。

私は、かなり頑固な人間である。自分の嫌なものは絶対嫌だ。大学の専攻も好き勝手に選んだ。その時は何したら良いのか全然見当がつかなくて、日本のアニメに熱中したことを思い出して、日本語にしたのだ。しかし、落ち着いて考えてみると、日本語を勉強したら将来どんなことができるのかとか全然わからなかった。

そんな私は、他人からみれば、かなり明るい人間だったかもしれないが、その心には、実はとても虚しかった。そこへ、転換期が訪れたのだ。

それは、日本語の授業中のことだった。その時、先生は友人の話をしたのだ。その先生の友人は動物学の研究家であるということだ。ゴキブリ、彼はこの強い生命力を持っている気持ち悪い生物に熱中して、研究をしていた。でも、それはかなり人気がない専門だったから、周りの人に理解されなかった。いろいろな成果も出て、多くの本も出版できたが、彼の生活は相変わらず低迷していた。そんな未来を見通せなかった時にも、彼は後悔したり弱気になったり全然しなくて、研究し続けた。それから何年も経ってから、北京でひどいゴキブリの被害が発生した。すると、彼はやっと人生の春を迎えたのである。数多くの研究成果はとても役に立って、大成功を収めたのである。

70

ここまで聞いて、私はびっくりした。先生は話を続けた。「誰も何年も後の災難を予想できなかった。でも、一つのことは断言できる。もしもあの時彼が研究を諦めてしまえば、今の成功は絶対になかった。だから、君たちも、今は未来のことがぼんやりしていてわからなくても、とりあえず目の前にあることをちゃんとやった方がいい。そうすれば、機会は自然にやって来るから。もし今努力しなければ、未来に何も起こらないのは間違いないんだから」

私は、「とりあえず目の前にあることをちゃんとやっていればいいんだ」って、心の中で何回も繰り返した。それから、私の目の前が、何か、ちょっと明るくなってきたような気がした。

その後、私の生活は変わり始めた。それは、霧の中を抜け出して、青い空に巡り合って、その光を迎え入れたみたいな感じだった。

今の私は、悪くない成果を上げたと言えるだろう。私はいつも元気に目の前のことをちゃんとやり遂げてきた。去年からずっと日本語の勉強を一生懸命頑張ってきたのだ。おかげで、日本語の能力試験にもパスできた。だん

だん自分のしたいこともわかるようになってきた。日中相互理解を促進すること、私はこんな目標を立てたので、私は今でもちゃんと頑張っている。新学期の初めには、日本からの短期留学生の接待役として、中国をよりよく理解してもらうために、多くの観光地にも案内したし、中華料理も作ったし、いろいろなことを十分に体験させてあげた。日本語のスピーチコンテストにも参加して、日中相互理解について発表した。自分の目標に向かって、少しでも自分の力を尽くして頑張ることができて、本当に嬉しかった。少なくとも、私はもうぼんやりと生きていない。

これらの私がやってきたことはすべて、以前の私なら絶対思ってもみなかったことばかりだ。先生のおかげで、私は五里霧中の状態から抜け出し、光を迎え入れることができたのである。先生の教えは、私にとっていつまでも忘れられないものになった。これからも、ずっと私の心に銘記されるだろう。

（指導教師　大工原勇人）

★三等賞　テーマ「中国の若者が見つけた日本の新しい魅力」

スタンプを捺そう

中国人民大学　路雨倩

手帳を開くと、思い出が泉のように緩く溢れてくる。東京から横浜、関西を経て九州へと……日本との縁を一つ一つ記してくれるのは、紙に捺された、小さなスタンプたちだ。

去年日本へ観光に行った時、駅の片隅に置かれた丸いものに目を引かれ、近寄ってみると、スタンプだった。初めは不思議だった。しかし、旅をするうちに、スタンプは日本で一種の文化ともいえるほどかなり普遍的な存在だと気づいた。有名な観光地はもちろん、各電車の駅、博物館、目立たないカフェでさえスタンプを見つけるこ

ともしばしば。この新しく発見した日本の面白さに興をそそられ、私はいつの間にかスタンプ収集を始めていた。

スタンプには大抵、その土地の名勝や風景がデザインされている。しかし、科学技術が発展した現在では、そんなものはかなり時代遅れだと思われるかもしれない。シャッターを押せば、その場所で見られる全ての景色を鮮明な写真に写せるスマホに比べ、スタンプの絵柄の様式と色は単一で、いかにもつまらないからだ。

だが、スタンプの本当の面白さはむしろ「探す過程」にあると思う。日光で長い旅をしてようやく目立たない片隅で東照宮のスタンプを見つけた時、興奮で飛び上がって、走って捺しに行ったことは今でも鮮明に覚えている。好きであれば何百枚も撮れる写真に比べ、スタンプには最初から蓄えてきた期待感と最後に探せた時の満足感が含まれており、かけがえのない重さを持っている。

振り返ってみると、あちこちで絶え間なく撮った写真は既にパソコンのどこに保存したのかも忘れてしまったが、三つの子猿が描かれた東照宮のスタンプを載せた手帳はずっと手元に持っていて、日光での追憶と共に、「見ざる聞かざる言わざる」という人生の知恵を思い出

72

させてくれる。

こんな小さなスタンプが人と人をつなぐこともある。

別府地獄めぐりの出発点でスタンプを捺す時、後ろに並んでいる日本人の男の子に出会った。挨拶はしなかったが、同じ趣味を持っていることが互いの手帳を見ればすぐわかるような微妙な感じだった。「そっちも綺麗ね」と、彼が最初に話しかけてくれた。「けっこう集まったなスタンプ、いっぱいだね」と、気恥ずかしく答えた。

このように、「スタンプ同志」の二人に地獄めぐりをしながら互いの今までの旅について大いに分かち合った。「ここは横須賀、デッカイ軍艦があるぞ。そしてここは……」とスタンプを指したり、身振り手振りで話し合ったり二人の輝いている笑顔は、たぶん永遠に互いの記憶に残るだろう。終点につき、「これが最後のスタンプだね」と言った私に、「違うよ」と彼が鞄の中から小さな印章を出し、私の手帳に捺してくれた。「正雄、僕の名前。君も、スタンプを捺してよ」。「ありがとう」と、私も自分の印鑑を彼の手帳に捺した。地名から始まったこの旅が、誰かの名前で終わるとは思わなかった。正雄という名前は、地獄めぐりで共につけた各スタンプと共に、この一期一会の縁を記している。このように、スタンプ探しの過程で、誰かと出会って、絆を結ぶこともスタンプならではの魅力ではないか。

何もかも急速に前に進んでいるこの時代で、私たちの生活も加速化されているようだ。たとえ休みに観光地に行っても、騒いでいる人群れに突っこんで、目に見えるすべての景色を写真に撮るばかり。その美しさを楽しむ暇さえもとらずに慌てて次の目的地に進む。このようなファストフード式の旅をしても、精神的な癒しになるどころか、やたらに疲れるだけではないだろうか。

それに比べ、スタンプは旅のペースを落とし、ゆっくりと景色を楽しませてくれる。スタンプを探す過程で思いがけない人と縁を結んでいく。そうやって手帳に残った色褪せたスタンプは、写真よりも鮮明に自分の人生の足跡を記録してくれるのだ。

「スタンプを捺そう」。今まで体験しなかった新しい日本がきっと道先であなたを待っているよ。

(指導教師　大工原勇人)

★三等賞　テーマ「日本の『中国語の日』に私ができること」

日中の義を結ぶ包子

常州大学　丁嘉楽

去年の十一月、私は、日本人留学生に「酔蟹」をご馳走した。彼女は、物珍しそうにその蟹を見た。「酔蟹」上海蟹を酒や調味料に漬けた酔った蟹だ。本来「酔蟹」には「生酔蟹」と「熟酔蟹」の二種類があるが、私はその時「熟酔蟹」を用意し一生懸命説明した。ところが、「熟」を日本語で説明できなかった。「うーん?」。突然、金賀さんが、「丁さん、蒸した?」と言い「蒸した蟹」と書いた。「蒸」この漢字を見た途端、私はおもわず嬉しくなった。しきりに頷いた。「はい、そうそう、蒸した!蒸した!」。それから、「熟」の意味について二人でいろいろ話した。中国料理を紹介し中国語を教えることに大きな喜びを得た。

その時今までの日本人との交流会を思い出した。そして、気づいたのだ。確かに今までの交流会では日本人の考え方や本音その背景にある日本人社会を知った。いつも、心があたたかくなる体験だった。でも、それらは、私達は受け身の交流だったのではないだろうか。

また、私は日本へ行った時のことを思い出した。一年生の時、私は病気になり休学した。来年日本語の勉強を続けるかどうか迷った。そんな時、父は私に日本旅行をプレゼントしてくれた。夢のようだった。日本の景色に興奮した。憧れの日本食を食べた。美味しかった。この時の体験が今の私を支えてくれている。ただ残念だったことがあった。日本にある中国料理は人気だが、日本人の口にあう高級料理だった。私は、本来の中国料理が日本に伝わっていないと感じた。

交流は、お互いが対等でなければならない。

日本人の先生に相談した。「是非中国料理の作り方を日本人の方に紹介したい」。先生は、すぐさま大賛成と言って、会場の手配や日本人の方への連絡を引き受けてくれた。

第14回 中国人の日本語作文コンクール上位入賞作品

実は、それからが大変だった。先生と何度も話し合った。そして、「包子」を作ることにした。三国志の中で、劉備・関羽・張飛が義を結んだときに食べたのが聚義包という包子である。日本人と中国人の義を結ぶ即ち友好のための料理としては最適だ。成功させたい！ 私は、交流会の前日まで蘇式料理に精通している父と母に教えてもらい何度も包子を作った。

四月十四日、交流会の朝早く父と市場で一番新鮮な野菜や豚肉を買い、包子とワンタンの具を作った。そしてたくさんの材料や調理道具を会場へ運んだ。先生やご主人と会場の準備をした。十二時半クラスの皆も次々と到着。そして日本人の方々もいらっしゃった。会場は満席になった。

私が交流会の目的や内容について話し、全員が自己紹介をした。包子が三国志の中で義を結ぶ食べ物だったと紹介した時、日本人の方は「今日は忘れられない日になるね」と言ってくれた。包子の作り方を説明し発酵した生地を配って、和やかな雰囲気の中、いよいよグループでの包子作りが始まった。私は、生地の伸ばし方や具の包み方を、グループを廻って丁寧に説明した。会場に日

本語と中国語が溢れた。皆、笑顔だった。そして、あっという間に、包子がたくさんできあがった。いろいろな形、大きさも不揃いだが、それだからこそ、楽しかった。更に、ワンタンも作った。熱い蒸気と共に包子やワンタンが運ばれてきた時、大歓声があがった。皆「アツ」とか「美味しい」とか言いながら試食した。日本人の方々も学生も、「こんなに美味しい包子やワンタン、初めて！ 丁さん、ありがとう！」と、口々に感謝の言葉を言ってくれた。試食しながら、日中の食事や文化等いろいろな話で盛り上がった。最後に撮った集合写真は、どの顔も輝いている。

私は今、日本へ留学しようと準備している。そこでは市民と留学生の交流も盛んだそうだ。今年の八月八日（日本の「中国語の日」）、私は「包子」を日本人と一緒に作ろうと思う。包子を一緒に作り食べることは義を結ぶことだ。包子から中国の文学や歴史の話もできるに違いない。心の通った交流ができると確信している。私は、その日を楽しみにしている。

（指導教師 古田島和美）

★三等賞　テーマ「日本の『中国語の日』に私ができること」

日本の「中国語の日」に私ができること

上海理工大学　蒋　心

最近、ネット上でちょっとした話題になっているのが、「偽中国語」である。簡単に説明すると、日本語の漢字かな混じり文からカタカナとひらがなを抜いて、残った漢字だけで意味を表そうとする、一種のゲームみたいなものである。はじめてこの偽中国語のことを知ったとき、私は面白い言葉遊びだな、と感じ、それからずっとこれに興味を持ちつづけてきた。

ここ数年よく使われるメッセージアプリの一つにツイッターがあるが、このツイッターには百四十字の投稿文字数上限がある。そのため、できるだけ文を短く表記しようとしたある日本の大学生が、ひらがなとカタカナ抜きで漢字オンリーのメッセージを投稿してみた。すると、なんだか一見中国語っぽい文ができてしまった。たとえば「わたしは大変感謝しています」が「我大変感謝」（われたいへんかんしゃ）になり、「あなたは明日どこへ行きますか？」が「貴方明日何処行？」（あなたあすいずこいく？）となる。これが偽中国語である。

偽中国語は、ネット時代の日本語から生まれた一種の変体漢文という位置づけになるかもしれない。これらを日本語として解読するためには、ちょうど古い漢文を読み下すときと同様、テニヲハを補完しなければならないので、そこである程度の知性が試される。一方、普通に中国語として読むと、漢字の意味も、語順もおかしい場合が多いので、大体の意味を読み取るため、やはりいくらかの想像力が必要である。

さてこの偽中国語が、今、日本の一部の若者の間で流行しているという。彼らにとって、漢字オンリーの日本語表記そのものの目新しさと、その「解読」が軽い知的ゲームとなる点の面白さが、流行の理由と考えられる。

一方、偽中国語の存在を知った中国のネットユーザーたちも、「中国の古文っぽい」「最高に面白い」「わかる外

第14回 中国人の日本語作文コンクール上位入賞作品

国語がいきなり一つ増えた感じがして、「不思議」などの反響を寄せており、わざわざそれに似せた文体での投稿をしてみせることもある。すると日本人の側からはそれが「本物の」偽中国語のように見え、いわば変体漢文を用いたコミュニケーションがなんとなくそこに成立してしまうことになる。

近年、中国と日本の間では、政治や経済のつながりから生まれる交流がそれなりに盛んになってきた。とはいえ、両国の人々の間での自発的な文化交流に関していえば、まだまだ発展の余地が大きい。その際、両国間にある言語のバリアをどう乗り越えるかが、今でも大きな課題となっている。だからこそ、今回の偽中国語をきっかけとする自然発生的文化交流は、一見するとやや奇妙な形ではあるが、意外に注目すべき価値がある、と私は思っている。せっかく中国と日本の間には、漢字という重要な知的共通インフラが存在する。それを十分に活用し、また言葉遊びの要素も生かすことで、言語のバリアを超え、楽しくコミュニケーションできる、という実例がここに存在するからである。

偽中国語、まことに結構ではないか。もともと文化交流には遊びの要素が大きく含まれる。言葉遊びの楽しさを通してその後の交流の機会を広げていくことは大いに可能なはずだ。日本の「中国語の日」に寄せる言葉として、私は、もっと楽しく、もっと面白く、と提言したい。

そしてその精神の下で、「中国語の日」を記念する事業として、チャット感覚で双方向に利用できる中国語学習者向けサービスを開設してはどうだろうか。現代のネットユーザーの感覚に受け入れやすいのは、やはり自分の興味にあったメッセージを交換できるような、双方向の自発的コミュニケーションの場である。そんな形で「中国語の日」が中日交流の懸け橋となる近未来の姿を、私は期待している。もちろん私自身、今後も楽しく面白い文化交流のため、偽中国語の使用も含めて試行錯誤していきたいと思っている。

（指導教師　張文碧）

77

★三等賞　テーマ「中国の若者が見つけた日本の新しい魅力」

障害者に共感が強い日本人

湖州師範学院　張暁利

二〇一八年二月二十五日、「東京マラソン」は開催された。「New way, New Tokyo」と言うスローガンを掲げて、約三万六千人のランナーが参加した。「東京マラソン」は世界で最も名高く大規模な六つのマラソン大会（東京、ボストン、Virgin Money ロンドン、BMW ベルリン、Bank of America シカゴ、TCS ニューヨークシティマラソン）の一つである。そして、参加する機会は得難いようである。

天気がよかったので人々は熱情的な雰囲気に包まれた。大会当日満十九歳以上、六時間四十分以内に完走できる男女、障害者、本大会が推薦する国内・国外の選手を含んだ。現場は賑やかさと同時に秩序整然としていた。世界各国の優秀な選手だけでなく、「ナウシカ」「ピコ太郎」「フリーザ」などを彷彿とさせる個性的な衣装に身を包んだ人もいた。

中国の体育番組のテレビでその「東京マラソン」を見たことがある私は、もっとも深い感動を受けた点は身体障害者であった。知的障害のある人たちもスポーツを通じて、笑顔や頑張る表情を表した。選手たちは互いに励ましあった。障害を持つ方で単独走行が困難な人は、伴走者一人を伴っていた。ボランティアたちは道の両側に立って、声で励まして応援し、ランナーに気を引き締めさせた。もっとも心を引く参加者は十キロを走りきった視覚障害者の宮城好子さんと彼女の伴走者であった。スポーツが得意ではなかったため、最初は数キロで息が上がり鼓動が速まった。苦しさから逃げようと思ったこともあったが、あるとき気付いた。「私のような視覚障害者にとって、風になれる瞬間はこれだ」と好子さんは言っている。障害のため、乗用車などを自分で操ることはできない。だから、マラソンは自分の力でスピードを感じる唯一の手段であることだ。

彼女の行為は言葉では容易に表現しがたい。五体満足の私達はそのスポーツを容易にできるが、障害者である彼女がそれを完走するのは容易でなかった。そして、私達は五体満足なのに、生活の中で不平不満ばかり言っている。そのような人とは一体何様なんだろう。

マラソンは陸上競技の長距離走の一種で、四二・一九五キロメートルを走り、順位や時間を競う種目である。古代ギリシアのヘロドトスの「我勝リ」の故事に由来して、近代オリンピックの創設に伴い陸上の新種目とされたことから始まった。今は国際的なスポーツである。でも、身障者たちがマラソンを完走することはやはり普遍化できない。日本でこの障害者を支持している活動は世界で一番だった。

中国では毎月、マラソン大会がある。今年、私は友達と一緒に四月の「金華横店国際ハーフマラソン」に参加した。約五千人が金華の横店に集まり、人山ができて、とても賑やかだった。老若男女は熱情に溢れていた。でも、この大会は障害者たちは参加できない。

私は「東京マラソン」に行けなかったのが残念だった！　障害者と健常者が同じくこのスポーツ大会に参加

できることは、障害者たちにとって最大限の尊重である。障害者は健常者と同じように努力をし、マラソンを走ることができた。これは障害者と健常者が共感できることである。

日本の「障害者」と中国の「残疾人」、この二つの言葉は意味が違う。五体不満足は病気ではない。私たちは同じ大脳を持ち、自分の努力で自分の夢を追う権利は同じである。

「東京マラソン」でにゴールに近い所に桜が満開となる道があり、その先が終点だ。障害者に勝利したハイタッチとメダルが贈られたことを私は絶対に忘れない。障害者と共感できたことは中国の若者が見つけた日本の新しい魅力だった。

将来、マラソンに類似した戸外活動に参加する人はますます増えるはずだ。障害者にしろ、健常者にしろ、同じ生活の中で美しい物を得る権利がある。近いうちに、中国は障害者と共感できる日が来るだろう。私はより良い明日を待ち望んでいる。

（指導教師　松下正行、江慧浩）

★三等賞　テーマ「中国の若者が見つけた日本の新しい魅力」

桜の力

上海理工大学　丁雯清

　この桜の植樹者は、元日本国首相、鳩山由紀夫氏。なぜこの人の名前がここで出てきたのか？　大石君ならずとも多くの日本人が関心を持たれるであろう。そもそもの経緯は次の通りである。周知のように、二〇一一年三月十一日、史上最大級の大地震が東北に多大な被害をもたらした。中国でも多くの人々が不幸な犠牲者たちに心をいため、また、被災者たちが仮設住宅に入る姿にも同情した。その三年前の四川大地震の記憶もまだ新しかった頃のことである。そうした思いを込めて二〇一二年二月、東日本大震災一周年の直前に、私たちの大学では震災被災地への訪問活動を実施した。全学から志願した五十五人（うち教員九人）が福島県など被災地を訪れ、仮設住宅を訪問して被災住民の方々と一緒に餃子を作ったり、工芸品を作ったりした。この時の訪問団は福島県以外に東京も訪れ、その際、当時の与党民主党の重鎮であった鳩山氏を表敬訪問した。その翌月、鳩山氏は早くも答礼として私たちの大学を訪問され、その折に記念講演、福島訪問時の写真展示会、桜の植樹などのイベントが行われたのである。

　「へえ！　マジかよ！」と大石君は言った。
　昨年、私の大学に、日本のある大学から学生交流団がやってきた。この時、彼らの一員だった好奇心旺盛な男子学生大石君のことを、私は今でもよく覚えている。学内施設の入口の近くに、数本の小ぶりな桜の樹が植えられている。樹齢が若くて、幹はややほっそりしているが、樹勢がとても若々しく、光沢のある枝が青空に突き上がっている。一見どこにでもありそうな桜の若木の景色だが、どうも交流団の大石君はそれらに興味を持ったらしい。「この桜の樹は？」と大石君がたずねた。ボランティア案内役だった一年生の私はたどたどしい日本語でその由来を説明した。

80

第14回 中国人の日本語作文コンクール上位入賞作品

これらの桜の苗樹が植えられた当初は弱弱しく見え、しっかりとこの異国の地に根付いて生きられるかどうかもわからず、みんな心配でならなかったそうだ。でも、それから二、三年しないうちに、桜はその強い生命力で私たちを驚かせてくれた。昨年の春から淡い色の花々を咲かせるようになったのだ。今まで気づかなかった日本の新しい魅力——桜の力を再確認した。寒さの中で一生懸命に咲く小さな桜の花たちは、人生の路に迷ったり、失恋で落ち込んだり、就職難で悩んだりしている学生たちに、頑張るための力を与えてくれる。本当にすごい生命力の現れだと思う。そして、この生命力は間接的に、福島の地から受け取っているのではないか、とも私には感じられる。東北大震災の発災をきっかけとした縁の連続により、私の大学から福島に訪問団が行き、桜の苗樹が鳩山氏の手でこの地に植えられ、根付き、やがて花を咲かせはじめる、という奇跡のようなことが起こったからだ。日本の福島県に行ったことすらない上海人の私が、そのおかげで、福島との縁を感じるようになった。私は、何かそこに意味があるような気がしている。やはりそこに、縁というものの不思議な力を思わずにはいられないのだ。

その後、大石君は、次のような提案をしてくれた。

「もしできるなら、今度の訪中の時、僕たちもこの辺に桜を植えたいなあ。桜の花は日本のシンボルだから、このセンターの趣旨にも合ってる。春、花見をすれば、友好の輪がもっと広がるんじゃないかな?」。私は「ぜひそうしたいですね」と答えた。今も私は、桜の苗樹を持って大石君が再びこの大学を訪れる、という縁を、心のどこかで待ち続けている。桜には、私と日本を結び付ける不思議な力がある。そして、そうした縁は、私がまだ知らない多くの花々を、中日交流のいろいろな分野で咲かせていくに違いない。

（指導教師　楊本明、福井祐介）

★三等賞　テーマ「中国の若者が見つけた日本の新しい魅力」

半端ない文化融合力

華東師範大学　陳詩雨

ネットで日本のアニメ動画をクリックすると、学校の部活で剣道着の高校生が汗をかき、浴衣を着ているカップルが打ち上げ花火を見つめ、俳句や川柳が言葉遊びの形でまだ盛んに行われているシーンなどがよく見られます。日本人の現代生活が昔ながらの美に染められていることは、アニメを通じて世間に伝わりました。このような「文化融合力」を持つ日本はすごいし、魅力的だと思った私は、深く日本の文化に惹きつけられました。

文化融合力とは、日本の伝統文化をポップカルチャーに作り替えたり、また、他国の文化を日本文化に溶け込ませたりする、日本ならではの素晴らしい能力です。伝統文化を中身に、若者の目を引きつけられるポップカルチャーを包装に、日本文化が国内にも世界中にも大きな影響を与えています。一方、異文化の優れている要素を日本に取り入れ、また新しい日本文化が生み出せることで、多様性を持つ日本文化は世の中の脚光を浴びています。

近年、日本では「刀剣ブーム」が巻き起こりました。日本刀の愛好家といえば、おじさんしかいないと思われてきましたが、最近たくさんの若い女性が、刀を展示している博物館や美術館を訪ねる光景が見られるようになりました。そのきっかけは「刀剣乱舞」というオンラインゲームです。

私自身もこのゲームをしているから、「刀剣女子」の気持ちがよく理解できます。「刀剣乱舞」は、日本の歴史に登場する刀剣を「刀剣男子」として擬人化させたゲームです。加州清光、三日月宗近といった様々な名刀はアニメ風のイケメン男子に作り替えられ、女性の心を魅了しました。刀剣女子はある「刀」に惚れ、刀剣に興味を持って本物を見に行くようになりました。歴史を語っているように輝きを放つ刀をガラス越しに見ていると、

その姿はキャラクターイメージにつながり、伝統と現代が交錯して目が眩みます。これにより、刀の美しさや歴史的な物語性を感じ、関心が高まってきました。こうして、「刀剣乱舞」は刀文化といった伝統文化をポップカルチャーのゲームに作り替えて、若者の目をゲームのみならず、刀文化にも向けさせました。「文化融合力」は大いに発揮されたのではないでしょうか。

伝統文化とポップカルチャーの融合だけでなく、視野を広めて日本文化全体に目を向けたら、他国の文化と日本文化の融合はさらに目立っています。

私は中学校の時、アニメを通して、日本語には中国語の漢字があることに初めて気付きました。とはいえ、漢字なのに全然聞き取れないし、意味も何となく違うような気がして、興味を持つようになりました。

日本語を勉強してからその由縁を知りました。遠い昔、い文化を注入し、日本らしい文化を次々と開花させ、世期、日本はまだ文字を持っていない「大和言葉」である時それで、日本人は習ってきた漢字と大和言葉を巧みに合わせて、中国語の発音と違う、日本ならではの漢字の「訓読み」を作り出しました。春、夏、秋、冬…中国語

と同じ漢字ですが、発音は日本独自のものです。

それから、日本語の音を表すため、日本人は漢字の形から仮名を発明し、全ての大和言葉がほぼ表せるようになりました。こうして、本来何の関わりもない二つの言葉が一つに溶け合いました。漢字を表意文字に、仮名を表音文字にして、両方同時に使っている日本語が誕生しました。このような漢字かな交じり文は世界においても、類のないとても独特な言語です。これは日本の「文化融合力」の一番有力な証拠なのではないでしょうか。

私はアニメやゲームといったポップカルチャーを通じて、日本の歴史や伝統文化に触れるのみならず、中国の文化が日本に影響を与え日本らしく発展していることにも気付き、とても感心しています。「文化融合力」を持っている日本は伝統文化を大事にしながら、そこに新しい文化を注入し、日本らしい文化を次々と開花させ、世界中を魅了しているのではないでしょうか。

（指導教師　宇野雄二）

★三等賞　テーマ「日本の『中国語の日』に私ができること」

「日本の中国語の日」に、真実はただ一つ！

天津工業大学　暴青青

　日が暮れ、私は一人で東京の街を歩いていた。「東京って本当に綺麗だな」と、私は思った。これほど綺麗な街の中にいるのに、心の迷いはなぜ消えないのだろう。昼間の出来事を、私は一生懸命考えていた。

　今日は本当に充実した一日だった。本場の日本料理も食べ、着物を着て浅草の観光もした。素晴らしい思い出をたくさん作ったが、目を閉じたら、それらの思い出は何一つ思い出せない。その代わりに、頭の中に浮かんできたのは山本さんの顔と言葉でしかない。山本さんは見学先の語学学校の学生で、すこし年上で、優しい顔つきの女性だ。中国語を勉強しており、これから中国の大連市で働く予定だそうだ。挨拶の一部分として、中国語や日本語を勉強する理由をお互いに話させてもらった。「母が選んでくれた道です」と私が言ったら、みんなは笑った。その時、私はまだ山本さんに気付かなかった。

　私たち中国人学生の発言が終わり、日本人の皆さんも自分の中国語を勉強する理由を話してくれた。彼らの多くは自分より少し年上で、中国で働くために語学学校で中国語を勉強し始めたそうだ。「山本さん、山本さんはどうして中国語を勉強していますか」と中国人の先生は中国語で山本さんに聞いた。「中国人のお金を稼ぎたいのです。中国人は皆お金持ちですから」と山本さんはあまり流暢ではない中国語で答えた。その話を聞いたとたん、私の視線は山本さんの身に集中した。素直な人だが、どこか間違っているようだ。「山本さん、中国人はみんなお金持ちではありませんよ。普通の人の方が多いです。中国はまだ発展途上国です」と中国人の先生は中国語で説明した。それを聞き、私も頷いたが、山本さんはまだその長い中国語がわかっていないような顔をしていた。

　そして、会話は次の学生に移った。その話が移っても、私の思いはその会話に留まった。その

後、東京の街で一人で山本さんの話を考えながら歩いていた。確かに、近年の中国人観光客の爆買いニュースを聞き、そう思うのも道理だが、中国語を勉強し、中国で暮らすつもりなら、誤解は解いた方がよいではないか。

このような事は他にもあった。ある日本の番組の中で「中国で食事中にしゃっくりをするのが歓迎されている」という話があったが、実際は中国でも食事中にしゃっくりをするのが行儀の悪い事だと思われている。また、日本人の留学生たっと交流活動をしている時に、中国料理は全部麻婆豆腐のような四川料理だと思っている人も少なくなかった。

東京で生活している中国人は大勢いる。中国語を勉強している日本人も大勢いる。しかし、日本人の方々はまだ中国の事をよく知らない。誤解もたくさんあり、それを解いてくれる人も少ない。だから、私は山本さんの事をきっかけに、日本人の中国人への誤解と中国に関して知りたいことを集め始めた。調査の対象は日本語サロンで知り合った日本人の友達だ。彼らの誤解と疑問を集め、調べてから、日本人の皆さんに結果を教える。例えば、中国で多くの家庭では朝ごはんの時にライスを食べない、

学生は夏休みと冬休みしかない、TFBOYS（中国のアイドルグループ）の三人は高校生だ……など。

ニュース大国である日本にとって、中国に関する情報は地味な存在かもしれない。たまにあってもすぐ他の情報に埋もれてしまう。だから、もし日本で中国語の日があったら、その日に、私の調査の成果を日本人の皆さんに展示したい。そして、新たな誤解や問題を集め、一緒に答えを探したい。誤解だけではなく、今中国ではやっている物、若者が好きなアイドル、中国のシェア時代などの情報も日本人の皆さんに伝えたい。偽りの情報が飛び交う今では、私たちが中国語学習者たちと中国の間の懸け橋になるべきだと思う。

（指導教師　郭鴻）

★三等賞　テーマ「日本の『中国語の日』に私ができること」

一緒に中国語を食べよう

東北育才外国語学校　関倩鈺

昨年の夏、大阪旅行をした時に、桜ノ宮の近くで中国人夫婦が営んでいる本場の中華料理のお店に行きました。テーブルの上に故郷の母が作ったような東北料理を目にした瞬間、嬉しくて声が出そうになってしまいました。

しかし、メニューを見た私は、料理の日本語表記の複雑さに驚きました。中国語で二つ、三つの漢字で表される料理に、日本語では大変長い名前が付けられていました。例えば、甘党の私が大好きな「鍋包肉」という料理は、日本語で「中国東北地方伝統の酢豚」と書かれていました。店で注文する時はメニューの文字や写真を指させば注文できますが、普段の会話の中で鍋包肉のことを話したい時、「中国東北地方伝統の酢豚」なんて長い名前をいちいち言うのは面倒です。

それに、実は鍋包肉は日本の酢豚とは微妙に違います。鍋包肉と酢豚は中国語でいう「糖醋里脊」のことです。鍋包肉と糖醋里脊は豚肉を甘く味付けして揚げている点は同じですが、中国人から見れば違う料理です。糖醋里脊は焦げ茶色ですが鍋包肉は黄金色です。また、鍋包肉の豚肉は薄く切りますが、糖醋里脊は細長く切ります。口あたりも、鍋包肉は少し焦げていて硬いですが、糖醋里脊は柔らかいです。ですから、両方とも「酢豚」という名前で呼んだら、日本人からも中国人からも誤解を招きやすいでしょう。

そこで提案ですが、中国語の日には次のようなイベントを行ってみてはどうでしょうか。まず中国人が、日本では知られていないお薦めの中華料理を選んで、その料理にまつわる歴史や物語を紹介します。それから、日本人と一緒にその料理を作って、一緒に食べます。最後に、料理の材料や作り方や見た目や味などに基づいて、みんなでその料理の日本語名を考えて発表するのです。試しに鍋包肉を例に取って新しい名前を考えてみまし

中国の様々な地域の歴史、文化、そして中国人の人情、気質などへの理解を深めることができます。

また、名前を考える過程で、その料理の元の名前の表記や発音や由来も知ることができます。「鍋包肉」は元々「鍋爆肉」と書きました。「爆」の字は、肉を焦げるくらい激しく炒めて香ばしさを出す料理の名前によく使われますが、東北の名物料理に相応しい上品さを出すために、後に「包」の字に変えられました。そんな説明を聞けば、参加した日本の人達は漢字の持つ表現の豊かさや工夫の面白さを実感してくれるでしょうし、中国語にも興味を持ってくれるでしょう。

中国語の特徴を理解して料理の名前を考える。これは「中国語を食べる」とも言えるのではないでしょうか。中国語は中華料理と同じくらいおいしいですよ。ぜひみんなで一緒に食べてみましょう！

（指導教師　鈴木穂高）

ょう。まず漢字でそのまま書いて「かほうにく」と呼んだり、中国語の発音を直接音訳して「グオバオロー」と呼んだりする方法があります。けれども覚えにくいでしょうし、日本人にとってはどんな料理かすぐにはイメージできないと思います。それよりも、昔の日本人が糖醋里脊を味付けや材料の特徴から「酢豚」と名付けたように、もっと親しみやすく覚えやすい名前を付けたほうがいいです。例えば擬音を使ったり、字面や発音がユニークで愛着が持てるような可愛い言葉を使ったりして名付けてもいいでしょう。鍋包肉は、外はカリカリで中はサクサクなので、「カリサク豚」と呼んだら、オノマトペが大好きな日本人は好んで使ってくれそうです。

他の料理の名前も同様に考えていきます。二種類の材料を使った料理なら、カップルや夫婦に例えるのもいいかもしれません。ジャガイモとナスとピーマンを使った「地三鮮」という料理は「ジャガナスピー」としても分かりやすいですが、あえて「大地三兄弟」とか抽象的な名前をつけてみるのも面白いでしょう。

食文化には民族の価値観が強く反映されていますから、日本の人達が中国人と一緒に「料理名創り」をすれば、

★三等賞　テーマ「中国の若者が見つけた日本の新しい魅力」

マジックな手帳

天津財経大学珠江学院　楊昊瑜

　最近、中国の若者の間で「手帳」というものが流行っている。カレンダーが付いている小さい記録本のようなもので、毎日の行程をそこに書くのは一般的な使い方だが、これだけでは「手帳」とは言えない。「手帳」を書くには、カラフルなペンを使うのが定番で、可愛いシールや雑誌の切り抜きなどで飾ってあるのだ。絵が上手な人は自分で絵を描いたりもする。みんなは自分なりのユニークな手帳を作っている。

　調べてみたら、「手帳」とは日本から伝わった言葉だ。日本では、サラリーマンはもちろん、学生から主婦に至るまで、みんな「手帳」を身に付けているようだ。手帳の種類も驚くほど多い。真面目な日本人にとっては、約束したことを、万が一忘れてしまうと大変なことになるので、手帳にメモしておかないと安心できない。日常の生活と仕事もこの手帳一冊で計画が立てられる。手軽な日記としても使われていて、アイデアとかも書かれているそうだ。いつでもどこでも手軽にチェック、メモできるところは魅力的であろう。手帳は既に日本人の生活に欠かせないものになったのだ。日経ウーマンのインタビューで、ある女性は「手帳は私の〝脳〟だ」と答えていた。

　日本人の生活に対する真面目な態度に、私はいつも感心させられている。しかし、細かく計画を立てる習慣もない中国では、なぜ若者が手帳に夢中になったのだろう。

　私は去年、友達からそのかわいいシールと簡潔なレイアウトに惹かれた。こうして気がつかないうちに、ついテープやシールを貼りたくさん書き込んでいた。最初は何を書こうかと迷っていたが、自分が好きな歌詞とか、読んだ本の中の好きな文とかから書き始め、その後、自分の日常や気持ちも書き込んで、だんだん夢中になってき

た。生活がスムーズに進んでいった上、手帳のレイアウトによって気分転換もできた。手帳のおかげで、楽しい数カ月を過ごせるようになった。

なるほど、手帳を書くということは簡単な日常記録だけではなく、精緻なライフスタイルでもあるんじゃないかと思う。

我々は毎日たくさんの人に出会っていて、いろいろなことを扱っているが、手帳によって生活は実体化できる。物事が紙に書かれると、「あ、本当にあった」という実感がする。人が成長するには常に振り返ってみる必要があるが、手帳を通じて、過去の自分を客観的に見られるのだ。

ある程度では、手帳は人生の本のようにも見える。過去のことを記録し、未来のことを計画する本なのだ。日本のある有名な企業家が自分の成功を「夢を書いている手帳」とまとめた。彼は毎日、手帳を見ていて夢が現実になっていると感じたら、ますますやる気が出てくるという。つまり、その夢を一カ月に、さらに一日に分けていくことで、一歩一歩、自分が一番なりたい人に近づくわけだ。

手帳を書くのは生活に熱情を持つ証拠でもある。毎日出会った人にせよ、うちへ帰る途中で見た花にせよ、みんな一日の生活をした跡だ、と思うのは日本人の考え方だ。これらを手帳に記録すれば、温かい、大切な思い出になるのだ。

日本で生まれた手帳文化は、ちょっと変わった形で中国に根付きつつある。これは偶然ではないと思う。ハイスピードな発展を経て今の中国は、まさに新時代に向かっている。一生懸命前向きに走っていた中国人も、ようやく一息をつくことができて、生活そのものを見直し始めている。流行語になった「匠の精神」もその証の一つだと言える。

中日両国は昔からお互いに学び合う関係だったが、「職人の国」と言われる日本には、「手帳」のような参考になることがまだあるに違いない。周りの風景や道端の花に気がつけない旅はつまらない。忙しい毎日の中で、足を止めて、私の「手帳」を見つけたい。

（指導教師　宋爽）

★三等賞　テーマ「中国の若者が見つけた日本の新しい魅力」

ジャポニズム

天津科技大学　黄芷萱

「日本って、何が面白いの」。高校時代の私は、日本に憧れていた友達にこの質問をした。生活が便利とか、アニメが面白いなどの答えだったが、あまり納得できなかった。あの頃の私にとって、日本という国は、ルールが厳しく窮屈で退屈な印象だった。憧れどころかむしろ嫌気さえ感じていた。

しかし、大学の日本語学科に入って、日本に関することをいろいろ勉強した後、日本に対する見方が一変した。生活の便利さ、技術が発達している、自然が美しいなどは周知の魅力点だが、私が魅了されたのはそれではなかった。

去年、嵐の「Japonism」コンサートのDVDを見た。五大ドームで、八十万人も動員したツアーコンサートは「原点に戻る」をテーマに、日本の伝統芸能とJ-POPを結び合わせ、新しいパフォーマンスを演じたものだった。また、このコンサートのメインソングにはこの様な歌詞がある。「優しさを誇り、気高くしなやかに、笑顔を未来につなぐことが僕らの使命だろう」。それを聞いた時、私の中に変化を感じた。

私がいつも見る中国のアーティストのライブは、全て現代の新しい技術と流行っているものを融合して作ったものだ。現代の技術で伝統を表現した嵐の様なコンサートは見たことがなかった。「あっ、クラシカルな物もおしゃれにできるんだ」と悟った。

もともと「美」というものは単一な要素で決まるものではないと思う。古い物だけ、または新しい物だけでは「美」にならない。ジャポニズムというのは「日本らしさ」ということだ。外国人にとって諸外国の伝統的なものが魅力的に感じることはよくあることだが、母国の国民に魅力を感じてもらうのはなかなか難しい。

先日ネットで、ジーンズの生地で作った着物を着て成

人式に参加する若者の写真を目にした。単なる着物では「古臭い」と思うかもしれないが、生地をジーンズに変えただけでおしゃれと感じる。日本では浴衣や着物などの伝統的な服装が若者にも人気があるのは、新旧を合わせて独特の美を作り出した事にあるかもしれない。

今、私は日本という国が好きになった。日本そのものが変わったので好きになったわけではなく、私がジャポニズムの精神の考え方に影響されたからだ。

ジャポニズム精神を理解する前、私はいつも自分を暗い空間に束縛して生きてきたと思う。マイナスな考え方で、いつも疲れていて、目の前のことしか見えていない毎日を送っていた。美を意識してそれを探す余裕もないのはいうまでもない。しかし、今、私はジャポニズムの影響で、無理せずに前へ進んで行けるようになった。すると、周りの世界は明るく見えて、新しい発想もどんどん生まれてくるようになった。

実は、以前の自分は、今の中国の状況と少し似ているのではないかと思っている。日本人の先生の授業で、先生にシルクとか、漢服など中国の伝統的なものを紹介した。発表が終わった後、先生に「漢服は美しくて着心地

が良さそうですね。なんで中国人は着ないのですか」と聞かれた。私はどうしてもその質問に答えられなくて、恥ずかしかった。

なぜ中国人は伝統的なものに魅力を感じていないのか。その根本的な原因は中国人は自分の国の伝統文化に自信がないということではないだろうか。長い歴史を持っている大国として、必要不可欠な精神は「原点に戻る」というものだと思っている。過去の知恵を忘れずに進むのは本当の進歩だ。

日本語学科の学生として、私は日本人の伝統文化への態度に感心した。一方で、中国人として、私は自分の国がいつか伝統文化に自信を持って、チャイナスタイルを世界文化のステージに咲かせることができればと願っている。だからこそ、私はこれから、まずは日本と中国の懸け橋となり、そして中国の伝統文化の素晴らしさを伝えるために一生懸命に頑張ろうと思っている。

（指導教官　邱愛傑、佐藤寿）

★三等賞 テーマ「中国の若者が見つけた日本の新しい魅力」

キズナのキズ

大連外国語大学　王　冕

「あなたは将来いい大学院に入って、名門大学の理系の男の子と結婚しなさい。中国の学歴社会ではそうするのが一番なのよ」。あなたがもし、親からこんな風に言われたとしたら、どんな気持ちになりますか。私はこれまでの人生で、このような話を何度も聞かされました。そして、私が日本語を専攻するこの日本語も親が選んでくれたものです。日本語を勉強しはじめ、やがて日本文化に触れたり日本人と交流するにつれて、あることに気付くようになりました。それは、日中の親子関係の差です。大連にある大学で親子の絆とは一体何でしょうか？

勉強している私は毎週末、近くの実家に帰れるのでみんなから羨ましがられます。しかし、実は私は家に帰るのが嫌なのです。父は大学の教授で、母は裁判官です。今までこの優秀な両親に育ててもらい、とても感謝しています。しかし、愛情はもう十分なのです。友達と映画へ行くと言えばその友達の名前を聞かれ、大学名を聞かれ、反抗すればあなたはまだ子どもだと言われます。親子の絆とはこんなにも息苦しく感じるものでしょうか？　私は、自分の将来が見えません。それはどうしてだろうかと長い間悩んだ末に、ふと気付きました。それは、私自身が無意識に自分の将来を親の決断に委ねていたからです。昔から料理と家事が好きな私は将来、平凡だけど本当に好きな人と結婚して専業主婦になりたい。しかし中国で専業主婦というのは、教養がなく自立できない女性が仕方なく夫の世話をするというイメージが残っており、専業主婦という夢はなかなか口に出せませんでした。

そんな時、先年話題になった「逃げ恥」(「逃げるは恥だが役に立つ」) というドラマが私の意識を変えました。主人公のみくりは、専業主婦を立派な職業として捉え、さ自立した女性が胸を張ってする仕事だと訴えました。

らに私が感動したのは、彼女が両親とも対等な立場で話していた姿です。親が子どもを子ども扱いせず対等に接する姿を見て、私は心底羨ましく感じました。日本の親にとって、子どもは自分の所有物ではなく、一人の個人なのです。留学生と話していても、彼らは仕事や結婚相手も自分で選べ、自分の未来を作ることができます。つまり、私の場合は〝上からのプレッシャー〟でしたが、日本の親は〝下からの支え〟だったのです。

この一見平凡な気づきは、日本人の知らない日本の新しい魅力だと思います。そしていつか私もみくりや普通の日本人のように、自分の未来を自由に選択したいという思いがふつふつと湧き上がってきました。これまでの私は親の意見に反対しながらも結局従ってきました。勇気を出して一歩を踏み出すよりも親に従ったほうが楽だったからかもしれません。このことに気づいた私は少しずつ自分の本心を話すようになりました。

前学期の期末試験で、夢についてのスピーチをする課題がありました。その時、私はどんな夢を発表するか迷っていました。いつもの癖で親の言葉が頭に浮かび、なかなか書き出せませんでした。当日になり、勇気を出し

て教室の前に立った私は思い切って「私の夢は……専業主婦になることです！」と言いました。その時、笑い声などなく、みんなは温かい笑顔で私を見ていました。非常に励まされた私は、生まれて初めて大きな声で自分の本音を話しました。発表後みんなからの感想を読んだ時、ある人の言葉は私の心にさらなるパワーを注入してくれました。「王さんの夢は専業主婦じゃなくて、良妻賢母ではないでしょうか」と。

灯台下暗しという言葉があるように、魅力とは、当人にはわからないもので、他者が発見するものではないでしょうか。日本では当たり前の親子関係も中国から見ると、魅力に満ちています。日本での当たり前と中国での当たり前は全く違うのです。そんな日本の意外な魅力を発見できるのは、もしかすると外国人である私達かもしれません。このようにして、私たちはお互いの国の新しい魅力を発見してゆけると思います。

（指導教師　桐田知樹）

93

★三等賞　テーマ「中国の若者が見つけた日本の新しい魅力」

「ゆるキャラ」はかわいい日本大使

西安財経大学　薛　釗

「モンモンモン、くまモン」
くまモン、私のアイドル。

彼と私が出会ったのは大学一年生の時だ。試験でいい成績を取ったので、私は自信に満ちあふれていた。

「日本語なんて、簡単だ！」
私のテストは一番だ。ある日、授業に行くとき、日本人の先生と出会った。これはチャンスだと思った。私の会話能力を見せるときだ。

私は鼻高々でみんなに自慢した。

しかし、現実はそんなに甘くなかった。いざ、日本人を目の前にすると、言葉が出てこなかった。頭が真っ白になって、普段ちゃんと覚えている文すら口にすることができなかった。今、話した内容はあんまり覚えていな

い。私の言ったことは多分、「はい」と「そうです」だけだ。自分が本当に伝えたいことは何一つ言えなかった。

私の受けたショックは計り知れない。いつも真面目に勉強していても、日本人と話すときに何もできなかった。日本への自信はあっという間に崩れ去った。

「ねえ、どうすればいいと思う。私、日本語を勉強する気がなくなっちゃった」

夜、友達とチャットで話した。友達はどんなときにも、どんな話も聞いてくれる。

ふと、友達とのチャットの間に変な黒い熊の生き物が写った。

「これ、かわいいでしょ。今、日本で流行ってるんだよ」

友達は変な熊のスタンプを送ってくれた。変な熊は無表情なように見えて、なんとも言えないかわいらしさがあり、見ているだけで癒された。

「これ、なんていうの」
「くまモンって言うんだ」

私はすっかり変な熊、くまモンの存在に虜になっていた。

くまモンのことが知りたくて知りたくてたまらなくなった私は、インターネットを通じて、様々な情報を手に

入れた。

この生き物は日本の熊本県に生息しているらしいこと、ほっぺの赤い色は「火の国」熊本を表す色だということ、体が黒い色であるのは「熊本城」を表すためだということ。細かく決められている設定に私は驚いた。

そして、熊本で大きな地震があったことも知った。

くまモンはこの地震のときに大活躍したということも知った。くまモンのツイッターが更新されないことに驚いた日本国民が、くまモンの漫画を使い、創作活動で熊本を励ましたのだ。彼は、地震で傷ついた人々の心を癒したのだ。

こんなに素晴らしい日本の「くまモン」をもっといろんな人に紹介したい。

私は両親に紹介することにした。実は私の両親は私が日本語学科に入学することに失望していた。入学するとき、口に出して反対することはなかったが、入学したあと、

「しょうちゃんが、日本語を勉強し始めるなんて思わなかったよ」

と父は言った。驚きと失望が混じったその言葉は、私にとって大きなショックだった。

日本の魅力を知ってもらいたい。私はその一心で「くまモン」を紹介した。「くまモン」が地震のとき、どんな活躍をしたか、私は一生懸命紹介した。

「嘘だろう。それはただの絵じゃないか。変な熊のぬいぐるみじゃないか」

父はそういったが、私はあきらめなかった。とにかく、日本のかわいい大使を一生懸命紹介した。両親は複雑な気持ちだったようだが、今はくまモンを喜んでかわいがり、日本に対して興味を持つようになった。

日本には各県、各市、各町にゆるキャラがいる。彼らはそれぞれの町の特色を表し、魅力を表現している。私は今「ゆるキャラマニア」になっていろんな町の「ゆるキャラ」を調べている。私は辛いとき、「くまモン」に助けられた。しかも、彼は立派に日本大使の役目を果たした。彼のような存在をもっともっと中国に伝えていきたい。

今の私の小さな夢は両親を連れて日本へ行くことだ。自分の目で、生きた「ゆるキャラ」達を見てほしい。この作文を読んだ皆さんも、いろんな町で、「ゆるキャラ」を探してみよう。彼らは一人ひとりが優れた日本大使なのだ。

（指導教師　馬聡麗）

★三等賞　テーマ「日本の『中国語の日』に私ができること」

日本の「中国語の日」に私ができること

中南財経政法大学　趙凱帆

「皆さん、いいニュースだよ。上海で出会った日本人留学生二人を武漢に誘ったんだけど、来月うちの大学に来てくれるって。みんなで歓迎会を準備しましょう」。中村先生は微笑みながらそう言った。

「なんでだよ。なぜそんなことのために時間を割いて、準備しなければならないんだよ」

平日はしっかり勉強しているので、成績は悪くない。僕はこれで十分かなと思ったから、歓迎会のような活動に参加するのは無意味だと考えた。しかも、最近は就職のことで悩んでいるし……でも、「うちのグループに参加してよ、お願い」と宋さんに頼まれてしまった。やりたくはないけど、友達の気持ちを傷つけるのも嫌だから、しぶしぶうなずいた。

その晩、グループのほかの三人と一緒に具体的な内容を決めた。まずは大学の基本情報を集めて展示すること。また、僕たちの学校生活について、日本人留学生によくわかってもらえるように、紹介の動画を作る。そのため、僕が学校紹介のパワーポイントを作ったり、紹介ビデオに出演することになった。

僕は資料作成は大丈夫だけど、性格がちょっと内向的だから、動画に「デビュー」するのは無理だと思った。しかし、その三人で計画を立てている真面目な姿を見て感動した。よし！　やってみよう。

まずはパワーポイントから。最初は簡単だと思ったが、良い紹介パワーポイントを作るのはそれほど簡単ではないと気づいた。三日間をかけて、大学の歴史や基本情報、現状を調べた。もちろん、写真も重要な素材として集めた。これらの素材を上手に組み合わせ効果的に作り上げた。完成したパワーポイント見て、なかなかの紹介になったなあと自画自賛した。

今回の資料作成を通して、僕は自分の大学への理解が

深くなった。人のために準備しているはずなのに、奇妙なことだなと感じた。

次は懸案事項の動画「デビュー」。グループのメンバーと一緒に学校の近くの朝食屋台をインタビューした。熱乾麺（麺の一種）屋や豆皮（武漢の伝統的軽食）屋の店主の許可を得て、制作過程をビデオカメラで記録した。

その買った熱乾麺を食べる様子をビデオカメラで撮影されたときは本当に緊張した。その一週間は、グループで図書館に行って、小さな物語を演じたり、撮影するために、自習の座席を予約するソフトを試したりした。また、寮や食堂やグランドも取材した。その一週間は緊張の連続で、かなり疲れたが、いやいや始めた準備が、いつの間にか歓迎動画を作るためだ。その一週間は緊張の連続で、かなり疲れたが、いやいや始めた準備が、いつの間にか歓迎会の日にいい作品が放送できるか心配になるほど、没頭した。実に奇妙な体験だな。

ようやく歓迎会の日がきた。上海からやってきた北村さんと三本さんは僕たちの作品を見て、素晴らしいと絶賛してくれた。その日、僕たちはお互いに自己紹介したり、メッセージカードを贈ったりして、相手の趣味や考え方を知った。北村さんと三本さんは今回武漢に来て、

ごく普通の中国の大学生の日常生活がわかっただけではなく、さらに中国人と中国が好きになったそうだ。

最後に別のグループがいろいろ考えた「大学生が考えた武漢らしい」お土産を贈って、連絡先を交換した。歓迎会が無事成功に終わって、本当によかった。十日間の努力は無駄にならなかった。

歓迎会のあと、みんなで一緒に美味しい料理を食べて、武漢の観光スポットを訪れて、カラオケで歌って、盛り上がった一日が終わった。二人は「今日は最高の一日だった。温かいおもてなしをありがとう」と言ってくれた。

その日、私は一つのことがわかった。教科書で外国語を学ぶだけでは足りない。直接話し合って、少しずつお互いを理解することが何よりも重要だ。

そのためには時間も、手間も、費用もかかるが、自分ができる最大限の工夫をして、中国人と日本人と直接交流する機会を作らなければいけない。日本の「中国語の日」に、中日のあちらこちらで、このような集まりが開かれることを心から願い、自分も取り組んでいきたいと思っている。

（指導教師　中村紀子、周新平）

★三等賞 テーマ「心に残る、先生のあの言葉」

自信は成功の先決条件だ

雲南民族大学　呉　琳

日本語四級の試験の日が近づくにつれ、クラスはますます重い雰囲気に包まれている。その空気は日に日に強まっていた。

なぜこのような情況になったのだろうか。それは、自分の能力不足と先輩たちの低い合格率から、試験に合格しないのではないかという強い疑問を心に抱えているからだ。

四月のある日、梅先生は私たちのそのような変化を見逃さなかった。「今日はちょっと変じゃないですか。みんな、活気がありませんね。一体、どうしたの？」と先生は私達に言った。私たちは今、四級試験に落ちることを恐れて不安になっているのだと彼女に告げた。

すると、先生は全員を見渡して静かに笑った。そして、黒板に「自信は成功の先決条件だ」という言葉をゆっくりと書いた。それから、私達の方に向き直り、「自信は成功の先決条件ですよ。試験まで、まだまだ時間があります。それなのに、もう自信を失くしているなんて、一体どういうことですか。まずは、しっかり努力すべきです。そして、最も重要なのは、自信を持つことです。例えば、これは四級試験に限らず、他のことでも同じです。就職だって、自信がなかったら仕事をちゃんと探せませんよ。だから、皆さん、自信を持ってくださいね」と言った。

以前の私は、どこにでもいるような普通の学生で、奨学金をもらったこともなく、何かのコンテストでよい成績を収めたこともなかった。先生が私に何か仕事を与えようとしても、「だめです。私にはできません」と言って逃げていた。何をしても、自信がないため、上手くできなかった。そして、上手くできないので、さらに自信をなくしていた。

けれども、「自信は成功の先決条件だ」この言葉は心の底から私を揺さぶった。梅先生の笑顔と言葉は、私に

啓発と自信を与えてくれたのだ。先月、私は学生会の部長選挙に立候補した。みんなの前に立ち、選挙演説をするなんて、以前の私には考えられなかったことだ。まさか、自分が選ばれるとは夢にも思わなかった。このような結果を出せたのは、先生が私に自信を与えてくださったからだ。

私は小さい頃から自信がないため、あまり目立たない存在だった。しかし、心の中では注目されたいと思っていた。また、私は自分を周囲にアピールするのでなく、他の人に自分を認めてもらう方が、何だかかっこいいと誤解していた。だが、それは無理な相談である。中国には「千里の馬は常に有れども、伯楽は常には有らず」という諺がある。現代のように変化の速い社会では、誰もが自分の夢のために苦闘していて、他人のことまでかまっていられない。だから、周囲に認めてもらうのを待つのではなく、自分から積極的にアピールすべきなのだ。

梅先生の「自信」という言葉を聞き、私は日本のある有名人を思い出した。それは渡辺直美だ。彼女は体がずんぐりしているが、自信たっぷりのアピールとファッションによって、若い女性を中心にとても人気がある。太

っていても、美しいという評価を得ている。彼女の写真を見ると、それぞれのファッションスタイルと彼女のアピールポイントがよく考えられて撮られているのがわかる。痩せている女の子と一緒に撮った写真でも、その子に負けてはいない。それは、渡辺直美には彼女らしさという、自信にあふれる美しさがあるからだ。彼女の圧倒的自信は、世間の一般的価値観など相手にしていない。

「自信は成功の先決条件だ」

梅先生のこの言葉は私を奮い立たせた。これから、どんなに時間が経とうとも、私はこの言葉をしっかりと心に刻み続けようと思う。そして、心の中に潜む「能力が足りないから、できない」という思い込みを覆うのだ。私は自信を持ち、最大限の努力をする。決して逃げることなく。

（指導教師　後藤裕人）

★三等賞 テーマ「中国の若者が見つけた日本の新しい魅力」

どうか、このやさしい気持ちを

青島理工大学 李内垚

「この慌しい世の中にも、こんなに美しくて温かい気持ちがあるのか」と人生で初めて日本人に会った時、僕はこう感じた。

大学一年生のときスピーチコンテストに応援に行った時だ。始まる前に、スピーチコンテストの会場を探している日本人が中国人の案内係に、「あのう、ちょっとすみません。どうされましたか」「会場のホールはどちらでしょうか」と丁寧に聞き、行き方が分かると「助かりました。ありがとうございます」とその日本人は何度も頭を下げてお礼を言っていた。何かおかしいと思った。会場まで誘導することは案内係の仕事だ

から、何もそんなに頭を下げる必要はないのではないか。

また、先日初めて日本人の案内を頼まれた。ある会社の社長が中国に出張に来るということだった。空港まで迎えに行くと到着ゲートから出てきたのは、優しい顔の普通のおじいさんだった。日本人の社長は革靴もはかないし、動きやすい服装で仕事をするのかと想像とは全く違っていたことに少し驚いた。

「初めまして、岩井と申します」とすぐに名刺をくれた。僕のような学生に頭を下げて、ちゃんとあいさつをしてくれた。うまく案内役が務まるかどうか不安でいっぱいな気持ちの中で、「今日はラッキーかもしれない。特別な優しい日本人に会ったのかもしれない」と一瞬思った。

岩井社長は大阪出身で、関西弁しか話せなかった。やはり関西弁が混ざった日本語はさらに難しく何度も聞き直さなければならなかった。仕事を止めてしまう度に、自分の日本語力のなさをはずかしく思った。岩井社長は不満な様子を見せてくれるどころか、「すんません。関西弁しかどうも出てこんのですわ」と何度も僕に謝るで はないか。お年寄りの立派な社長さんがなぜ大学二年生

の若造に向かって何度も「ごめんな」を繰り返すのだろうか。岩井社長は特別人柄がいい方なのだろうか。やさしい岩井社長のおかげで無事に任務を終えることができた。

その夜北京で日系の貿易会社に勤めている兄に連絡し、岩井社長の人柄について話した。意外にも兄は岩井社長のような人のことを「典型的な日本人だよ」と言った。日本人との仕事は会議にしろメールのやり取りにしろ大変スムーズにいくということだった。まず、相手のことを考えて仕事を進めるのが日本式だと兄は言った。

あのスピーチコンテストの会場で道を尋ねていた日本人のことが思い出された。何度もお礼を言い、道を尋ねて時間をとってしまったであろうことを詫びていた。あの日本人と岩井社長は年齢は違うが振る舞いはすごく似ている。

日本人のどの親が子どもに「人に迷惑をかけないように」と最初に言ったのだろうか。今や日本人のどの家庭でも共通した価値観になっていることがアニメを見ていても感じられる。日本の個々の家庭で養われたこの気持ちが外国に出ていく日本人によってどんどん海外で日本人の振る舞いやマナーとして評判になっているのだと思う。日本人に接触すればするほど他人に迷惑をかけるまいという態度がいろいろな行動に現れていることが分かった。

兵士がグローバルな戦場で突撃しているような今の世の中において、「まず、相手のことを考えて、決して迷惑をかけない」という余裕の精神は社会に安らぎを与えてくれる。より多くの人がこんなやさしい気持ちを持っていたら、癒される兵士がもっと多くなり、兵士になる必要がなくなるかもしれない。目に見えないやさしさや安らぎは国境を超えて中国の若者を魅了している。

そして、そのやさしい気持ちは今の時代も国境を乗り越えて、中国の若者を魅了している。更にいつかもっと広い世界へ。お互いに考えて、思いやりの心を持つことこそ、私たちの豊かな社会を作ることに大切なのではないだろうか。

（指導教師　北村美津穂）

★三等賞 テーマ「心に残る、先生のあの言葉」

ひきこもりの自白

北京林業大学　魏思佳

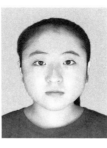

私は自分のことが大嫌いだ。いつも他人の目を気にして、心の中で思った行動をすることができない。そのせいで、今までの人生で、悔しいこともたくさんあった。小学生の時は性格が明るかったのに、今は「ずっと自分の世界にいたい。人間関係は面倒くさい」「本当につまらない人生を過ごしているつまらない人間だ」と考えるようになってしまった。典型的なひきこもりだ。クラスの中でも、私の引きこもりレベルは、もはや伝説になっていた。引きこもりは私の代名詞だった。しかし、そんなある日、私の考えが変わる出来事が起こった。人間一人の人生は短いが、きっとみんな忘れられないことが一つはあると思う。私にとって、日本語の先生のある言葉がそれだった。

毎週木曜日は作文の授業だった。私は毎週与えられたテーマに沿って、作文を書いていった。しかし、ある日、与えられたテーマは「旅行」だった。伝説の引きこもりの私が、旅行についてなんて書けるわけがなかった。当然、何を書けばいいか全然分からなかった。旅行に興味なんてないし、行きたいと思ったこともない。私はとても困った。周りを見てみると、クラスメート達はみんな順調に書き始めていた。そんな中、私は目を疑った。なんと、ひきこもり仲間だと思っていた王さんまで、書きは始めていたのだ。それを見て、頭が真っ白になった。私は泣きそうだった。そんな時、先生は私に気づいて、私のところに来て、状況を聞いた。私は「あまり旅行に行ったことがないから、なかなか書けません」と正直に言った。すると先生は、自分が行きたい場所を書いてもいいと言った。それなら書きやすいかもしれないと思った。書き始めると、意外とすぐに書き終えることができた。私は嬉しくて仕方がなかった。

その後、先生から作文はよくできていたという評価を

第14回 中国人の日本語作文コンクール上位入賞作品

もらった。しかし私は「内容もつまらないし、何か面白い経験もないし、想像だけで好き勝手書いたものが高評価なんて……」と高評価をもらったにも関わらず、落ち込みながら先生に伝えた。すると、先生は「いえ、魏さんは魏さんでいいんですよ」と言った。私は先生の言葉にびっくりした。そこから数秒ぐらいの時間に、頭の中はもう、光よりも早い速度でいろいろ考えていた。

「私は私でいいんだ」

私は長い間、いつも自分のことを否定してばかりいた。自分に自信が無くて、何ができるのか分からなかったからだ。しかし、先生のあの言葉を聞いた後、自分は自分なんだから、もっと自信を持ってもいいかもしれないと思い始めた。私だって、きっと何か長所があるはずだ。このままじゃきっと将来後悔する。私はその数秒の間に反省し、色々考えた。

授業がない時間も、先生と自分の趣味とか、気持ちとか、いろいろ話した。先生はいつも優しく、私の質問に答えてくれた。先生はきっと毎日仕事で忙しく、自分の悩みもあるだろう。それでも私のことをちゃんと聞いてくれた先生に、本当に感謝している。そのおかげか先生

と話した後、先生の授業の時、もっと積極的になったような気がした。特に作文の授業はもう完全に好きになって、やる気が溢れていた。自分の気持ち、言いたいことを他の人と話す必要もなく、全部この手で書けるのは私にとって何よりもうれしかった。人との交流が面倒な私にとってピッタリの授業だ。先生のおかげで、自分の好きなことを見つけることができた。

実は、今でもほとんど外に出ない。いつも通りのひきこもりだが、このひきこもりとしての自分は何となく納得できるようになった。私は私だけ。私は私だけでいい。ずっとそう思っている。あの時、先生が私に言った言葉を忘れない。ということで、自分らしくいるために、これからも引きこもろうと思う。引きこもり万歳！

（指導教師　髙山宗一郎）

★三等賞 テーマ「心に残る、先生のあの言葉」

心に残る、先生のあの言葉

北京第二外国語学院 呂嘉琦

心に残った先生の言葉といえば、日本人教師津田先生がいつも口にしている「幸せだな」である。

三年生になってから、津田先生は私たちのヒアリングの授業を教えるようになった。しかし、初めて先生のことを耳にしたのは、一年生の時だった。先輩から「津田という日本人先生がいらっしゃる。彼はいつも幸せだな、幸せだなとおっしゃって、『幸せ邪教』みたいだ」（この邪教は別に悪い意味がなく、ただ冗談に過ぎない）という話を聞き、その先生は楽天主義であり、とても面白い人だと思った。その時、この言葉の裏には、より深い意味があるのを考えることもなかった。

二年生の時、担当の先生に用事があり、津田先生が代講することがあった。廊下で出会い、挨拶をすることもあるが、先生と教室で向かい合い、同じ教室で座るのは初めてなのだ。授業が始まる前に、先生が私たちに「幸せだな」を大声で三回言わせた。噂の「幸せだな」とようやく出会ったという満足感を得た。しかし、なぜ「幸せだな」と言うのかについて、先生は説明しなかった。それをきっかけとして、この言葉を面白いと思うだけではなく、「一体何の深い意味があるのか」という疑問を抱き始めた。

答えが分かったのは三年生の時に、先生のある授業でのことだった。その授業のヒアリング教材は「暗闇イベント」に関してのものだった。暗闇イベントというのはアテンドスタッフを含めて十人ぐらいを自分の手のひらも見えない真っ暗の部屋に入らせ、一列になる状態で、探検のように歩き回る体験のことだ。体験者によると、真っ暗闇の中で、普通全然気にならない音や匂いに敏感になり、また、目からの情報が頼りにならないため、目が見えない人との立場が全く逆になるような感じがするそうだ。ヒアリング教材を聞き終わったあと、先生は

104

第14回 中国人の日本語作文コンクール上位入賞作品

「盲人がこの世の中に数百万人もいます。生まれてから
ずっと暗闇の世界で生きていて、きっと苦しんでいるこ
とだろう。目が見えるのはどんなに幸せなことか、みな
さん、感じられますか？　毎日起きて、まず『目が見え
て本当によかった』と言ってください」とおっしゃった。

そのとき、新しい世界に入ったような感じがした。
これまでは、身体障害者に対して、ただ同情の気持ち
を持つだけであり、自分自身が幸せであることは感じな
かった。この命、健全な体が与えられるのに当たり前の
ことだと思ったからである。先生のその言葉を聞いた時
点から、私はこの「当たり前」が当たり前ではないと思
うようになった。いつも「恩に感じる」と言っても、一
番大切なことを忘れてしまっている。この世の中の何の
物事に感謝するより、まず命、健全な体に感謝すべきだ。
つまり、「生まれて、また、健全であって本当によかっ
た」という感謝の意を持つべきだ。

過去の自分を否定すると同時に、津田先生の「幸せだ
な」という言葉をだんだん理解するようになった。そう、
この言葉には、感謝の意が含まれている。先生がいつも
「幸せだな」とおっしゃっているのは、「人生には当たり

前のことは存在しない。自分がどんなに幸せかを知って
いますか」と常に自分自身、また周囲の人々に気づかせ
るからだろう。津田先生は人生に対して、正真正銘「恩
に感じる」ことをしている。そのときから、先生に対す
る尊敬の念が高まっていった。

過去の私は、常に満たされない状態であり、「楽しく
ないし、必要もない」と思っていた。しかし今は、津田
先生の「幸せだな」の影響を受け、幸せを感じながら、
嬉しがって毎日を送っている。この言葉は私にとって、
かけがえのない宝物である。きっと心に残り、一生忘れ
られないだろう。

「津田先生、私を変えてくださって本当にありがとう
ございます！」

（指導教師　向坂卓也）

105

★三等賞　テーマ「中国の若者が見つけた日本の新しい魅力」

孤高の星 羽生結弦

中国人民大学　黄琳婷

ンタリーをたくさん見るうちに、徐々に彼の魅力に引き寄せられて、ファンになった。なぜ私は羽生にすっかり夢中になっているのか？ それは羽生が逆境に負けない強い意志を持っているからだ。

羽生は二歳の頃に喘息と診断された。喘息のために、貧弱な体力が彼の最大の弱さになった。二〇一一年の東日本大震災のために、羽生は横浜に引っ越した。当時、彼はスケートを続けることに対し疑問を抱いていた。しかし、三年後に彼はソチオリンピックで優秀する最初のアジア選手になった。それから、二〇一四年の中国杯に、羽生には衝突事故が起きた。彼は重傷を負って、演技に臨んだが、最後は銀メダルを獲得した。さらに昨年十一月に、羽生は右足を負傷した。しかし、平昌オリンピックに参加するために彼は怪我を乗り越えて、復帰した。最後は六十六年ぶりのオリンピック連覇を達成して、フィギュアスケート界の絶対王者になった。

羽生は一体どうやって逆境を乗り越えていったのか？ 私はずっとこの問題を考えている。私は何よりも大切なのは羽生が夢を持っていることだと思う。そして、その夢に向かって努力を継続しているからだ。スケートを始

「SEIMEI」という曲の終了と同時に、黒い手袋を着用して、陰陽師の服を着ていた羽生結弦は演技を終了した。彼は平昌オリンピックのフィギュアスケートで金メダルを獲得し、二連覇を果たした。彼が演技を終えると、ファンは大歓声と共に、いつものように羽生が好きなマスコット、クマのプーさんの人形をリンクに投げ込んだ。

「何とか滑ることができました。とにかくたくさんの方々がサポートしてくださって、この会場で滑り切れてホッとしています」と彼は試合後に話した。

実は、私は平昌オリンピックを通じて、羽生結弦のことを調べ始めた。そして、彼の試合のビデオとドキュメ

106

めて以来、羽生はオリンピックの金メダルを目指した。彼にとって、高みを目指すことでしか成長できない。彼の夢の実現への道のりには挫折が連続した。しかし、彼は何度も失敗を重ねても、あきらめずに、ずっと頑張っていた。

実は、私にも夢があった。私は十三歳のころ、北京大学を初めて訪問して以来、ずっと北京大学に入りたいと思っていた。夢を実現するため、私は一生懸命に勉強ばかりしていた。徹夜まで、して勉強していたこともあった。こんなに努力していれば、きっと北京大学に入れるだろうと思っていた。しかし、入学試験の直前に、病気になってしまったため、よい成績を取れなかった。北京大学に入ることができなかった、というわけだ。

中国人民大学に入って、私は先輩から成績が良ければ、北京大学の大学院に入ることができると聞いた。だから、今私の夢は北京大学の大学院に入ることだ。しかし、困難がたくさんある。まず、私の専門は日本語だが、どんなに頑張っても、日本語はうまく習得できず、いままでの成績はよくない。自信がなくなってしまった。次は、高校時代と違って、大学にいると、自分しか頼れない。

ほとんどの場合、助けてくれる人がいない。それから、大学院に入るなら、経済を勉強することになる。しかし、経済を勉強するのに数学を勉強しなければいけない。今適切な授業がないので、自習が難しくて時間も不足している。私はいつもこれらの問題の対処に頭を悩ませている。

しかし、日本人の羽生結弦のことを知って以来、彼の不屈の精神や勇気に深く感心している。私は羽生と共通して何かを持っている。私たちも夢を持って、夢の実現のためにずっと努力している。私も彼のような壁に向かい続ける存在になれるように努力していき、逆境を乗り越えたい。

夢を夢と呼んで、空想しているだけでは、それは現実にならない。いつも羽生結弦のことを考えて、私は自分のことを深く考えていく。「怠けないでください、締めないでください。さらに一生懸命、努力しなければならない……」と自分を励ましている。

（指導教師　大工原勇人）

★三等賞 テーマ「中国の若者が見つけた日本の新しい魅力」

愛情あふれる日々の食事

常州大学 蒋婕儀

私は、今年の一月初めて日本の石川県へ行った。到着した日、とにかく緊張していた。それは、これから始まる日本語学習への不安ではなく、ホームステイへの緊張だった。どんな挨拶をしたらいい？どんな家族だろう？飛行機の中で、ずっと考えていた。

国際交流協会にホストファミリーの方々が迎えに来てくれた時、私のホストファミリーのお母さんは、一番若い人だった。なぜか、ますます緊張した。

「ああ、ショウちゃん。初めまして。今夜何を食べたいですか？」これが、私のホストファミリーのお母さんとの初めての会話だった。

ところが、お母さんは、にっこり笑いながら、「今夜何を食べたいですか？」と聞いてくれた。飛行機で準備した挨拶は、全部忘れてしまった。「なんでもいいです」と答えた私は、もっときちんと言わなければとすぐ後悔した。

それまで、ネットで見た日本の食事は、もちろん美味しそうなものがたくさんあったが、食べられそうにないものも多かった。もし、その夜、生の魚（お刺身）が出たら、どうしよう？卵かけご飯だったらどうしよう？

その夜、おかあさんは、私の為にビーフカレーライスを作ってくれた。牛肉と野菜がたっぷり入っていて、糸のようにきれいに切ったキャベツがのせてあった。他の料理や果物などがきれいにテーブルに並んでいた。お母さんは、「今夜は簡単でごめんなさいね」と笑った。その夜、食事をしながら、家族とたくさん話をした。外はとても寒かったが、美味しい食事とホストファミリーの親切な態度に緊張は消え、心からあたたかくなった。日本の食事は、人間味がある料理だと思った。

日本の冬、特に石川県の野菜の種類は本当に少ない。中国これはこの一カ月、私が深く実感したことである。中国

108

第14回 中国人の日本語作文コンクール上位入賞作品

と違う。冬の主要な野菜は、キャベツ、人参、大根、白菜、もやしと玉ねぎだった。でも、その限られた資源である季節の野菜をお母さんは大切に家族の為に料理してくれた。同じ大根でも白菜でも料理方法は違った。

毎朝お母さんは、パンと目玉焼きを作ってくれた。お皿には、いつもパンの周りに緑のキャベツと赤いチェリートマトなどが飾られていた。トマトの赤と緑のキャベツはとてもかわいい、元気の出る色だ。また野菜は、たくさんのソースによって美味しく食べることができた。お母さんの生活全体への愛情や美味しいものへの追求が表れていると思った。家族の健康を思い、家族が喜んで食べられるよう料理を作った。愛情が、いつも食卓にあふれていた。毎朝、朝食を食べながら今日も頑張ろうと思った。

日本人の食べ物への尊敬の気持ちには私はいつも感動した。

ホストのお母さんは、家でご飯を食べるとき「自分でごはんをよそってね」と言った。もし、多すぎて途中で食べられなくなった時は、「これ、残してもいい」と言うことを教え

られた。「いただきます」と言って食べ始め「ご馳走様でした。今日も美味しかったです」。この挨拶は、料理してくれた人への尊敬や感謝だけでなく食材への感謝である。私はずっとそれを守った。そういえば、金沢の殆どのレストランのメニューには、料理のサイズが表記されていた。例えばSサイズは二百グラム、Mサイズは三百五十グラム、Lサイズは五百グラムだ。この食材への敬意、私たちも学ぶべきだと思っている。

日本人の食器へのこだわりも独特だ。日本では多くの食器を使う。主食がご飯だったら、茶碗にご飯を盛り、麺やカレーだったら少し深い皿に盛る。料理の種類や色に合わせて食器を使い分ける。金沢市は金箔で有名な所だ。だから殆どの家で金箔をはめ込んでいる食器があった。黒い皿に金色の花柄があって、本当に美しい。自分の故郷の食器を使うのは、自分が生まれた場所への感謝と誇りの気持ちも入っている。毎日の生活の食事をこうやって楽しんでいる。

日々の食事に愛情を注いで生活する日本人の精神を、私は今も思い出している。

（指導教師　古田島和美）

109

★三等賞 テーマ「中国の若者が見つけた日本の新しい魅力」

おもろまち

同済大学　呉沁霖

おもろまち、それは、私が沖縄を旅行して出合った、ある駅の名前である。

沖縄は冬に入っても、あまり寒くなくて、ところによっては緑が生き生きとしている。

東京と違って、沖縄の人々は急がず、ゆっくり生活を楽しんでいるように見える。夕暮れが迫る時、海辺の籐椅子に座って、汽車の形の空の雲、帰港する船、水平線の下に隠れゆく太陽を見る。すべての悩みは夕日のように海に溶けてゆく感じがする。これより気持ちが良いひと時は、世には少ないと思う。

沖縄の電車には特色がある。一本の高架軌道の上を前進し、軌道の周囲には何もなく、左右の南国風景が良く見えるが、少し高所恐怖症のある私にとっては、あまり楽しむ気にはならなかった。

電車の中をぼんやり見わたしていた時、あるポスターに気づいた。モノレールには「おもろまち」という駅があって、毎年一月に近づくと「おもろまち」駅に変わる。「お」と「ち」が外れるわけだが、なぜ外すのか。「お」と「ち」がないので、「落ちない」という意味になるのだ。つまり、一月から日本は入試シーズンに入るので、この駅を見た受験生たちは志望校に「落ちない」というわけだ。受験生たちへのエールだ。

その言葉遊びに思わず笑いがこぼれ出た。しかし、もう一回その内容を味わったら、今度は涙が出るほど感動した。

旅の中で、こういう偶然の出合いの後味は、一番甘いのだ。

徹夜でテスト勉強をしている受験生が、周知の駅名が突如変わったことに気づいたらどう思うだろう。少し考えた後、「あ、なるほど、自分のような受験生のためか」と気づいたら、ちょっと感動するだろうか。受験勉強でピンチに苦しんでいる時に見たら、その心遣いは暗闇の中のひと束の光のように優しく見えて、勇気と希望が与えられるのではないだろうか。

第14回 中国人の日本語作文コンクール上位入賞作品

私は日本の大学入試を経験したことはないが、ふっと一年前の「高考」を思い出した。中国の全国統一の大学入試、「高考」は世間から注目を浴びている。試験の二日間、先生たちは自主的に祝いの赤い服を着て、校門で見送ってくれた。街の人のなかに応援してくれる人もいた。道が混んで遅れそうになったら、お巡りさんは受験生をバイクに乗せ、「心配しないで、間に合うよ」と優しく声をかける。もしうっかり受験票を落としたら、拾った人はその情報をネットに出して、一刻も早くその子に届けようと焦る。試験は私事だが、大きな社会全体から善意を受けていることを感じた。

それから一年、まさか異国でその感動と再び出会えるとは思わなかった。「日本語が読めてよかった」と感じ、嬉しかった。

その時、私は思った。これは日本の新たな魅力ではないか。

昔、日本へ旅したことがある。言うまでもなく、日本語の言葉遣いや、あちこちの景色が美しかった。しかし、今回、私は初めて、その新たな美しさを感じた。駅の名前を変えれば不便に感じる人もいるかもしれない。だが、広告デザイナーたちは、多分「こうしたら受験生は喜ぶ

かも」とか「受験生に力を与えたい」といった素朴な考えをもとに、この温かい言葉遊びを考え出したのだろう。そのポスターは私の心の中の一番柔軟な所に触れた。その時、自他の区別のない大きな愛を感じた。ただ自分が偶々見た一つの美しさではあるが、この世界には平凡だが魅力的なことが、まだまだ沢山あって、人が見つけるのを待っているのだろう。

かげろふの夕を待ち、夏の蝉の春秋を知らぬもあるぞかし。人が世にいるのは、一瞬の時間とたった一つの空間との出合いによる。短い命の旅で、私たちの目に映るものはどのぐらいあるのか。しかし、共感を呼ぶものは世界へ羽ばたき、ふみになり、伝統になり、時間の限界を超えた「永遠」となり、世代に受け継がれるのである。知恵、勇気、優しさ、愛、色褪せない魅力は、いつも人の心の中にあり、人の心から生まれるのだ。

おもろまちの言葉遊びはそんな魅力に気づかせてくれた。

（指導教師　宮山昌治）

111

★三等賞 テーマ「心に残る、先生のあの言葉」

心に残る、先生のあの言葉

暨南大学　張奕新

今や大学三年、しかももうすぐ四年に入る私だ。何も学んでいないというのは勿論嘘で、むしろ日本語が主専攻のおかげで、毎学期だいぶ良い点数が取れているとも言える。

しかし、私個人としては、点数と知識は、心の中において「必要ランキング」ではない。なぜならば、「私は人と付き合うのが苦手」だからだ。

私は高校の時、ひどいイジメに遭っていた。人の良さを知る一方で、人の悪さも知った。当時かなりのショックを受け、そして心に酷い傷も負った。大学に入ったら、この現状は絶対覆してやると、自分にそう言い聞かせた。

しかし、現実は残酷なもので、二年経っても、その状況は変わらなかった。「友達はできた。けれど、親しいとは言えない。ただの知り合いだ。現状は変わらない」と私は心の中でこう思った。「大丈夫だ。あと二年。時間はある。そんなに人を恐れなくていい。頑張れ」と自分を慰める時もあった。三年生になって、私は新しい先生に出会った。

その先生は日本語の「視聴説」の授業（映像メディアを用いた授業）を担当してくださる江藤先生だった。授業ではとても活発で、私たちを会話させるよう誘導していく素晴らしい先生だ。でも、私の点から見れば、彼は私との「相性」が悪い。人とのコミュニケーションが苦手な私は、あの授業を取るのは、とても大変だった。とっきに話す言葉が見つからなくなり、自分一人で何の会話もしない時もあった。きっとあの時、先生は私を「学びたくない、自分勝手な学生」と見たことだろう。私も自分の事情に関しては何も言い出せなかった。「耐えればいい」といういけない思いが続き、強がっていた。しかし、つい一学期最後の授業にとうとう崩れてしまった。

あの日の授業のテーマは、「クラスのみんなと会話をする」というものだった。何分間か相手を変えながら会

話をするのだ。最後の授業に相応しいテーマだ。しかし、それが私にとって越えられない壁となった。逃げる場所がなかった私は、とうとう泣き出してしまった。それは先生への憎しみではなく、私自身への失望であった。先生は私に気付き、話しかけてくれて、慰めてくれた。残りの授業時間が少なかったから、先生は後は期末試験で話そうと言ってくれた。期末テストは先生と一対一の会話だ。「あそこで存分に自分の心の声を話すことができる」。そう思った私は、テストに専念し始めた。

そしてテスト当日、私はとても早く教室へ向かうことにした。先生と早く話すために。試験中、私は自分のことと、昔あったこと、高校時代にどういじめられていたのか、先生と話した。先生は私のことを聞きながら、友達とおしゃべりをするかのように、少しずつ私に答えを出してくれた。

「そうだね、でも今になっては、君も気づいただろう、あの時の彼らの行動は本気ではないことを。人はね、若い時は馬鹿なことをするんですよ。君をいじめた人たちもそうだ。バカだ、あいつら。だから気にすることはない。君は考えすぎだ。自分でも気づいただろう、この ク

ラスのみんなは怖くない、優しい人たちだということを。人は前を見るべき、前へ進むべき、過去のことはもう気にするな、ね」

「前を見る」。この言葉は、私の目を覚ましました。なぜ、以前は思わなかったのだろう。それはどんなに辛いことだろうか、もう過ぎ去ったことだ。今は今を見るべき、そして前へ行く。前は未来、それを無駄にしたら終わりだ。だから、先生に今後の一つの課題として、人とうまく話せるように頑張ると言った。たとえそれで自分を苦しめるようになったとしても、自分のためだ。社会に入る時になったら、少しの経験にもなるだろう。

「もう恐れてはいけない。人との交流は、大事だから」

「たとえ下手でも、それなりの価値はある。人はみんな、悪い人じゃないからね」

私はこれらの話を胸に、強く歩き続けると決めた。

「最も重要なのは、前を見ることだ」

（指導教師　下堂薗朋美）

113

★三等賞 テーマ「心に残る、先生のあの言葉」

心に残る、先生のあの言葉

杭州師範大学　銭　易

中学校のとき、歴史の授業で日本をののしった、日本が大嫌いな先生に会ったこともありました。だから私は日本に対してずっと言いがたい恐怖を持っており、日本とあまり関わらないほうがいいと思っていました。しかし、高校のとき、担任の胡先生に出会った私は、その考え方を変えました。

優しい胡先生は、学生と非常に仲が良く、冗談を言い合うことも多い人でした。日中の歴史についていつも話

してくれて、教科書に載っている日本の新聞のイラストについてまで細かく説明してくれました。教科書の内容だけではなく、時々日本の現状や最近の面白いことについても教えてくれました。先生に習った二年間は、桜、千本鳥居、富士山など、日本文化の知識がゆっくりと私たちの日常に溶け込んできたのです。それまでの私が知らなかった日本、それは穏やかで美しい国でした。

その頃、一大事がありました。二〇一五年に日本の安倍晋三首相が戦後七十周年の談話を発表し、「平和憲法」を改めようとしていると聞いたのです。私たちは、腹が立ち、この国には救いがないような気がしました。そして、胡先生の授業で、そのことについて討論することを期待していました。しかし、胡先生はただいつものように、日本の近況を語っただけでした。先生がなぜその話題に触れないのか、私たちはその理由を知りたくて、直接先生に聞きました。でも先生は、「あなたたちが見ている日本は、ただほんの一部にすぎませんよ。日本はそれほど悪くないですよ」と笑顔で言っただけでした。当時、その言葉の意味はわかりませんでしたが、そのすべてを見抜くような笑顔は今でも覚えています。

私の高校の担任は歴史の先生です。中国の歴史の教科書といえば日本のことからは離れられません。それまでの歴史の先生は、中日関係に非常に敏感な人が多かったです。

冬休みが終わると、高校の最後の学期を迎えました。

でも新学期が始まっても、胡先生は学校に戻ってきませんでした。副担任の先生は胡先生のお父さんが亡くなり、お父さんの葬式を行うために日本へ行っていて、二週間後に帰ってくると言いました。私たちは少しショックを受けました。それは胡先生のお父さんが日本にいたことを意味していたからです。

副担任の先生はまた説明を始めました。胡先生のおじいさんは日中戦争の時に中国へ来た日本人で、中国の女性と結婚し、終戦後、家族を連れて日本に帰りました。胡先生は中国で残っている唯一の孫娘だそうです。その時、なぜ胡先生が日本のことをあんなに詳しく知っていたのかがようやくわかりました。

なぜ一人で中国に留まり、歴史の先生になったのでしょうか。それは、先生の体には大和民族の血が流れており、ほんの少しの力でも、中国と日本の間にある必要のない誤解を解消したかったからだそうです。これは胡先生が帰って来た後で私たちに教えてくれたことでした。先生は戻ってくると、お菓子をお土産としてみんなにくれました。それは甘いキャンディでしたが、なんだか苦

い味がしました。日本で葬式に出たのに、私たちにお土産を買ってくることも忘れない先生に対して、言葉には表せない複雑な気持ちが生まれました。

しばらくして、大学入試が終わった後、日本語専攻を選ぼうと考えました。私たちは少しびっくりしましたが、自分でも少しびっくりしました。胡先生に影響され、私の考え方も変えられていたようでした。胡先生に「日本はそれほど悪くないですよ」と言わせた日本を見てみたいと思ったからかもしれません。もし胡先生に会っていなかったなら、私は日本に対する印象を変えることはなかったでしょう。今、日本語を勉強していることもありません。

今の私は、もっと日本のことを勉強して、「日本はそれほど悪くない」理由を探しているところです。

（指導教師　南和見、洪優）

★三等賞 テーマ「心に残る、先生のあの言葉」

自分の目で世界を見て、自分なりの考え方を持つ

杭州師範大学　劉培雅

心に残る先生の言葉とは、

「一番大切なことは、自分の目で世界を見て、自分なりの考え方を持つことだよ」という一言だ。

中学の時、私は日本の文化に深い興味を持っていた。特に小説に興味があった。しかし、そのストーリーを完全に理解することができなかったので、様々な解説を探してみた。だが、ほとんどすべての翻訳者は、小説に対する独自の見解を持っていた。そのため、同じ小説であっても、翻訳者が違うそれぞれのバージョンの本では、内容に対して異なる解釈が載せられていた。このことは、ずっと私を悩ませていた。

勉強を軽視していたので、しばらく健康状態もあまりよくないし、成績が落ちたり、気持ちも落ち込んだりしていた。

その時クラスでは、ちょうど新しい国語の先生がやって来て、私たちの担任の先生になった。それまでの国語の先生たちと言えば、ぼーっとしていて、老眼鏡をかけていて、重い本を持っていて、その本を一字一句間違いなく読むような印象の先生たちばかりだった。しかし、この先生は、私たちが知らない知識を詳しく紹介したり、未知の新しい分野に連れて行ってくれたりした。話が面白いだけでなく、学生にも関心をはらってくれた。

私の状況もすぐに把握してくれて、「先生は劉さんの趣味に反対はしない。でも、この状況は深刻だよね」と私に言った。私は下を向いて何を言うべきかわからなかった。自分の趣味のことばかり考えて、状況がどんどん悪くなっている今の結果を望んでいたわけではなかった。

先生は私の様子を見て、「実は、一つの国の文化に対して、一人一人が異なる見解を持つことは、それほど珍しいことじゃないよ。日本の小説だって、同じだよ。一番大切なことは、自分の目で世界を見て、自分なりの考え

方を持つことだよ」と続けた。

先生と話した時間は短かったが、とても深かった。「一番大切なことは、自分の目で世界を見て、自分なりの考え方を持つことだ」という言葉は、私の心に刻み込まれている。先生の言葉は、私の小説に対する読み方や考え方を変えた。先生の言葉は、私の小説に対する読み方や考え方を変えた。その後、小説を読んでも以前のような葛藤はなくなった。だからその後、小説を読んでも以前のような葛藤はなくなった。同じ小説なのに訳文が異なっていても、あるいは作者の思想の解釈が異なっていても、もう迷わなかった。そのような時には、自分独自の考え方を徐々に探っていけばいいのだから。さらに先生の言葉は、小説の解釈だけでなく、私の考え方全てに影響を与えていた。

大学に入ってから、それまで以上に人と接触することが増えた。すると先生の言葉は、人とのコミュニケーションにも適用できた。人と意見が一致しない時は、先生の言葉を思い出して、自分の考えを相手に理解してもらおうと努力すると同時に、相手の考えも理解しようと努力する。いつも話し合いが成功するとは限らないが、もう、様々な異なる視点の存在に悩まされることはない。

「一番大切なことは、自分の目で世界を見て、自分なり

の考え方を持つこと」なのだから。

高校を卒業したあと、私たちはクラスメート全員で高校に行ったことがある。しかし、この先生はすでに学校を転勤され、連絡先も残っていなかった。それには後悔が残り、先生に一度も「ありがとうございます」が言えなくて、残念だ。しかし、この先生に教えてもらったことは、私にとって非常に幸運だったと思う。

最近の世の中は、いろいろな思想が溢れていて、中学の時の私が陥ったように、惑わされやすくなっている。いろいろな考え方は、それぞれに納得できるような説明がされていて、どれも全て正しいように思える。でも、今の私はもう惑わされないし、悩まない。自分の目で世界を見て、自分なりの考え方を持って、そして、新しい世界を見つければ良いのだから。

（指導教師　南和見、洪優）

117

★三等賞　テーマ「中国の若者が見つけた日本の新しい魅力」

「彼らが本気で編むときは」からの考え

湖州師範学院　汪頌今

今の私たちは高速発展の時代に暮らしている。科学や技術が飛躍するとともに、いろいろな社会問題も現れた。この中で「性」についての社会問題はもっと激しくなりつつある。これも今の中国が直面している問題だと思う。

先週、ネットで「彼らが本気で編むときは」という映画を見た。見終わった後、私の胸の中は長い間落ち着かなかった。この映画は、叔父宅に寄寓している友子という女の子の視点から、その叔父の妻である凛子という「女性」を描いている。ここで女性をかぎかっこ「」を用いて「女性」としたのは、実は、凛子が性同一性障害者であるからだ。32歳の時、凛子、すなわち彼は性転換

手術をして女性になった。それで、法律上彼は男性だが、体はもう女性になっている。

この映画の監督は巧みに凛子という性同一性障害者を描いている。私はこの映画の問いかけに考えさせられた。現実の中で、彼のような人はまず少ないと思う。少数だから、大勢の人は彼らを見落として、誤解し、ひいては攻撃している。ところが、彼らと付き合うチャンスがあれば、多分われわれは彼らと同じようなことに気づかされる。彼らはただの平凡人で、いつまでも自分の平凡な幸せを求め続けるだけだ。

映画の中で、私を一番感動させたのはほかでもない、まさに凛子夫婦と友子の三人で夕飯の時、手をあわせて、「いただきます」といった時だ。これは彼らがずっと求めているものではないかと思う。映画のように日常生活は普通の人間にとって最も正常なものだが、彼らにとっては一番得難いものだと思う。

この時、私は高校時代に読んだ小説『片想い』を思い出した。この小説とこの映画は同工異曲の妙を得ている。作者東野圭吾は一つの殺人事件をきっかけに、性同一性障害者の苦しさを生き生きと描いた。その当時は、私は

これをただの推理小説として読んだ。今思い出すと、もっと深い意味を含んでいることがわかってくる。

中国は日本と比べれば、このような社会問題への注目度は全然足りない。実際、中国人はこのような問題についてちょっと鈍感なようだ。それにはいろいろな原因がある。ただし、伝統観念によることは最も重要な一つの点だと思う。昔から中国人には「性」は恥ずかしいものだという考えがあると思う。現代に入ってから、中国人の観念も時代の発展とともにだんだん進んでいるが、伝統観念はやはり潜在的に中国人に影響を与えている。それで、中国では、「性」についての社会問題はあまり言及されない。そして、これと関係がある社会作品も極めて少ない。つまり、ほとんどの人は彼ら社会的弱者のために考えることは一度もない。日本では、中国より早く近代化するし、欧米文化の受け入れる程度も高くて、すでに彼らのような人に関心を持っている。なお、彼らを中心にして作られた文芸作品もますます多くなるから、これに注目する日本人もだんだん増えていく。このように社会の弱者層に高度の関心を持って彼らのために声を

出すことは、日本についてあまり知られていない魅力ではないだろうか。

これは単なる魅力だけではなく、中国人にいくつかのヒントを与えることができるかもしれない。たとえば、日本のように彼らに関してさまざまな文芸作品を作り、あるいは彼らの生活の現状で新聞やテレビ番組によってありのままに反映させる。概して言えば、中国はこのような社会問題を重視しなければならないと思う。

以上にただわれわれ人間が直面している一つの社会問題だが、この中から日本のヒューマニスティックケアを見ることができる。私に最も賞賛させるのは、このヒューマニスティックケアが、特定の人々に反映されるのではなく、すべての社会階層の人々に反映されることである。これは私が見つけた日本の魅力であり、中国人が学ばなければならないものだと思う。

（指導教師　松下正行、宋琦）

★三等賞 テーマ「日本の『中国語の日』に私ができること」

「ニーハオを言うんだ」

青海民族大学　許洪寅

中国人が知っている日本語の第一位は「こんにちは」ではなく、きっと「ようし、ようし」か「バカヤロー」である。もちろん、くだらない戦争ドラマの悪影響なのだが、私は直接日本人からそんな言葉を聞いたことがない。私が知っている日本人は、本当にたくさん「こんにちは」と「ありがとう」を言う。よく知っている人にはともかく、雑貨屋のおばさんや名前も知らない近所のおじさんにも「こんにちは」という。食事を運んできた従業員や、お釣りを手渡す店員にも「ありがとう」と言う。そして挨拶された中国人は、怪訝な目でそんな日本人を見る。中国人は、そんなに挨拶をしない。

一方、日本人が知っている中国語の第一位は「ニーハオ」だろう。しかし、中国人同士なら、ニーハオはほとんど使わない。たしかに「大家好（みなさんこんにちは）」「老師好（先生こんにちは）」もあるけれど、それを含めても日本人が「こんにちは」を使う回数の半分にも満たないに違いない。私たち中国人にとって、ニーハオは少しだけ敬語に近い挨拶だ。だから、友達や近所の人たちに使うのは何だか恥ずかしい。だから道ですれ違っても、少し微笑むだけか、頭を下げるだけでニーハオとは言わない。

私は日本人の「おはようございます」や「ありがとう」が好きだ。そして特に、先生が教室に入ってきたときの元気な「こんにちは」が大好きだ。日本人の挨拶は、した方もされた方も幸せになるに違いない。私は時々、日本人の「おはようございます」や「こんにちは」は、大脳を通らずに出てくるのではないかと思うことがある。つまり日本人にとっての挨拶は、ボールが来たらよける「反射」みたいなものではないだろうか。それほど、日本人の挨拶は自然で素早い。そこが私たちのニーハオとは全く違う。ニーハオは、外国人やお客さんなど

に対しては普通に用いられるが、自分よりも地位が低い人に使うことはない。つまり、無意識のうちに挨拶する相手を選んでいる。自分より地位の低い相手と会っても、向こうからニーハオというのが当たり前だから、自分からニーハオとは言わない。もし向こうが挨拶してこなければ、黙殺するだけである。そこには日本の「こんにちは」のような明るさも気軽さもない。そういう挨拶って少し寂しい気がする。中国人はとても面子（メンツ）を重んじる。しかし、「ニーハオ」にそれは不要ではないだろうか。私は、ニーハオをもっと身近に気軽に言える挨拶にしたい。日本の「こんにちは」みたいに、爽やかに「ニーハオ」と言いたい。そんなことを考えていたら、今年も作文コンクールのお知らせが来た。去年も応募したけど選ばれなかったので、今年こそと思って気にしていたのだ。だから、先生から作文コンクールのこのテーマのことを聞いたとき、「これだ！」と思った。中国語の日……。そんな日があるのなら、私にとってその日は、またとないチャンスだ。ニーハオをもっと気軽に、たくさんの人に言いたいと思っていても、これまではきっかけがなかったのでなかなか決心がつかなか

った。私はやってみるつもりだ。中国語の日に、たくさんの人に「ニーハオ」と言う。百人の人に笑って「ニーハオ」と挨拶する。きっとたくさんの人が変な目で私を見るだろう。気持ち悪いと逃げてしまう人だっているかもしれない。でもそんなことはどうだっていい。中国語の日をきっかけに、私の長い長い挑戦が始まる。その日から、もし相手が答えてくれなくても、たくさんたくさんニーハオと言うんだ。中国にいるときは中国で、日本に留学できたら日本でも。そうすれば、きっといつか「おはようございます」や「こんにちは」のように、「ニーハオ」も気持ちのいい元気な挨拶に変わっていくだろう。中国語の日が私にくれたチャンスを、最大限に活かしたい。

（指導教師　大滝成一）

★三等賞　テーマ「日本の『中国語の日』に私ができること」

中国書道の独特な魅力を体験しよう

東華大学　霍一卓

生活にすっかり定着しています。

日本語を専攻している私は、「日本の『中国語の日』にどんなことができるか」と聞かれた時、すぐには答えが思い浮かびませんでした。しかし、ある日、習字をしている時、突然「書道だ」と頭にひらめきました。

書道は中国にも日本にもあり、いずれも起源は同じです。しかし、中国書道は歴史こそ長いですが、規模や普及度などの面では日本書道に及びません。また、中国人と日本人は書道に対する美意識がかなり違っています。中国書道は日本にもありますが、日本書道は芸術の構想を重んじるのが特徴です。共通点もあり、相違点もあるので、書道の面から少し日本人に中国語のことを伝えることができるはずです。

中国書道といえば、やはり古代の字だと思います。日本人は義務教育の時、書道が必修科目だと岩佐先生から聞きました。それだけ馴染みがあるなら、日本人はよく知っている日本書道と共通点がある中国書道に興味を持つはずです。中国語の初心者向けの活動として、日中共通の漢字があれば字の中国語の発音と書き方を教えたり、似ている字の異なる部分を見つけてもらったりできます。

「どうして霍さんは長い間書道を続けてきてるの？好きなの？」。私は大学の書道サークルで活動している時、よくサークルのメンバーにこう聞かれます。

「多分、好きなだけじゃなく、習慣かも」と私はいつも答えます。

中学生の頃から書道を習ってきた私は当初、きれいな字を書くために習字を始めたので、書道はあまり好きではありませんでした。しかし、楷書や篆書など異なる字体を身につけるようになると、書道の魅力が感じられるようになってきました。また、大学でも書道サークルに入り、書道のことをさらに理解し、今ではもう私の日常

日本語には同じ漢字でも発音が複数ある場合が多いですが、中国語の漢字にも同じ発音のものが多いので、日本人の興味を引くことができると思います。また、中上級の中国語学習者は字の書き方や発音を学ぶだけでは物足りないはずです。中国語レベルが高い日本人には「蘭亭集序」という手本が役に立ちます。「蘭亭集序」とは、中国の紹興にある蘭亭やその周辺の景色の美しさや友人とのパーティーに参加していた時の楽しさが表現された詩集のために、書道家の王羲之が作った序文のことです。序文の手本には楷書と行書の二つのバージョンがあるので、私は日本人が手本を模写したり、手本を読んだり、手本を現代中国語に訳したりするのを手伝うことができます。文や文章などを通じ、日本人は中国語をより深く理解できるはずです。

また、現代中国語の特徴は略字です。初めは筆で略字を書くのは少しおかしいのではないかと思いましたが、ある日突然「筆はあくまで字を書く道具だ」という考えが生まれました。その時、書道と私の間のわだかまりが解けました。私は書道を習って以来、筆で書くのは正字だけだとずっと思い込んでいました。いつも見ている手本

の字はみな正字だったからです。確かに昔の中国語は正が、中国語の漢字にも字しかありませんでしたが、現代では万年筆で書く略字こそ日常生活で使用頻度が高くなっています。日本人にとっては万年筆などの硬筆で略字を書いてみることも有意義な試みになるはずです。私は中国語の初心者に「簡」「貿」などの略字の書き方や発音を教えたり、略字と正字の画数や字の形を比較してもらったりすることができます。また、中国語レベルが高い日本人には、略字の文章を読んだり、文章の意味を理解したり、文章を読んだ感想を書いてもらったりできます。

書道を通じて中国語を学ぶことはよい体験になると思います。書道には不思議な魅力が秘められていて、究めれば究めるほど好きになれます。書道の独特な美しさを体験してもらい、多くの日本人に中国書道の真髄を知ってもらいたいです。

（指導教師　岩佐和美）

★三等賞 テーマ「中国の若者が見つけた日本の新しい魅力」

中国の若者が見つけた日本の新しい魅力

天津工業大学 岑静雯

「舟を編む」とは同名小説から映画化され、二〇一三年に公開された日本映画である。主人公である馬締さんの半生を追う形で話が進み、辞書を編纂することがどれだけ大変で、同時にどれだけ意義深いことかがいろいろな人の視点から語られていった。馬締さんは言葉への異常な情熱と執念で、十五年に渡って辞書作りに打ち込んだ。馬締さんだけではなく、辞書「大渡海」の編纂に携わる人々の姿が描かれ、辞書作りの果てしない工程を成し遂げる編集者たちの熱い思いに感銘を受けた。辞書作りとはこんなに長い歳月がかかり、熱く言葉に対して情熱を持っている方々の努力と涙の結晶に感動した。映画を見て、辞書の編纂過程が分かっただけではなく、主人公である馬締さんが表現した匠の精神にも胸が熱くなった。その匠の精神は私に一つのことを思い出せた。

昨年の夏、私は日本へ旅行に行ったことがあった。旅行日程の三日目、あるラーメン屋に入った。店内はあかりが白い柔らかい膜に包まれたように落ち着いた雰囲気であった。店に入ると、おかみさんの優しいあいさつがすぐに聞こえた。席を決めるや否やメニューを手渡してくれた。メニューを開いた後、私が驚かされたのは、メニューに「関東地区の方々が気に入る」「関西地区の方々が気に入る」「海外の方々が気に入る」など偏愛提示もあったことだ。なぜそういうことまで提示できるのか、私は困った。

私が困っていた時、ラーメン屋さんの力強い声が聞こえた。開いた口が塞がらなかった私にニコニコして解釈してくれたおかみさんは「すみません。旦那さんはしっかりした声で作り出したラーメンがお客様に元気を出してもらえると思って」と言った。おかみさんの説明を聞き、私はラーメン屋さんの優しいことに驚いた。間もなく、私のラーメンができた。熱々のラーメンを見るだけ

第14回 中国人の日本語作文コンクール上位入賞作品

で、胸の膨れるような心地よさが感じられた。たぶんそれはラーメン屋さんの力強い声とお客への優しさからかもしれないと、私はそう思った。完食した後、おかみさんは丁寧に紙一枚とペンを手渡してくれた。その紙を見てなぜこの店が偏愛提示までできるのか、私はやっと分かった。紙にいくつのアンケート調査があった。お客に出身とか店内での好きなラーメンとか、味の意見などを詳しく質問していた。それらの質問を見、体のどこか薄暗いところに淀んでいた古い血が波立ち騒ぐような、微かなざわめきが聞こえた。しかし、その時の私はこのラーメン屋の真剣味はどんなものだろうかまだ分からなかった。

「舟を編む」という映画を鑑賞した後、やっと分かった。それは匠の精神に間違いない。

「匠の精神」とは精巧にものをつくる意識のことで、各工程の細かい所まで心を込めて磨きあげ、卓越を追求するものだと説明していた。日本の社会で「匠の精神」という精神的財産が流れているだろう。それは若者としての私が見つけた日本の新しい魅力であると思う。

前に言ったラーメン屋さんはお客に元気を出してもら

える料理を作り出すために、いろいろな細かい所まで心を込めて磨きあげた。ただラーメンを作るだけで十分であろうが、なぜこんなに工夫をして「余計」と言えるかもしれないことにまで打ち込んだのか。それは清純で強い「匠の精神」からである。職人としてのラーメン屋さんが一つの技術を向上させてゆく姿勢は素晴らしいと思う。

確かに日本は「匠の精神」を武器に、世界で最も「老舗企業」の多い国になっていると言われている。ほかに、「すきやばし次郎」の小野二郎氏とか、「竹工芸の匠」と言われて、みな、一生をかけて一つのことに専念している。それは単なる繰り返しではなく、心とものが合致したまさに禅の世界である。このような「匠の精神」は本当に美しいと思う。

「匠の精神」は若者としての私が見つけ、見習いたい日本の新しい魅力であると思う。

（指導教官　郭朝暾、木下教江）

★三等賞 テーマ「心に残る、先生のあの言葉」

暗闇の光

広東財経大学 陳佳玲

教室の中は水を打ったように静まっていた。ページをめくる音さえはっきり聞こえた。私は本を読むふりをしていたが、実際はぼんやりしていた。

突然、先生の声が聞こえた。「陳さん、ちょっと話がある」と先生が話してから、教室を出ていった。先生の後ろ姿を見て、急に不安になった。何かがあるかと心配して、足取りも重くなった。短い距離なので、ぐずぐずしてもすぐ先生の目の前に着いた。

その時だ。「これ、陳さんに向いてると思う」。温かくて柔らかい声で話しながら、三冊の本を私に渡してくれた。本を手にして、不安が一気に消え去った。そして、先生は「やはり専攻を変えたいですか」と聞いた。この話を聞いて、目を上げて、先生の目を見て、「いいえ、日本語を勉強し続けます」と答えた。「これからの二年も諦めずに最後まで頑張ってくださいね」と、先生も笑った。

あの授業は李先生の最後の授業だった。月日の経つのは早いものだ。あっという間に、二年も経った。二年前、初めて先生に出会った時のことは今もまだはっきりと覚えている。

日本語は私の志望の専攻ではなかった。大学入学試験の成績で、日本語学部に入れられた。だから、最初の授業で、先生が学生達に自己紹介をさせる時に、日本語に全然興味のない私は日本語が好きではなく、専攻を変えたいと言った。あの時、先生は私の顔をじっと見ながら、こう言ってくれた。「最後までやらなければ、できるかどうかわからないでしょう。とりあえず、日本語を勉強しましょう」。当時の私は先生のこの言葉を聞いて、何も答えなかった。しかし、先生のこの言葉は私の心に刻まれて今でも忘れられない。

少し悔しいが、日本語を勉強し始めた。言語の勉強に

は近道がないとわかり、毎日少しずつ頑張っている。五十音図の発音を、先生が何回も直してくれた。それから、毎日早めに教室に着いて、発音を練習し、文章を朗読していた。教科書を何回も読んでいた。文法をよく理解するために、詳しく調べて勉強している。この二年の間、先生に褒められる時もあれば、怒られる時もある。よくできた時に、先生はいつも笑顔で、「よくできたね」と褒めてくれた。間違った時に、先生は厳しく間違いを指摘してくれた。迷った時に、先生は光のように導いてくれた。先生のおかげで、だんだん日本語が好きになった。

しかし、日本語は勉強すれば勉強するほど難しくなった。類似文法がたくさんあったり、敬語の使い方が難しかったりして、本当に参った。そして、過ちを恐れて、みんなの前で日本語を話すのが怖かった。「もういいよ。やめよう。もともと好きなことではないから」と諦めたい瞬間もあった。しかし、いつもそう思ったら、先生のあの言葉が頭の中に浮かんできた。「最後までやってみなければ、できるかどうかわからない」という言葉だ。

将来のことは誰にもわからない。だから、「絶対できない」とか、「絶対違う」とかといった「絶対」は存在

していない。暗闇の中に光があり、将来に希望がある。

人は誰でも孤独を抱えて、過ちを恐れながら、前へ進んでいく。信じることがあるからこそ、また明日を探したくなる。最初にやりたいことにしても、やりたくないことにしても、簡単に諦めないでください。われわれ人間はいつも自分の好きなことばかりやるとは限らず、時には嫌なこともやらなければならない。また、努力してから、嫌なことが好きになり、自分も楽しめるかもしれない。したがって、最後までやらなければ、自分ができるかどうかわからない。途中、悲しい時もあれば、疲れる時もある。だが、最初から何の努力もせずに諦めれば、失敗するに違いない。シンプルな言葉が、大事なことを教えてくれた。

心に残る先生のあの言葉は、暗闇の中にある光のように、私を導いている。まだまだうまくいかないが、もっと頑張りたい。先生、ありがとうございました。

（指導教師　陳慧華）

★三等賞　テーマ「中国の若者が見つけた日本の新しい魅力」

中国の医療を変えていく、一つのヒント

西安交通大学　王雄凱

「痛い！」
宅配便が届いたとき私は叫んだ。箱を開けようとしたとき、ハサミで手を切ってしまったのだ。そばにいた先輩が病院に連れて行こうとしたが、私は嫌だった。
何せ学校の病院は怖い。汚い。扱いは乱暴だし、本当に嫌だった。
「何言ってんだ。病院って本当はいいところだぞ。俺、日本ではよく病院に行ったよ」
「先輩、それは日本の看護師さんが綺麗だったからですよね」
「バカ、何言ってるんだ。そんなんじゃない。日本では病院も看護師さんもとても優しかったんだよ！」
先輩は日本に半年間留学していた。彼は少し体が弱く、何度も病院にお世話になっていたらしい。そのときの経験が忘れられないらしく、いろんな話をしてくれた。先輩によれば、医療技術、設備よりも心優しい病院の人たちに心打たれたそうなのだ。
ある日、彼は胃炎にかかり病院に行った。入口で非常に細かい問診票を渡されたそうだ。診察室では医者がとても細かい質問をして生活習慣まで聞き出した。「何々のあとにこれを食べると良くないよ」とそういう食生活のアドバイスもしてくれた。
薬の出し方も違った。中国では治療が終わるまでの薬を一気に出す。しかし、日本では三、四日分の薬しか出さず、また病院に来たときに副作用が出ていないかなどを確かめるそうだ。渡された処方箋には薬の成分はもちろんのこと、起こりうる副作用まで詳細に書いてあった。
さらに日本の病院は中国の病院のように薬のにおいが強くなく、病院全体にリラックスした雰囲気らしいのだ。
私はその話を聞き、日本が本当にうらやましくなった。私は今まで入院するほどの病気にかかったことはない。

でも、家族が病気になり、何度も病室へ行ったことがあった。

ある年の夏休み、祖父が交通事故に遭い、家族みんなで世話をすることになった。父も母も忙しく、私が世話をするときもあった。中国の病院では患者が非常に多く、二人分のベッドしか入れられない病室に四人も入っていた。そればかりか、廊下に簡易ベッドが置かれ、そこに患者が寝ていることも珍しくなかった。

しかも、時間帯によっては看護師や医師と連絡の取れないこともあった。中国は患者が多すぎる。それに対する医療スタッフがまったく足りていないのである。

多くの中国人が、日本の医療に憧れるわけだ。

中国で日本のような医療を実現しようとする場合、まだまだ大きな壁がある。まずは人手不足の解消が急務だ。若い医師や看護師の待遇を良くし、働く環境にも気を配り、多くの学生が医学を目指しやすいようにする。

また、医学部を多くすのはどうだろうか。各地の大学の医学部を多くし、専門学校や副専攻で医師の資格が取れたり看護師の資格が取れたりするようにすればどうだろうか。私は日本語学科で勉強しているが、もし可能な

らば専門学校でも学び、医療関係の資格を取りたいと思っている。

将来、私は学んだ日本語を活かし、日本と中国の医療交流、ないしは中日の医療に関わる仕事をしたい。私の夢は中国人の誰でも、どの国から中国に来た外国人でも、中国で日本みたいな医療サービスを受けられるようにすることだ。

特に、日本人でもここで安心できるようにしたい。言葉が通じないだけではなく、医療の状況も自分の国に及ばない場所なら、外国人としての日本人にとっては決して楽ではないだろう。

中国の医療はこのままだと日本人、または他の国から来た外国人が中国に長く滞在する障害になる。私はそれを何とかしたいと思う。そのため、自分で一所懸命日本語を勉強し、医療に関する知識を広めたい。

医療界にとどまらず、中国人の全体が中国の医療の不足を知り、日本のような医療先進国に学ぶという意識を持つようにさせたいのである。

（指導教師　奥野昂人）

★三等賞 テーマ「心に残る、先生のあの言葉」

「お祖母さんによろしく」

南京農業大学　袁思純

授業中、先生は私達に尋ねた。「どのようなお爺さんお婆さんになりたいですか」。クラスメートは年を取った自分について語った。「裕福な暮らしを楽しんでいる」「健康で自立している」。あの時、私の頭にすぐ浮かんだのは年をとった自分ではなくて、父方の祖母だった。

彼女は、自分の名前も書けないほど教育がなく、いつも私たちに迷惑ばかりかけていて、とても鬱陶しい。「家事を全て母に任せ、いつも私たちの周りをうろちょろしながら溜息をつく。毎日ぼんやりと暮らす人生は何の意味もない。将来、絶対に祖母のような人になりたくない」。発表した時、胸がすっきりした。皆も思い当

たるところがあるのだろう、クスクス笑い声が聞こえた。私の発表は、ただの夢物語に等しい理想を語る他の学生のものとは異なり、現実だ。だから皆の共感をよんだ。しかし、先生の言葉は予想外のものだった。「あなたが、お祖母さんに声を掛けてあげればいいじゃないですか。もう大人なのですから」。また教室に笑いが起こった。私は笑われてしまった。

放課後、私は自分の間違いに気付いた。祖母が方言しか使えず字が読めないのは貧しくて学校に行けなかったからで、それは彼女の責任ではない。私は自分を基準に相手を見ていたのだ。いつでも相手の立場に立って考えることが必要だという「真理」をノートに書き、それを先生に見せる為に講師控室を訪ねた。

「お祖母さんにとって、新聞、雑誌、小説、字幕がある映画も意味がないですよね」「展示品の価値が理解できないなら博物館も退屈でしょうね」。その通りだ。私は頷きながら、先生の家族に多分こんな人はいないだろうと思った。そして、教養のない祖母が恥ずかしく、その気持ちを誤魔化す為に笑った。「同級生もいないなら交際範囲は狭く、話題も少ないでしょう」「お祖母さん

が楽しめることは私達より少なくて御苦労は多いかもしれませんね」。突然、涙が溢れた。私が泣き止むのを待って先生が言った。「あなたはこの文章を書いた時、涙が出ましたか」「いいえ」。涙どころか何の感情もなかった。私の書いた文章は立派な言葉がいっぱいだが、中身がなかった。私は恥ずかしくてたまらなかった。

私が小学校一年生の時、祖父が亡くなった。父は一人暮らしの祖母を心配し、夏休み、私を祖母のもとに行かせた。祖母は、魚を捕るための仕掛けを作っていた。しかし、その仕事をする時、頭を下に向ける必要があり頸椎に大きな負担がかかる。少ない報酬のために自分の体を悪くするなんて、得るより失う方が多い。私は全然理解できなかった。しかし、祖母はその内職を五年も続けた。

先生は、この話をゆっくり聞いてくれた。「その仕事は、お祖母さんにとって社会とつながる術、生き甲斐にもなっていたのでしょうね」。先生の言葉で、その内職は祖母にとって特別な意味があったと知った。「何の意味もない人生」なんてないのだ。

不思議なことに、先生と話した後、私は祖母のことを

どんどん思い出すことができた。祖母は、今でも駄菓子を買ってくれる。それは有難迷惑でしかない。でも、子どもの頃は祖母が近所の人に頼んで手に入れてくれる甘酒が大好きだった。先生は、会ったことがない人の思い酒を想像することができる。それに比べて私は思い出すだけだ。けれど先生は「思い出すことは、孫にしかできません」。そう言っていつも聞いてくれた。

先生の指摘がなかったら、私は確実に「浅はかなお婆さん」になっていただろう。これから私は祖母を労わるべきだ。この決心を先生に伝えた。先生は「具体的に何をするの」と聞いた。それは、考えていなかった。「あの、私が社会人になったら」、私の言葉を遮って先生が言った。「お祖母さんに電話を掛けなさい。声を聞かせてあげなさい。今すぐに」。逃げるように部屋を出て行く時、先生は釘をさすように更に大きな声で言った。

「お祖母さんによろしく」

（指導教師　石原美和）

★三等賞 テーマ「中国の若者が見つけた日本の新しい魅力」

日本の美食の魅力

広東海洋大学 莫麗恩

日本と言えば、アニメやバンダイ、東芝やTOYOTA、安倍首相や桜などをいろいろ思い出す人がたくさんいるかもしれない。しかし、私から見ると、最高の水準に達する日本の美食が一番だ。それはなぜか？

日本のグルメに初めて出合ったのは十年前だ。アニメの「ワンピース」で主人公ルフィがよくラーメンを大食いしていた。金色の麺は熱々として、スープのにおいがスクリーンから漂ってくるような気がした。それから、おいしそうな日本のラーメンが深い印象に残った。その後、日本のアニメをだんだんよく見るようになり、目に触れるものがみんな新鮮に感じた。特に「千と千尋の神隠し」の商店街で、店にいっぱいに並べられている非常に贅沢な食べ物を見た私は、豚になってもいいとさえ思った。

しばらくして、漫画の「孤独のグルメ」を偶然に見て、普段の日本飲食文化についての見聞を広めた。食材に恵まれていなくても、簡単な材料を十分に利用し、それだけで不思議な味も作れる。それで、魚一匹だけでいろいろな料理方法がたくさんあり、豊かな味と歯ざわりを味わえる。この漫画が実写版になってから、昔と比べると、番組では形や言葉だけでなく、主人公の美食に対する気持ちが、私の目の前に生き生きと浮かんでくる。食べてみたい、ずっとそう思う。この頃、日本の大食い王のチャレンジニュースを見ている。大食い王がどんどん大食しながら日本の美食を紹介してくれる。これを見ると本当に美味しそうだ。食欲が出てお腹がすぐ空いてたまらない。それは日本の美食の力だろう。

飲食はもちろん日本の文化から切り離せない。ちゃんこ鍋を初めて聞き、お相撲さんとどんな関係があるかと考えていた。インターネットで調べてみると、お相撲さんの日常の食事であるちゃんこ鍋には、鮭、豚肉、つく

132

ね、白菜、人参、きのこなどの材料で、味はもとより、栄養にも富む。一見、普通の鍋ではないかと感じるが、実は普通ではない。歴史と伝統があり、日本文化の厳しい階級性が含まれている。まずは番付の最上位の横綱が着席して食事する。次は大関から序の口までのような等級をつけ、それによって待遇が違う。それで、ちゃんこ鍋は材料を順番に鍋にかけなければならない。相撲と言う伝統文化がこのような日本料理でだんだん理解できるようになる。このように日本の美食を楽しみにしながら日本の歴史と文化に関係する物語が聞かれ、とても面白い。

日本料理の魅力は、美味しい味だけにとどまらない。それを通して、日本人の精神を感じることができる。例えば、「JIRO DREAMS OF SUSHI」というドキュメンタリー映画では、小野二郎さんという寿司職人の寿司屋は、五十年間にわたって握り寿司と巻き寿司しかやっていなかった。八十五歳になってもまだ一生懸命働いている二郎さんに、フランスの『ミシュランガイド東京』は三つ星という評価をずっと続けている。二郎さんといえば、成功のポイントは真剣な態度と、しっかりとした職

人気質である。小野二郎さんをはじめ、日本の職人さんたちのおかげで、日本料理はシンプルさを極めていける。二郎さんの厨房を見ると、本当に綺麗できちんと片付いているので、見ているだけでいい気持ちになる。

ところで、日本人はご飯に生卵をかけて食べることが好きだという。中国の卵はゆでたり焼いたりしなければ、ばい菌がうようよいるから、そのまま食べると病気になりやすい。生卵に対して、中国で生活する私はずっとドキドキしているから、いつか日本で生卵を食べてみたいと思う。もっと考えると、これは日本人が長生きできる秘密であるかもしれない。きれい好きで真面目だからこそ、日本人はユニークで日本らしい美食を作ることができる。これは日本の美食を新しい魅力にする理由のひとつであろう。

（指導教師　原田拓郎）

★三等賞　テーマ「中国の若者が見つけた日本の新しい魅力」

好きなだけ生きられる

華東政法大学　姚子茜

「憲法修正」や「反対」など、来日したばかりの私にとってなかなか理解しにくい言葉だったのだが、私はなぜかその明るい笑顔と呼び声に感動してしまい、しばらくそこで立ち止まっていた。

――日本のお年寄りはなんでこんなにも生き生きとしているのだろうか。

という疑問もいつしか湧いてきた。

私は今年の三月末から、日本での交換留学生活を始めた。日本に着いて私は、高齢化社会に入った日本はやはり穏やかではあるものの、元気がなさそうにも思えた。「どこに行っても年配の方がたくさんいるよね」と友達もそう言っていた。

しかし今、私は日本の団塊の世代と言われている年配の方々から不思議な魅力的な若さを感じているのだ。賑やかな街で見かけたデモもそのほとんどはお年寄りがリードしている。

ある日、渋谷を大勢で一斉に歩きながら、人が民族衣装に着替えて歌ったり踊ったりしている、そのような不思議な出来事が私の前で起こっていた。何か楽しそうなパレードを行っているなと思ったら、「世界平和祈願」や「核廃絶」などのスローガンを掲げていて――そうだ、これはデモなのだ、とわかったのだった。

夕方の駅はいつものように、私は人々の疲れ切った無表情な顔に向かい、重い鞄を胸に抱えて人ごみを通り抜けていく。やっとエスカレーターのあたりに着いて降りようとしたら、誰かに声をかけられた。

「よろしくお願いします」と、元気満々の明るい声だった。

振り向くと、白髪頭の痩せたお年寄りの女性が微笑みながら何かのチラシを渡した。少し離れたところには年配の方が何人も手書きのプラカードを掲げて、ラウドスピーカーでひたすら声を荒げている。

134

第14回 中国人の日本語作文コンクール上位入賞作品

その日の不思議な出来事はこれ一つだけではなかった。

カフェで私の隣に座っていた六十代ぐらいの女性が、華やかなロリータ洋服を着て、メイクもおしゃれでかわいく、周りの若者に負けない格好をしていた。思わず「レースの靴下かわいいね」と私から声を掛けたら、そのおばあちゃんは照れたようにニコニコしながら答えてくれた。

「ありがとう！　ブランドの新作なの！　かわいくて思わず買っちゃったわ」

まるで少女のようにかわいかった。

そこでふと、うちの祖母のことを思い出した。祖母は典型的な中国のお年寄りで、いつも「もう老けたからどうでもいいよ」と口癖のようによく言っている。服も自ら積極的に選ばず地味であればいい。食事も適当に済ませばいい。

でも私は分かっている。

祖母は昔からかなりの美人で、決しておしゃれを好まないわけではないのだ。人からもらった服に対しても、「お金の無駄だ」と言ってはいるものの、誰もいないとわかると、こっそり鏡の前で合わせてみていつもうれしそうな顔をしているのを私は知っている。とはいうものの、やはり外へ出かけるたびに、またいつもの地

味な服を選んでしまうのはなぜだろうか。好きなのにどうして求めないの？　どうして求めないの。あの日本で出会ったおばあちゃんのように、好きなものは自ら求めてチャンスを掴むべきではないだろうか？

そうして、私はひと通り考えを巡らせた挙句、このような日本の新しい魅力を見出したのだ。

その魅力とは、日本のお年寄りのライフスタイルそのものにある。自らが欲しいものを追い求め続ける人生は、実に素晴らしいものではないだろうか。よく考えてみると、もう六十歳を超えて、残りの人生、あと何年残っているのだろう。誰にも見えない、予測できない先がそこにはある。その限りのある人生で、私は何がやりたいのか、また、何ができるのか、私たち一人ひとりはよく考えた方がいいのかもしれない。

体は年を取るにつれてだんだん不自由になっているが、心はまだまだ若い。

求めたいように求める。

行きたいだけ行ける。

そうやって、好きなだけ生きられる。

私はまさにそういう人生観に魅了されたのだ。

（指導教師　駒﨑達也）

135

私と手帳君の物語

★三等賞　テーマ「日本の『中国語の日』に私ができること」

西安財経大学　張安娜

皆さんは、熊谷正寿さんの『手帳の夢が叶う計画』という本をご存知だろうか。

この本は手帳に自分の目標を書き、それがひとつひとつ達成されることで、自分の夢がかなうということが書いてある本だ。

今、私はその手帳を活用し、徐々に夢に向かって進んでいる。

振り返れば、私の記憶の中で初めて手帳に触れたのは中学生の頃に遡る。何気なく母の手帳を見て――これは帳簿と言うべきか。母はきちんとした字で毎日お金の使い道を詳しく書き留めていた。

このノートを見て初めて感じたのは「お母さんは本当に細かい人だ」ということだ。

私が成長し、日本に出張していた父が帰ってきた。その名前は「手帳」だと教えてくれた。かくして、私は人生で最初の手帳を持つことになった。それはマカロンのような黄色の表紙で、外側は透明なプラスチックで包まれていた。

手帳を開けると、中のページは年間カレンダーや月間カレンダー、TODOリストなどがあった。後ろをひっくり返すとメモのページだ。その紙はとても薄くて、手触りが柔らかくて気持ち良かった。

そして、私と「手帳君」との旅が始まった。このとき私は十六歳で、高校一年生だ。最初にこの手帳を手に入れたとき、とにかく嬉しくて、私はタイムラインにそって本気でやるべきことを書いた。例えば、朝七時に起きたり、毎日英語のテキストを読んだり、しなければならないことを一生懸命書いた。

でも、一週間であきらめてしまった。毎日同じことを繰り返しているから、書く意味がないと思った。

私は心の中で、手帳に向かってずっと文句を言い続けていた。

「この手帳のデザインは面白くない！　なぜみんなこんなものを書いているの？」

第14回 中国人の日本語作文コンクール上位入賞作品

そのとき、私は『手帳の夢が叶う計画』という本に出合った。彼の本を読んで、さまざまなことがわかった。

二十歳の熊谷さんは、手帳に夢を書いたり、目標を書いたりして周囲の人々に笑われたそうだ。しかし彼は書けば、夢が叶うと信じていた。だから、彼は手帳をずっと肌身離さず持っていたそうだ。

彼は、この本を出版してから十五年後に会社を上場する夢が叶った。彼の物語はわたしの努力の手本となっている。

この本を読み終わった私は、熱い志を胸に、手帳を使って、彼の方法を試してみたいと思った。

まず、私は二十四時間の時間軸に一時間ごとにやるべきことを計画した。TO DOリストには自分の夢や目標、やりたいことを並べた。最後に学習・運動において短期的な計画とあわせて長期的な計画も立てた。

高校生は意外に忙しいものだ。受験もあるし、みんなピリピリしている中で、日々勉強していた。手帳を使い始める前は、昼間の生活が忙しくて、とてもじゃないが計画を立てる余裕などなかった。

私は手帳をつけ始める前は学習方法がめちゃくちゃで、多くの読むべき本を読むことすらできなかった。努力し

たい方向が見つからなかったのだ。

今の私は手帳を通して自分の趣味に合わせ、強固な意志で、規定の計画を完成させることができるようになった。これはすべて手帳君が私に与えた力だ。生活や勉強をよりしっかりとこなせるようになった。一つ一つ達成することによって自分に対する達成感も生まれた。毎日、手帳君の助けによって、紙の上の理想は少しずつ現実になり、徐々に夢に向かって進んでいる。

今、私は大学に入って、日本語を勉強している。私が自分の好きな大学で好きな専門を勉強しているのは、すべて手帳君のおかげだ。手帳君が私を変えてくれたと同時に、それを通して日本人の堅い信念を知った。時間を管理することが上手で、日本人は自分の夢を計画して、着実に一歩一歩進んでいることがわかった。それはまさに手帳の中に具現化されている。

将来、私は日本に行って、自分にもっとも合う手帳を探したいと思っている。私の見つけた日本の新しい魅力とは、手帳なのだ。

これからも手帳君と良い関係を築きたい。

（指導教師　馬聡麗）

137

★三等賞　テーマ「中国の若者が見つけた日本の新しい魅力」

絵文字からの日本

復旦大学　蔣雨任

短期留学する前は、日本で文化や美食などの未知の世界に触れられると思っていた。実際に日本に行くと、確かに面白い世界には触れられた。

しかし、それは文化や美食などではなく、絵文字の世界だったのだ。

日本の絵文字の世界を意識するようになったのは、ある日の午後、日本語文法の授業で、先生が急きょ授業を病欠した時のことだ。授業開始十五分前の始業ベルが鳴ったにも関わらず、先生はなかなか来ない。休講や時間変更といったお知らせは何もなかった。どういうことかと焦った私は、その先生が担当している午前の別の授業に出ていた日本人の友達にメッセージを送った。

「美幸ちゃん、小川先生、今朝はいつもと同じだった？

まだこちらの授業に来られていないんだけど、先生、大丈夫かな？」と入力して送信した。まもなく、「大丈夫ではなさそうよ」という返事を受け取った。それに付け加えられていたのは、五つの絵文字であった。

すべてを絵文字で表現しているらしい、こんなメッセージを初めて受け取った私は、もうびっくりしてしまった！しかも、何だか意味もよく分からない……。

そこで、「すみません、さっきのメッセージ、先生はもう帰ったという意味かな？」と尋ねてみた。数秒後、美幸ちゃんから謝罪が来た。「ごめんなさい！蔣さんが中国人だったってことを忘れちゃってた～(>﹏<)～～。はい、小川先生は風邪のせいでもう帰っちゃったよ」と書いてあった。

不思議だった。「美幸さん、日本の若者は、みんなこれほどまでも絵文字が好きなの？」と聞いてみた。すると、「『みんな好き』かはわからないけど、あたしの周り

の人はみんな絵文字を使っているよ」という返事が来た。

それほどではないどころか、現在の日本は「絵文字王国」と呼ばれるのにふさわしいと思う。絵文字が文字コードに最初に含まれたのは、確か一九五九年に日本の新聞社が野球ボールの絵文字を使ったのが最初だったと思う。

今インターネット上では、しばしば「二十代後半は"顔文字・絵文字好き"世代?」というタイトルのニュースやアンケートなどが出てきている。それによれば、日本の二十代は約八二・九％が絵文字を使い、絵文字に最も親しんでいる世代だという。一方、「三十代以上の人は絵文字や顔文字を使わない」という話もよく耳にするが、これは事実ではないと思う。

大阪の店では、閉店時に絵文字入りのお知らせボードを掲げることが多い。また、留学先では絵文字と顔文字が好きな三十代以上の先生に会うこともあった。その先生と電子メールで論文に関する相談をしていた時、絵文字いっぱいのメールを受け取ったことがあって、すごく驚いた。その時、あるアンケートの「三十代以上も四〇％ぐらいは絵文字・顔文字をよく使う」という結果を思い出し、「ああ、中国とは大きく違うんだな〜」と初め

て実感した。

なぜ日本人は絵文字がそれほど好きなのか? 私の考えでは、二つの要因がある。一つ目は、日本人の熱意や親切さだと思う。可愛い絵文字が使われれば、相手に友だちのような感覚、もっと心の距離が近づく感じを伝えることができるのだと思う。これは性別と年齢を問わず、昔ながらの日本人の思いやりなのだと思う。

二つ目は、日本の漫画文化が既に社会の様々な分野に溶け込んだためであると思う。留学先での経験だが、絵が上手な日本人の多さに驚いた。サラッと描いた落書きで物事をうまく説明できる人がたくさんいるように思う。

中国の絵文字の状況と比べると、大きな違いが見つかる。中国の二十代たちはもちろん絵文字を使う人が多いが、四十代以上の人はそんなに好きではない。あるいは、絵文字について全然意識しないともいえる。しかし、今の中国の絵文字デザイナーには日本漫画を手本とする人がたくさんいるため、日本の絵文字の魅力は、きっとこれからも中国の人々により深い影響を与えていくのではないだろうかと思う。

（指導教師　丹波江里佳、丹波秀夫）

139

★三等賞 テーマ「心に残る、先生のあの言葉」

初志貫徹

江西農業大学南昌商学院　王　瑩

間もなく落語発表会の幕が上がる。私達は本番前の舞台裏の通路で落研の部員全員で円陣を組み部訓を叫んだ。
「初志貫徹」と。
私の大学には落研がある。落語や漫才、コントなどの日本語話芸を行う部活だ。その中でも、落語は花形的な存在だ。私が初めて聞いた先輩達の噺の内容はよく解らなかったが、深く印象に残っている。私もいつか先輩のように上手に落語をやりたいと思い、入部した。
入部最初の全体ミーティングで、顧問の日本人の先生は新入部員の私達に部訓を紹介してくれた。部訓というからには、いくつも大事な心得や注意があるのかと思いきや、「初志貫徹」の一つだけだった。先生が言う部訓の意味は、一度落研に入ったらどんな困難があっても諦めずに三年生の五月に引退するまで頑張り続けるということだ。先生はきっと私達九〇年代生まれの若者は飽きっぽくて根性がないと思っているのだろう。私はできる。そして、私は三年間続けることを先生や先輩、これから苦楽を共にする仲間達に誓った。仮入部期間が終わり、私は南笑亭瑩楽という芸名を名乗った。
落研の全体練習は週に三回ある。練習には長い台詞の暗唱、発声練習、漫才や落語の映像を見て動作のチェックなどがある。更に落語に関しては長時間の正座練習もある。
そして、私は厳しい練習に耐え、順調に前座から二つ目に昇格した。しかし、学年が上がり、勉強が忙しくなったので、部活に行けなくなることもあった。何回も練習を休んだので、他の仲間との差がついた。「間が速すぎるよ」「そこで目線をもっと下に」と先生に注意を受けても、なかなか思うようにできない自分がとてももどかしかった。また忙しい生活に追われ、以前のように落語に対する情熱は失せていた。その頃には一緒に入った

第14回 中国人の日本語作文コンクール上位入賞作品

同輩の何人かは落研を辞めていた。私は彼らを「根性無し」と見下げる一方、昼寝を満喫できて羨ましいとも思った。週に三回の練習に行くのが億劫になっていた。

そんなある日の練習の時、私のそばで後輩を指導していた部長の李さんは「また同じ所を間違ったよ。昨日ちゃんと暗唱したの。王さんみたいによくミスをしてはだめだよ」と後輩の金さんを叱った。私はその言葉を聞くことを引き合いに出すの。関係ないじゃない。私の先輩としてのメンツが潰れちゃうじゃない。私のことをばかにしているの」と李さんに畳み掛けた。静まり返った雰囲気にバツが悪くなり、部室を飛び出した。皆の前で大騒ぎを起したので部に行き辛くなり、そのまま退部しようと考えた。

練習に行かなくなってから、久しぶりにのんびりした生活を楽しんだ。しかし、同時に何かを失ったという感じがずっと付きまとった。また退部届けを先生に出し辛くて、心が重かった。

一週間後、李さんから長いメッセージがきた。この前、不適切なことを言ってしまった、謝りたい。入部時に先

生が言った「初志貫徹」の部訓を思い出してほしい。次の落語発表会で一緒に高座に上がろう。他の部員も私のことを待っているという内容だった。

涙が出てきた。そう、「初志貫徹」だ。私はなぜこんな大切な言葉を忘れていたのか。先生や仲間の期待に背いてしまう。何より自分に。

李さんと和解して落研の練習に復帰した。仲間も私が戻ることを快く迎え入れてくれた。私は改めて落研の大切さや仲間との絆を深く感じた。前にも増して気合いを入れて落語の練習をした。三年目の春に先生に二つ目から真打ちに格上げしてもらった。嬉しいと共に重い責任も感じた。

そしてついに私達は落語発表会で力を出し切った。皆から大きな拍手をもらった。私は言葉にならないほど嬉しかった。こうやって高座に上がれたのは「初志貫徹」のおかげだ。

私の落語を見て、二年前の私のように感動し、今の私のようになりたいと思った後輩がいるかもしれない。後輩達も「初志貫徹」を忘れないでほしい。

（指導教師　森本卓也）

141

★三等賞　テーマ「中国の若者が見つけた日本の新しい魅力」

中国の若者が見つけた日本の新しい魅力

浙江工商大学　呉希雅

日本人は、全く必要がないことを真面目にやるとよく言われる。例えば、外食するときに注文したものを必ず全部食べる、電車の中で話さないというようなことである。中国の若者の私にとって、食事は好きなだけ食べ、電車に乗れば友達と話すのが当然だと思っているので、日本人のそうした行動はよく理解できない。

日本に対して、日本人に対していろいろ不思議に思うことがあったが、日本へ短期留学した際に、考え方が変わった。住宅街にあるコンビニでアルバイトをした時のことである。コンビニの店員の仕事はそんなにきついものではなかったが、その中で嫌だなと思う仕事もあった。

それは一日に三回トイレの掃除しなければならないことだった。毎回の掃除が済むとノートに記録する必要もあった。あまり納得できない気持ちでトイレ掃除を始めた。中国ではコンビニにトイレがなく、もしあったとしても掃除はせいぜい一日に二回である。そもそもこの住宅街でコンビニのトイレを使用する人はあまりおらず、トイレが汚れることもほとんどなかった。汚れてもないトイレをなぜ三回も掃除する必要があるのか、という思いだった。私は怠け始めて、一日に二回しか掃除しなくなった。掃除の時間になると、トイレでのんびり携帯を弄っていた。ところが、そういう怠慢はいつか発覚するものである。ある日、近くに住むおばあさんがトイレに入り、そして不機嫌な顔で出てきた。おばあさんは一応店員にお礼を言って帰ったが、店長は何かに気づいたようだった。その様子を見て私は慌ててトイレに行った。案の定、トイレットペーパーが散乱し、床も汚れていた。これは大変だと思った。予想どおり店長に叱られ、どうしてちゃんと掃除しなかったのかと言われた。私は黙って小さくなるしかなかった。この事件をきっかけに私の考え方が変わった。日本人ってなんか変だなと思っていたが、

142

変なのは私の方だった。意味のないこと、意味のない仕事と思えるものにもちゃんと意味がある。意味があるかないかはその日その時の場面だけで判断するのではない。つまり短期的な利益ではなく長期的な利益を見通す必要があるのだ。トイレ一つで信頼を失うことになりかねない。常に清潔を保ち続けなければならないのだ。だれも見ていないところでも毎日の仕事を丁寧にやり続ける、そこに日本人の良さがあるのだと悟った。

これ以外にも、トイレについていろいろ発見があった。日本人ならではの創意工夫に気づかされた。トイレットペーパーは水に溶けるように作られていてそのまま流せるので、臭いなど不快な思いをしなくて済む。女性のことを考えて公共トイレにも化粧専用スペースが設けられている。一番驚いたのは音姫という機能だ。これは女性のデリケートな女心に応えるだけでなく、プライバシーも守る。つまり人間の尊厳を守ることだと私は感嘆した。そのような行き届いた心遣いが人々を感動させるのだと思う。そういう人間的デザインがあるからこそ、日本のトイレの清潔さは世界でも有名なのだろう。その日本人独特の心遣いを実際に人々に届けることができるのは、

日本の職人精神があるからであり、その技術によってですばらしい製品が次々に作りだされるのである。

日本は必要のないことばかりをして、性格も非常に頑固だ、という最初の印象は完全に覆された。注文したものを全部食べてしまうというのは、食べ物を無駄にしたくないからである。電車の中で話さないというのは、他人に迷惑をかけたくないからである。日本人の行き届いた心遣いは、人間の尊厳を守り、周りにいい印象を抱かせる。つまり、今この瞬間には意味がなくても、長い目で見れば大きな意味があるということを日本人はみんな知っているのである。そこが世界からも称賛される日本の魅力なのである。

私は日本の新しい魅力を発見した。

（指導教師　賈臨宇、岡田重美）

★三等賞　テーマ「中国の若者が見つけた日本の新しい魅力」

日本人の「三国志熱」

斉斉哈爾大学　顔　坤

最近たまたま「英雄たちの夜明け」という題名の歌を聞いた。そして『三国志』という日本のアニメを思い出した。そのアニメは中国の三国時代についてのもので、有名な小説『三国志演義』に基づいて、「英雄たちの夜明け」「長江燃ゆ」「遥かなる大地」の三つの部分に分かれている。その三つは蜀漢の歴史を主に三国の変遷をたくみに語っている。くわしく戦闘の激しさを描きながら、人物の性格と英雄の姿も生生しく描いている。本当に立派なアニメだと思う。

雑誌「週刊文春」は二〇〇五年に、日本人が一番尊敬している世界の百人について調査した。結果は、中国人で挙がったのは諸葛孔明と孔子だ。諸葛孔明は二十八位、孔子は八十七位だった。日本人は諸葛孔明を敬愛している。なぜなら、日本人は「優秀な才能を持って忠誠を尽くす悲劇の英雄」という人物像が好きだから。

三国時代の文化と日本文化のつながりを考えてみると、似ている点がある。日本文化においては、忠君愛国の思想は大切なことだ。三国の武将は自分の主君に忠誠を尽くすことがよくある。その忠実さが好きなのだ。一方で、三国時代には規模の大きな戦さがあって、その激しさが人をひきつけている。「その時代にいればよかったな。英雄になりたいものだ」と思うことがきっとあるだろう。このようにして、その時代の英雄も人々のアイドルになったと思われる。

日本の作家吉川英治は、一九四八年に『三国志演義』を踏まえて小説『三国志』を発表した。吉川『三国志』は、原作を踏まえながら書き換えて、すばらしい小説になった。そして『三国志』は日本でさらに人気を得た。

吉川『三国志』から三国志についての漫画やアニメやゲームなどがいろいろできた。特にゲームは、現代になって日本人ばかりでなく、ほかの国の人にも大歓迎されて

独特な文化を作った。身近な例をあげれば、カレーとギョーザである。カレーは、昔インドからイギリスを経て日本に伝来した。それから日本人はカレーの作り方を改良して、いろいろな味のカレーを作り出した。そして最終的にカレーは日本の特徴的な飲食文化になった。ギョーザは中国の伝統料理である。中国ではギョーザの伝統的な作り方はゆでた水ギョーザだ。しかし日本では、炒めたらもっとおいしいと思ってギョーザを炒めた。ギョーザも日本の独特な料理として中国にも知られるようになった。日本人の三国志に対する態度も同じだ。他人の長所を学び、消化して自分のものにするようになった。カレーから三国志まで、日本の魅力はまさしくこれだと思う。

（指導教師　若林一弘）

いる。たとえば、「真・三國無双」ゲームシリーズの作品は、今まででもう四百五十万部以上買われているという。とても人気がある作品である。このような作品はまだたくさんある。中国人もそれらの作品を愛好している。

多くの中国の青年は、日本の三国志ゲームをしたことで、三国志の本を読みたいと思うようになった。三国志の物語を改めて整理して、もっと理解しやすいような形式にした日本の先輩たちに「ありがとう」と感謝したい。

実は今、中国の若者たちはスマホとコンピューターに溺れるばかりだ。中国の伝統文化にまったく興味がない。歴史についてのゲームに伝統文化の重要性を感じるというのは時代の哀しみではないか。ある人が京都大学で学生にテストをしたと聞いた。テストの内容は、ランダムに学生たちに三国志のあまり有名ではない武将の名前を質問することだった。驚いたのは、質問された学生たちはすぐ答えた。それは、日本人がもう三国志を自分のものにしていること表している。それが日本の魅力となっている。

日本人は優秀な外来文化を自分のものにするのが得意である。たくさんの文化を吸収し改良して、自分たちの

★三等賞　テーマ「心に残る、先生のあの言葉」

私と交換ノート

江西農業大学南昌商学院　王　競

「何でもいいから書きなさい！」と優しく言う森本先生の声が私の頭の中に蘇ってきたのは、私が寮で部屋の掃除をした際、戸棚の中から特別なノートを見つけた時だ。

まだ一年生の頃、何をやってもうまくいかず心がもやもやしていた私は、外国人教師の森本先生に愚痴をこぼした。日本語が難しくてなかなか上手にならないこと、大学の共同生活に色々不満があることなど、大きな岩に道を妨げられているような気持ちを伝えた。しかし、どう解決したいのかと聞かれても、私自身も分からなかった。「じゃ、ノートに書きなさい。何でもいいから書きなさい。日本語で」と先生は言った。「しまった！」。ま

た面倒なことが増えてしまったと思い、最初私は乗り気ではなかった。しかし、約束したので一応書いて、次の日にノートを先生に出した。

ノートを取りに行くと、私が書いたページの一面が真赤になって返ってきた。そこには間違ったところが全部書き直されていた。更にノートの余白にも私が書いた文章に対するコメントもあった。また同時に、こんな手間のかかることまで書いてくれるなんて、とても真面目な先生だなと感心した。そしてノートを書き続けることにした。

「何でもいいから書きなさい」という言葉から始めたノートのやり取りが、知らず知らずのうちに、私の日本語のレベルを少しずつ上げていることに気付いた。その上、何だか毎日の生活に張り合いが出てきて、次にどんなコメントが返ってくるだろうと期待するようになった。いつの間にか勉強や日々の生活の不満がどこかに消えていた。回を重ねるごとに積極的になった。

三年生に上がる前の夏休み、私は日本語の家庭教師のアルバイトに挑戦した。生徒は日本に留学する予定の女子高校生だ。とても大人しくて寡黙だ。家庭教師を始め

て一週間過ぎたが、私たちはなかなか打ち解けられなかった。どうやってこの授業の気まずい雰囲気を破ろうか、どう彼女と良い関係を築こうかと私は色々考えを巡らした。話が弾まないなら、せめて文章を通じて交流ができないかと考えた。そうだ。交換ノートをしよう。「何でもいいから書きなさい」。以前先生に言われた一言が不意に蘇ってきた。森本先生の方式を借用することにした。次の授業の時、プレゼントと称して生徒に一冊の真新しいノートをあげた。勉強のことでもそれ以外のことでも何でもいいから日本語で書きなさい。もっと知り合いたいからだと、ノートの最初のページに書いておいた。

しかし、次の回の授業になってもそのノートは返って来なかった。その日、私は敢てそのことに触れなかった。そしてその次の回の授業が終わった後、そのノートが返ってきた。私が書いたメッセージの下に、書こうか書くまいか迷ったが、私の好意を思うと、書くことにしたという返事もあった。

この新しいノートを通じて、この生徒は日本語のレベルを高めるだけでなく、心のもやもやを晴らすことができた。そして、私も彼女の本音を知れた。「何でもいい

から書きなさい」という一言をきっかけに、私の生徒は交換ノートを書き始めてくれた。その夏休みの間、彼女は相変わらず寡黙だったが、交換ノートの中では心おきなく考えを述べてくれた。私はこの過程で教師としての可能性と責任感を強く感じた。

家庭教師の最後の日に「いつも熱心に教えてくれてありがとう。これからも日本語の勉強を続けます。日本に行ってもウィーチャットでこの交換ノートの続きをしましょう」と生徒に言われた。

森本先生とのノートと生徒とのノートの黒字と赤字のコントラストは、まるで花が私の心に鮮やかに咲き誇っているかのようだ。

卒業した後は、私は日本語の教師になりたい。学生のことをよく理解して、日本語の授業を続けたい。「何でもいいから書きなさい」と言ってより多くの学生と交換ノートを通じて日本語を教えてあげたい。そして、一生懸命、教師として責任を持って頑張れる先生になりたい。

（指導教師　森本卓也）

147

★三等賞 テーマ「心に残る、先生のあの言葉」

四度目の涙

渤海大学　洪　梅

正直に言えば、私は大学に入学してすぐ、優等生から劣等生になってしまった。大学一、二年生の頃は、成績はずっと下から数えた方が早かったのだ。

高校時代まで私は英語にすごく興味があり、自分の英語の成績を自慢していた。あの頃は「大学へ行ったら、必ず英語を専攻する」と信じて疑わなかった。しかし、色々の事情があり、現在在学する大学の日本語科に入ることになってしまった。日本語に興味さえもなかったのに。

多分、自分の心の中で日本語に抵抗していたのだろう、先生の授業が全く分からなかった。一年生の一学期が終わった時、私は平仮名片仮名さえも覚えていなかった。先生に指名され中国語から日本語に通訳する時、英語を喋り出してしまったことさえあった。大学へ進学する前の私は、ずっと学年でトップだった。自分が劣等生になるなど、想像したこともなかった。一年生の私は考え方が幼稚で、自分の選択に責任を持っていなかった。文句ばかりだった。

しかし、二年生になった私は、自分の成績が気になるようになった。ちょっとくらいは頑張ろうかと思い努力を始めたが、成績は中々上がっていかなかった。あまりに基礎が抜け落ちていたからだろう。「大丈夫、大丈夫。卒業さえすれば、両親の手助けで必ず就職できる」と思い怠けていた。

そんな二〇一六年十二月二十八日、急にうちから連絡が来た。それは、父が事故で入院したと告げるものだった。父はひどい怪我をしたので、手術を受けなければならなかった。幸い手術は成功したが、その後仕事が全然できなくなり、母が一家の大黒柱となった。父の高い治療費用、私と弟の学費が母の肩に圧し掛かった。当然、うちの状態がひどくなってしまった。こんな最悪の状況

になって、私はやっと「こんな悲しくて辛い状況の時こそ、自分で頑張らなきゃ」と気付いた。

それから、私は授業にも出席し、毎日夜遅くまで図書館で自習し、更にアルバイトも始めた。本当に辛かったあの頃。成績が落ち過ぎたせいで自分に自信が持てなくなり、いくら努力しても、ほとんど変化が見えなかった。悪循環に陥っていた。

ある時、張先生の授業でスピーチの小テストがあった。私は準備していたにも関わらず、皆の前に立って話し始めた途端、覚えていた原稿を全部忘れてしまった。緊張し過ぎたためか準備不足のためかわからないが、涙も出てきた。私は「また失敗してしまったのか。初めてのスピーチは、こんなのか」と自分自身を疑った。私は心底駄目なのか」と自分自身を疑った。初めてのスピーチは、こんな恥ずかしい結果で終わってしまった。

その後、私は張先生に呼ばれ、色々と話し合うことになった。私は張先生に伝えた。張先生は「いい子だと信じているよ。頑張ってね」と、励ましてくださった。「今の成績は酷いものです。でも、頑張りたいんです」と、気持ちを伝えた。張先生は「いい子だと信じているよ。頑張ってね」と、励ましてくださった。こんなにちっぽけな私を、先生は気に掛けてくださっている、それだけで私は嬉しかった。

ある日、偶然会った張先生に、食事に誘ってもらえた。

ご飯中、正直に実家の状況を話した。父が事故に遭ったこと、学費を払えるような状況ではなくなってしまったことだ。先生は聞き終えると、箸を下ろして「これからは、安心して勉強しなさい。お金のことは心配しないで、私に任せて。洪梅は一人前になれると信じているから」と言ってくださった。私は、張先生の前で三度目の涙を流していた。その時私には百二十六元しか残っておらず、アルバイトのお給料を待っているところだった。

張先生にお世話になることで勉強時間を増やすことができ、成績もだんだん上がった。私は自信を回復できた、「通訳になる」という夢を持つこともできた。私を信じてくださった張先生に報いるために、恩返しをするために、これからももっと頑張っていかなくてはならない。私が一人前の通訳になれた時、張先生と一緒に四度目の涙を流したい。四度目の涙は、心からの嬉し涙だ。

（指導教師　田中信子）

149

★三等賞　テーマ「日本の『中国語の日』に私ができること」

日本の「中国語の日」に私が伝えたいこと

菏澤学院　陸恵敏

「陸姉ちゃん、見に行く準備できた？」

「はい、はい、すぐに食べちゃうよ」

「小さい椅子を持っていくの、忘れないでねぇ」

今も、この情景がまざまざと心に浮かんできます。

私の故郷は福建省の小さい村です。小学四年生まで、ずっとそこで暮らしていました。若者は町へ出稼ぎに行くので、村には老人と子どもだけが残ります。交通が不便な村にわざわざ来る人はほとんどいません。しかし、毎年、必ずある決まった四、五人のグループが村を訪れます。彼らはマリオネットを操って演じる旅芸人です。マリオネットは福建省の南の地方に伝わる娯楽演芸で、

今まで二千年以上の歴史があります。大都市の人々は（なんだ、そんなもの）と思うかも知れませんが、外との交流が少ない村民にとっては、一年のうちでも珍しくてワクワクする一大イベントでした。

家の近くに、以前シイタケを栽培していて、今は材木置き場になっている広い空き地があります。マリオネットは例年ここで、夕方六時半頃から演じられるのです。子どもたちは急いで夕食をとった後、友達と一緒に小さい椅子を持って、まず舞台の真正面に座ります。もちろん、芝居が一番よく見える場所だからです。臨時に設営した舞台では、唯一の薄明るい照明が糸操りを照らしています。幅二メートルくらいの舞台は上下二つの部分に分けられ、下の部分は暗紅色の布が掛けられています。

さあ、いよいよ人形芝居の始まりです！ 二人の旅芸人は暗紅色の布の後ろに立って、マリオネットを操りながら、台詞を言ったり歌ったりします。ほかの旅芸人は楽屋で音楽を奏でて、劇を盛り上げています。

マリオネットは多くの糸で操られていますが、その全ての糸は掌にすっぽり収まる小さい板に掛けられます。人形遣いたちがその板を掌に握って、指で糸を器用に動

かしたら、マリオネットはまるで生きているように歌い、舞い、物語を演じます。暗い照明の下、みんなの視線が食い入るように歌うマリオネットに集中します。

演技の時、人形遣いたちは福建省の方言を使います。ほとんど閉ざされた村で暮らしている人たちにとって、その方言は普通語（標準語）よりもずっと親しみを感じる言葉なのです。

周りの大人たちがそのマリオネットの物語をあるだ、こうだと解釈している間、私たち子どもに並んで座って、人形が表現する物語の世界にすっかり浸っています。たまには、大人の会話の横から、「あの人形、本当にすごいね！」などと口を挟むこともあります。

夢中で観た人形芝居が終わった後、私はいつも、歳の離れた叔母と一緒に、名残惜しみながら家に帰るのが習慣でした。私は小学四年でその村を離れましたが、その人形芝居の場面は今もありありと覚えています。

叔母に聞いた話ですが、旅芸人たちはもっと、ずっと昔からその村を訪れていたそうです。叔母さんが小さい時、中国はまだとても貧乏で、旅芸人たちを招待できるのは、ただお正月だけでした。当時、村にはまだ電気が

通っていなくて照明はランプだけです。だから夜になると、辺り一面真っ暗な空き地にランプの灯りをつけて、マリオネットを見ました。叔母さんは、その情景は一生忘れられないと言います。小さな子どもだった叔母の記憶と、小学生だった私の記憶は、四十年の歳の差を超えて、忘れられない感動を分かち合うことができるのです。

もし日本で「中国語の日」を開催するとしたら、私はこの人形芝居を日本の皆さんに紹介したいと思います。

現在、この人形芝居は中国の無形文化遺産になっていますが、それ以上に、これは私や叔母の大切な宝物の記憶であると同時に、福建省の民衆たちの二千年の記憶です。

そのマリオネットの芝居を観れば、そのストーリーの楽しさはもちろんのこと、演ずる人形や人形遣いたちを媒体にして、何代にもわたる中国福建省の民衆の生活の喜びや愛が、日本の皆さんの心を温かく包むに違いありません。

（指導教師　田中弘美）

★三等賞 テーマ「心に残る、先生のあの言葉」

心に残る、先生のあの言葉

華中師範大学　賀佳瑤

「いじめている人間が強い人間じゃない。人間として、一番弱い、一番醜い。そういう暴力的な人間を強いと勘違いしているところに、いじめの根源がある」。大学の先生のその言葉は、一生忘れられないものだ。

なぜ先生がそのようなことを言ってくれたのかというと、私が小学校五年生の時に遡る。

五年生の時に、マリーちゃんという子が転校してきた。お父さんが中国人で、お母さんがアフリカ人といういわゆるハーフだった。初めて見る彼女の黒い肌や真っ白な歯と巻き髪、幼い私たちにとっては、とても特殊な存在に思えた。

中国語を少し聞き取れるがほとんど喋れないという彼女は、自分の意思を上手く伝えることができない。かつ、周りの純粋な好奇心も、本人には痛いほど突き刺さる。そうしているうちに、彼女は人と話すことを恐れるようになった。「子供は、一番無知だから一番怖い」という言葉の通り、いたずらっ子たちが、とうとうマリーちゃんをいじめ始めた。

ある日、隣の席の男の子に一枚の紙を渡された。「黒い肌の化け物に渡せ」と。私はマリーちゃんの後ろの席だった。なんだかいやな予感はしたが、言われた通りに紙を渡した。ただ、言われた通りに。しかし、マリーちゃんの震える肩を見て、「あ、ひどいことを書かれたんだなあ」と不安を感じ始めた。今まで、いたずらっ子たちのしていることに対して、見て見ぬふりをしていたが、今、自分も協力している。私は「傍観者」から「加害者」になってしまったのだ。罪悪感を覚えた。これまでの、「見ているだけ」にも罪があったのではないか。結局、謝ることもできないまま、マリーちゃんはまた転校してしまった。

もし私が大学でいじめにあっていなければ、記憶に眠

第14回 中国人の日本語作文コンクール上位入賞作品

っていたマリーちゃんのことを思い出すことはなかった
だろう。しかし、私は初めての寮生活に慣れず、ルーム
メイトとのいい関係もうまく作ることができずにいた。
寮にいるときはただただ苦痛だった。その状況は一層悪
くなった。ルームメイトたちは、私を無視して寮で談笑
したり、私が寝ているときにドライヤーを使っていたり
もした。他の友達の話によると、私にあだ名も付けてい
たそうだ。「黒い肌の化け物」ほどひどくなかったが、
十分に私を傷つけるものだった。自分が悪いからいじめ
にあったのではないか、と毎日苦しんでいた。

そんな孤独な私を救ってくれたのが、日本語の先生だ。
私の悩みを聞いた後、先生はあの言葉を言ってくれた。
「いじめている人間が強い人間じゃない。人間として、
一番弱い、一番醜い。そういう暴力的な人間を強いと勘
違いしているところに、いじめの根源がある」と。それ
は、私の心を大きく動かす言葉だった。一つの言葉に人
を救える力があると感じた。

私は実際にその言葉に救われ、自分を責めることをや
めた。一歩踏み出すことができた。私は、寮を変え、新
しい生活を始めた。

"こういった醜さや、弱さに直面したとき、怖がらず
にもっと堂々と向き合おう。自分を強くすればするほど、
醜さと弱さを消していける。それが、美しい光となる。"

それ以来、自分を磨きたいと思い、強い人間になりた
って、インドのボランティア活動に参加した。他国から
来たボランティアたちと生活を共にし、新しい友人もた
くさんできた。地元のインド大学を訪問して様々な地元
の文化と習俗を学んだりもした。自分を反省し、自分も
もっと広い心で違った世界、文化を受け入れることがで
きた。この二カ月を通して、新たな美しい光を見つけた
気がした。

先生の一言に救われ、私は新たな人生を歩きだした。
先生には、感謝の気持ちでいっぱいだ。先生のその言葉
を肝に銘じて、「いじめ」のない世界が来るように、祈
り続け、そして貢献し続けたいと思う。

（指導教師　安部智子、張成）

153

★三等賞 テーマ「中国の若者が見つけた日本の新しい魅力」

中国の若者が見つけた日本の新しい魅力

暨南大学　鄭瑞瑛

日本は魅力で溢れている国だ。世の人々に夢を売るアイドル文化や、世界に食のすばらしさを伝える日本料理、わびさびにおける物の哀れの美しさ等々、日本文化は多方面に渡ってその名を轟かせている。

そんな色とりどりの文化を兼ね備えた日本において、最近私は、新たな魅力を発見した。それはずばり、日本の経営理念だ。

昨年、機会があって日本の洗濯工場へ見学をしに行くことがあった。

見学の当日、私は気持ちを高ぶらせて、車に乗り込み、工場へと向かった。ところが、目的地に着き、車から降りて目の前に広がった光景を見て私はいささか失望した。目の前に現れた工場は、ある二階建ての建物で、敷地面積はおよそ六百平米の一棟だけであったのだ。一般的に中国における洗濯工場の敷地面積は一千平米以上がほとんどなのだが、この工場を見た私は、果たして見学する必要はあるのかと思った。そんな思いを抱きつつ、工場内へと足を踏み入れた。

工場の中はどこもかしこも、服がかかってあり、見た目は、缶詰状態でぎゅうぎゅうだった。そんな狭いスペースで三人だけが働いていた。彼女らは、自分の場所から一歩も離れることなく、黙って作業を進めていた。工程としては、簡単なものであったが、中国のやり方と比べ複雑さがなく、生産性が高いように感じられた。後から社長の話を聞くと、シーズン時の従業員数も中国と比べ、極端に少ないことが分かった。

床面積が小さいにも関わらず、生産性は高い。「なぜ中国の生産性は日本よりも低いのか」「生産性による問題なのか」「しかし、今の経済状況なら中国の企業も十分に先端技術を搭載した機械が買えるはずだ」。そう思いながら、日本の経営者と交流した後、私はある些

末なことに気が付いた。

まず一つ目に服の細かな分類だ。中国ではいつも工場での分類となっているが、日本ではまず、クリーニングのお店でお客さんから服を預かったら、分類基準に準じて服を分けている。この時点ですでに工場で分類する手間が省かれ、直接種類ごとに異なる洗濯マシーンで洗うことが可能となるのだ。

二つ目は、シャツの洗い方だ。洗濯前にバラバラであったシャツも、洗濯後にはみな一つに絡まった状態となる。そうすると、一つ一つ解く作業が必要となる。この点において、工場ではシャツを十着ごとに紐で結んで洗い、シャツの絡まりを防いでいる。わずかな工夫ではあるが、残念なことに今の中国ではまだこの方法は編み出されていない。

今回の見学を通して、日本の経営理念は、利益の生まれないところはとことん削ぎ落とし、シンプルかつ高効率で回転させることが必要とされているように感じ、とても恐れ入るものを感じた。所々で工夫を加えることによって、資源の無駄づかいが削減され、さらに管理の精度も高くなり、効率も向上することが可能となるのだ。

今まで、「どうして中国はこの面において他国とかけ離れているのか」と思っていたが、この問題の鍵となるのは、思いやりという気持ちがあるかどうかであるように感じた。「どのようなものを作れば、お客さんは気にいってくれるのか」「どの方式を採用すれば、従業員は低労力で高効率を生み出せるか」が大切だ。お客さんと従業員に対してこのような思いやりはサービスを向上させるうえで、必要不可欠で、生産性も上がるのだ。

現代社会では、どんどん多様化しており、また、多方面にわたって利益を得ようとどんなものにも手を付けたがる人が増えている。しかし、多芸は無芸という言葉があるように、一つのことを極めようとしなければ、時期が経てば一切は台無しとなる。そのため、成功を収めたければ、日本の経営理念のように、これと決めたら、その道を最後まで極めるのがやはり現代社会において一番求められることではないだろうか。これは日本の経営理念が私に教えてくれた日本の新しい魅力だ。

（指導教師　下堂薗朋美）

★三等賞　テーマ「心に残る、先生のあの言葉」

心に残る、先生のあの言葉

凱里学院　趙玲玲

小学校以来、たくさんの先生に会った。でも、最も印象的なのは私の大学の日本語の先生である。

先生は日本人で、中国で十八年くらいも暮らし、中国のたくさんの地方に行ったことがある中国通である。二年間にわたりたくさんのものを教えていただいた。ある時、先生は授業中に日本という国について、「今の日本は昔の日本ではない。民主国家日本国と大日本帝国との違いである」と言ったことがある。この言葉はどんな意味を持っているのだろうか。今回はこの言葉の意味について述べていきたい。

周知の通り、現在日本と中国との関係は曖昧である。「恨み」とまでは言えないが、歴史的な問題で「かなり友好的な関係だ」とは言えないだろう。しかし、また同時に近い国同士なので往来が絶えず、両国の文化は互いに影響しあっている。たとえば、日本の車もアニメもその質は高い。だから中国でとても人気がある。一方、日本はお茶の文化と漢字など中国の文化を受け入れている。総じて言えば、両国は本来昔から親密な関係があって、「一衣帯水」の国同士なのである。

実は、私は日本語を勉強する前には、日本のことを嫌っていた。大学の合格通知書を受け取って、自分の専攻は日本語と決まったことを知り、大学に行きたくなかった。高校に戻って、もう一年の勉強を通して新しい大学を受験したいとさえ思った。しかし、大学生になった以上、日本語を勉強するしかなかった。

それで、今の大学に入って日本語をいやいや勉強し始めた。一年生の時、私の考えは、入学前とまだ少しも変わっていなかった。

ある日、先生は私に「日本はどのような国だと思うか」と聞いてきた。私は答えられなかった。一年間日本語を勉強しても、日本も日本語も理解できなかったので

156

第14回 中国人の日本語作文コンクール上位入賞作品

ある。ぜんぜん日本語学科の学生らしくなかった。先生は、続けて「今のたくさんの人は日本が嫌いだから日本のことは知りたくないと思っている。こんな態度は進歩を妨げる最大の要因だ」と言った。私はまさに「こんな態度の人」だったのである。

そのあとに「例えば、今の日本は昔の日本ではない。民主国家日本国と大日本帝国との違いである。みんなはこのことを知っているかな」という言葉が出てきたのである。私はこの言葉が気にかかり日本の歴史を調べてみた。先生の話は本当だった。その通り。日本は敗戦後全く新しい国に生まれ変わったのである。ところが、以前の私を含めた多くの人は、今の日本の様子を何も知らないで、「日本は悪い」とひたすら言う。日本に対する印象がずっと戦争の時代にとどまっているのである。どんな国家も何十年も過ぎたなら、長い年月を経てたくさんのことが変わってしまうだろう。それなのに、なぜ人間の考えはずっと変わらないのか不思議である。

それは日本人も同じだ。日本の中国侵略を今でも認めない日本人もいて、「日本は戦前も戦後もずっと変わらず素晴らしい国だ」と思っているのだ。しか

し、先生はこのような日本人とは全く異なり、歴史の問題については、率直に中国侵略という真実の歴史を認め、同時に多くの日本人がその歴史を反省し新しい民主的な国造りを始めたということを私たちに教えてくれたのである。

そして、こんな先生の歴史に対する客観的な態度に私はたいへん影響を受けた。日本を誤解している人たちに「まず理解したあとで好きか嫌いかと言ったほうがいい」とさえ説得できるようになったのである。この世の中のどんなことも変化するはずである。同様に私たちの考えも時代の発展とともに変わるはずだ。だから「ある時代のままの印象」を持ち続けるという行為は愚かと言うほかはない。

心に残る「今の日本は昔の日本ではない」という先生の言葉は、私にこのような思想の転換を促してくれた。これからは、先生のこの言葉を心にとどめてさらに日本語を勉強して本当の日本を理解していきたい。

（指導教師　楊麗英、中野英夫）

★三等賞 テーマ「中国の若者が見つけた日本の新しい魅力」

「美味しい」——魔法の言葉

大連海事大学　王明丹

数多くの美食、多元的な文化、桜、着物などのような、日本の魅力を感じられる物事は数え切れないほどだ。私は、日本語を勉強することで、日本の新しい魅力を見つけた。

それは、日本の人々が感謝の気持ちを言葉で伝えることだ。例えば、日常的に使われている極普通の一言、「美味しい！」という言葉。この簡単に思える言葉は、私に深い意味を教えてくれたのだ。

以前の私は、感情を表すことがとても苦手で、その重要性を意識していなかった。例えば、私に寄り添ってくれ、いつも助けてくれる友人に対して、心から感謝していたが、振り返ってみれば、「ありがとう」を言った記憶が、ほとんどなかった。もちろん、家族に対してもそうだった。

しかし、日本のドラマやバラエティー番組などを見ることによって、日本の人たちが食べ物を食べると、目をキラキラさせて、必ず「美味しい」「うまい」と伝えることを知った。なぜ、日本人はこの習慣を持っているのかと調べてみた。日本人が「おいしい」や「いただきます」などを言う習慣は、感謝の気持ちから由来したという考え方があったのだ。まずは料理を作ってくれる人に感謝する。食事は、生の食材から調理され、食べ物になる。その中には、料理を作る人の愛と苦労が含まれている。このような人に対して、感謝しなければならない。

そして、食物そのものに感謝する。この世には、お腹を空かせている人がまだまだ多い。ある調査によると、世界では、六秒毎に一人の子どもが飢えのため亡くなっているそうだ。その反面、毎日、飢餓の心配をしないで済む私たちは、日々感謝の心を持って生きるべきだ。そして、その感謝の気持ちを言葉で伝えることが大切だと思う。このことを知った後、食べながら「美味しい！」と言っている日本人の姿が、ますます魅力的に感じた。

その後、いつの間にか、私もこの習慣が身につき、家にいるとき、ご飯を一口食べると、思わず母に「美味しい、さすが!」と褒めまくる。母は、照れながら、「いつも、そんなに言わなくてもいいのよ」と返事をするが、その満面の笑みをみると、私の感謝の思いが伝わったと感じられる。いつも当たり前の存在だと感じていた人に対して、また、物事に対して、感謝の気持ちを言葉で伝える重要性を、「美味しい」という言葉が教えてくれたのだ。

今までは、「以心伝心」という言葉のように、感謝の心を伝えなくても、気持ちは通じると思っていたが、素直に思いを伝えることで、自分の心が相手の心に届き、家族の愛情も、友情も深まっていくとわかった。感謝の気持ちを伝えることは、人に幸せを与え、人の心を変えていく力があるのだと気づいた。

日本語を学び始め、好きになった「美味しい」という言葉は、みんなの心と心を結び、笑顔にする、日本の新しい魅力で、「世界共通語」と成り得るだろう。日本語を勉強している若者として、日本を知り、様々な魅力を体験する機会がある。この上で、私たちは、何

をするべきだろうか。「取長補短」(他人の長所を見習い、自分の短所を補う)という言葉のように、まず、その魅力を通して、日本の優れたところを学び、自分の足りないところを埋め合わせるということだ。そして、自分が見つけた日本の魅力を身近な人に伝える。多くの人に日本を理解してもらえれば、日本に対する先入観を変えることができるはずだ。

「感謝の気持ちを言葉で伝える」という日本の新しい魅力から学んだことは、一つ一つの言葉には魅力があり、その言葉を大切にすることは、心を大切にすることにも繋がっているということだ。これからも、思いやりの言葉で、周りの人達を励まし、勇気づけていきたい。そして、四年間学んできた日本語、また経験から、ささやかなことを自分の日常生活に取り入れていくことで、それが、中日友好の貢献に繋がっていると信じている。

(指導教師　森下朱理)

★三等賞　テーマ「日本の『中国語の日』に私ができること」

日本の「中国語の日」に私ができること

広東外語外貿大学南国商学院　陳泳琪

ある週末、日本人の先生と一緒に市内へ遊びに行った。タクシーに乗った時、私は先生と日本語で話していた。その姿を見てタクシーの運転手は「あ、日本人！　中国へようこそ」と言った。先生は中国語があまり上手ではなかったので、私が通訳しながら、運転手と話し始めた。話の中でその運転手が酒造会社を営む傍ら、週末にタクシー運転手の仕事をしているということが分かった。「酒」という言葉を聞き、先生はすぐに興味津々になった。先生は大の酒好きで、運転手もそんな先生のために饒舌になった。先生は広東地方独特の酒である「赤米酒」を紹介した。そして先生に広東地方独特の酒である「赤米酒」を紹介した。言葉が上手く通じ

ず、コミュニケーションも難しいが、お互いに大好きな酒の話ができて、二人はとても嬉しかったそうだ。そして私は、「日本人にあまり知られていない中国の文化をもっと紹介したい」と思った。

中国と日本は一衣帯水の隣国である。古代から現代に至るまで、活発な交流が続いている。時が経つにつれ、中日両国の関係は徐々に深まってきている。現在、両国の友好交流のおかげで、中国に来る日本人は増えてきている。しかし、日本人にとって中国語を学ぶことは難しいようだ。さらに、中国文化に興味を持っていても、中国語が話せないと、深く知ることができないこともある。「中国語の日」は、そんな日本人のため、深く中国を理解できるチャンスを提供することができる日である。これはさらなる中日友好交流に役立つものである。

夏休みのある日、私は家の近くの赤米酒の酒造工場に見学に行った。タクシーの運転手の話を聞いてから、自分も赤米酒や中国の酒文化についてあまりよく知らないと思ったからだ。広東省は中国の南部にあり、米作りが盛んな地域である。そして酒造りも地域に根付いている。日本酒と違い、赤米酒は広東省ならではの赤米で造る酒

である。赤米酒は赤米の独特の味わいが上手く表れており、香りがよく、口当たりもいい。赤米酒を飲むと、昔の広東人の知恵に対して拍手を送りたくなる。また赤米酒は飲み物だけではなく、料理の食材としても使用でき、焼き鳥などの広東料理にも使われる。このような赤米酒の魅力は、中国同様に長い酒文化を持つ日本人に対しても、胸を張って伝えることができるものである。

唐詩の中に「今朝有酒今朝酔」という言葉がある。悩みをしばらく忘れ、お酒を楽しむことを勧める、という意味だ。中国にはお酒で客をもてなすという習慣がある。そのため、私は「中国語の日」に、日本から来た日本人を「赤米酒」の酒造工場に招いて、中国の酒文化を紹介しておもてなしをしたい。

私のプランは次のようなものである。まず、酒造工場で、赤米の炊き方から包装までの工程を見学する。私はその時、中国語や日本語を使って、中国の酒文化や酒が出てくる昔話や詩などの話を交えて説明をする。そして見学の最後には、出来立ての赤米酒を飲む。見学後には「曲水の宴」という活動を行う。昔から中国の詩人は、水の流れる庭園で酒を飲んで景色を楽しみながら詩を作

っていた。「中国語の日」に、日本人と一緒に赤米酒を味わいながら中国の唐詩を読みたい。もちろん、唐詩の魅力や読み方のコツも教える。これは面白くて忘れられない経験になるだろう。

「中国語の日」に私ができることは、中日友好にとって大きな寄与にはならないかもしれない。しかし、中国語を学びたい、中国を理解したいという日本人に対して、中国の詩を読んだり、中国の酒を飲んだりすることは、まるで唐詩の中の「花の前、月光の下」のようにロマンチックで忘れられない経験になるはずだ。中国の真の魅力は、既に知られているようなものだけではなく、人々の生活に根付いている文化の中に隠されているのかもしれない。「中国語の日」の活動を通して、日本人にとって中国が、より魅力的になれると信じている。

（指導教師　木村あずさ）

161

★三等賞　テーマ「中国の若者が見つけた日本の新しい魅力」

活躍している日本の高齢者

湖南大学　杜　湘

誰でも知っているように、日本は高齢化がますます深刻になっている国である。日本の人口の四分の一以上は高齢者である。以前、多くの高齢者たちは一人で生活を送っていて、きっと寂しいだろうと私は思っていた。しかし、事実は私の想像通りではない。日本の高齢者はまだまだ活躍している。

去年の冬休み、私は姉と一緒に北海道の小樽へ旅行に行った。残念ながら、私たちは予約したホテルに行く途中で道に迷ってしまった。当時、私たちはかなり焦った。幸いなことに、たまたま通りかかった日本人のお婆さんが私たちを助けてくれた。お婆さんは私たちが中国人だと知ってから、中国語で私たちと話した。その時、私の日本語はまだとても下手だったから、日本人と中国語で話すことができて、本当に嬉しかった。さらに、お婆さんは私たちを連れてホテルに行った。お婆さんは私たちの荷物を持ってくれた。ホテルに行きながら、お婆さんは私たちと話した。お婆さんは近くの博物館のボランティアをしていた。中国からの観光客が多いので、二年前、お婆さんは自分で中国語を学び始めた。熱心なお婆さんは、小樽のいろいろな観光地を紹介してくれた。私のスーツケースはすこし重かったが、それを持っているお婆さんは少しも疲れが見えなかった。特に、お婆さんが七十歳と知ってびっくりした。「とても元気なお婆さんだなぁ」と私は思った。そのお婆さんのおかげで、無事にホテルに着いた。私の心は感謝の思いでいっぱいだった。

翌日の朝、私は姉と小樽オルゴール堂に行った。縁があって、私たちはまたお婆さんと会った。前日の手伝いへの感謝を表すために、お婆さんをお婆さんの午前の仕事が終わった後、私たちはお婆さんをお昼ご飯に誘った。お婆さんは快く引き受けてくれた。私たちはお寿司を食べながら、

いろいろとしゃべった。お婆さんは五年前定年になった。
夫は六年前病気で亡くなり、以来、ずっと一人で暮らし
てきたそうだ。社会の負担になりたくなくて、さまざま
なボランティア活動に参加した。また、お婆さんは今恋
愛中だと知った。相手はあるボランティア活動の仲間で
あるお爺さんだ。お婆さんは恋人との写真を見せながら、
自分の恋愛物語を話してくれた。その時、お婆さんの顔
には少女のような照れや幸福そうな笑みが浮かんだ。

窓の外を見ると、いつしか綿雪が降っていた。そこで、
何だか、「ラブレター」という映画のシーンを思い出し
た。しかし、お婆さんの愛情は映画の主人公のより、夕
暮れの恋だったが、夕焼けのように美しくて幸せな感情
だと思った。冬なのに、お婆さんの笑顔で春にいるよう
に感じられた。お婆さんもいろいろと中国について聞い
た。「日中関係にずっと関心を持っているよ。来年、私
は中国へ旅行に行くつもりだ。行きたいなあ」と言った。
自分の力を尽くしてほかの人を助け、勇敢に愛情を追い、
また国際問題に目を向けるこのお婆さんに私は感心して
ならなかった。「お婆さん、来年、ぜひ中国に来てくだ
さい。必ずご案内いたします」と私は言った。

三日目、私は姉と日本の友人のお宅を訪ねた。ちょう
ど友人のお隣さんは引っ越しをしているところだった。
驚いたことに、ポーターはすべて六十歳から七十歳まで
のように見えるおじいさんの五人だった。本当に大丈夫
だろうかと思っているうちに、あるおじいさんは軽々と
木の机を担いでお隣さんの家から出た。私はびっくりし
た。大雪の中でおじいさんたちが真面目に仕事をしてい
る様子を見て、とても感動した。恐らく、若者でも、そ
のような仕事はできないかもしれないと思った。

日本への旅行で私は日本の新しい魅力を見つけた。日
本の高齢者たちはまだまだ元気いっぱいだ。彼たちは生
活に情熱を持ち、毎日充実した生活を送っている。日本
には高齢化問題があっても、このような高齢者がいて、
社会に活気があると思う。

（指導教師　瀬口誠）

★三等賞 テーマ「心に残る、先生のあの言葉」

嫌いな先生のあの言葉

西安電子科技大学　韓沢艶

子どもの頃、先生は何でも知っていて、学生に尊敬されるすごい人だと思っていた。小さい頃の私にとって、先生はスーパーヒーローのような存在だった。誰もが好きな先生に教えてもらいたいだろう。しかし、私に最も影響を与えたのは一番嫌いな先生だ。高校の担任の劉先生だ。

一年生と二年生の時は平凡な毎日だったが、三年生になってあの「悪魔」の担任に出会った。私のクラスの学生は、毎朝五時に起きて、夜十一時まで勉強させられていた。遅刻したら、罰を受ける。休憩時間には、おしゃべりも寝ることもだめで、トイレに行くことしか許されなかった。一番怖いのは、学生を管理するために自分でカメラを買って、教室に取り付けて私達の行動を監視していたことだ。私達は毎日牢獄にいるように感じていた。彼が大嫌いで、他のクラスに行きたいとさえ思っていた。

初めての抵抗は新年会の夜だった。学校は夜の授業をキャンセルして、新年会を行うことを許可した。でも、「新年会なんかしないで、勉強しなさい」と劉先生に言われた。その瞬間、不満が爆発した。「なんで新年会がだめなの!?　これは三年生の唯一の楽しみなのに、勉強なんてもうしたくないよ！　先生なんて大嫌いだ！」「皆、あいつのオフィスへ行って、抗議しよう！」「そうだそうだ！　行くぞ！」私はクラスメートとオフィスに向かった。

「なんで私達だけ新年会をしちゃいけないんですか!?」と大声で責めた。彼は最初驚いたが、ため息をついた。「君たちがずっと私のことが嫌いだと知っている。でも、大学受験はもうすぐだ。私は君たちに後悔してほしくないだけだ。だから、ずっと勉強させている」。彼は複雑そうな表情をしてさらにこう言った。「でも、人は自分で自分を成就させなければならないということを覚えなさい！」と言い捨てて、オフィスを出た。「皆、あいつ

なんか放っといて新年会やろうよ！」と私が叫んだ。それから、私たちは新年会を楽しくやった。でも、新年を祝うというより、彼に勝ったことを祝うかのようだった。後で考えてみると、それは彼が私達にした唯一の弁明だった。以前彼は説教ばかりしている、ただの厳しい教師だと思っていた。彼がオフィスを出た時、一瞬白髪を見た気がした。ただの老人であることに気づいた。その後、依然として彼の行為は嫌いだが、確かに良い大学に入りたいので、自ら積極的に勉強し始めた。そして、大学受験後の夏休みに、私は大学の合格通知書を受け取った。

大学は高校に比べて天国のような場所だ。山のような練習問題もないし、無理矢理勉強させる嫌いな教師もいない。でも、大学生は自由だからこそ、堕落する人も多い。来学期、日本の大学へ留学するチャンスがある。私は申し込んだが、留学費の免除のために優秀な成績を取らなければならない。期末試験の勉強をしながら、留学書類を準備しなければならず、毎日忙しかった。それは大学生になって初めてのストレスだった。「疲れた、眠い、もうやりたくないよ……」と思った。その時、「人

は自分で自分を成就させなければならない」という言葉を思い出した。「なんであんなおじいさんの言葉を思い出したんだろう？　皮肉だなあ～、でも、やっぱり自分で夢を叶えなきゃ！　もう少し頑張ってみよう」と自分に言い聞かせた。努力の結果、留学費を免除してもらえることになった。

今になって、彼の言葉がやっと理解できた。自分が欲しいものは、自分で手に入れなければならない。たとえその先にどんな困難があっても、諦めずに進むしかない。それはまさに、自分で自分を成就させることだ。今まで私に最も強い影響を与えてくれたのは、意外にも私の「大嫌いな先生」の言葉だった。これからも、皮肉にも私を支えてくれるだろう。劉先生に面と向かって言えないけど、ここで感謝の言葉を述べようと思う。劉先生、ありがとうございました。

（指導教員　王金博、亀貝果林）

★三等賞 テーマ「中国の若者が見つけた日本の新しい魅力」

風鈴と情

吉林財経大学 李悦涵

日本は、明治から急速な発展を遂げ、現在に至っても経済先進国として、世界をリードしている国です。でも、経済強国でありながらも、古来から伝わる伝統的なものも数多く残していて、そこに魅力を感じて訪れる観光客もますます多くなっていると思います。日本と言えば、温泉、桜、花火などを思い浮かべると思います。そこで、私は、夏の風物詩である風鈴の事を書きたいと思います。

私は、わが大学に留学生としてやってきた男の子の友達から風鈴をもらいました。彼とは初めから上手く知り合えたわけではありません。出会った当初は恥ずかしく、お互い話す機会もありませんでした。ところが、彼は、中国語を少し勉強しましたが、やはりネイティブとの会話には苦労するレベルでした。たまたま彼が買い物で困っているということで、私が一緒に付き合うことになりました。二人でスーパーに行き、スリッパ、食器類や食料品などカートいっぱいに荷物を入れて、店の中をあちこちと歩き回りました。その時に、自然と会話をするようになり、自己紹介から留学生活、家族の事や日本の事情まで、私はそこそこの日本語で、彼は片言の中国語で話をしました。このきっかけで、私たちは仲良くなりました。その後、彼に中国語の会話練習の相手をしてほしいと頼まれ、週に一回、教室で会話練習をすることになりました。最初は、何を話せばいか分からなくて、会話がうまく進みませんでした。そこで、彼は週末に一緒にどこかに行こうと言い、話題を作るため映画を見に行くことになりました。その日、不思議と話が尽きませんでした。それから、週末にどこかへ行きながら、会話することになりました。はじめは、自分の意思をはっきり表現できませんでしたが、半年を超えるころには、よく会話ができるようになって、自分でもびっくりしていました。

そして、中国に来てから一年、時間は早く経つもので、いよいよ彼の帰国の日がやってきました。私はもちろん彼を見送りに空港まで一緒に行きました。もう、その時、彼は自分で中国語でタクシーに乗ったり、飛行機の切符を買ったりすることができるようになりました。その姿を見て、すごく感動して今でもよく覚えています。そして空港に着き、彼が検査口のゲートをくぐる前、私にプレゼントをくれました。それは、可愛らしい小さな風鈴でした。風鈴には短冊が付いていて、そこには「いろいろありがとう」と書かれていました。それから、彼は別れの挨拶をして、ゲートに向かいました。私は、彼の姿が消えるまでずっと手を振っていました。手を振らないと辛かったからです。次の日、私はその風鈴を窓に付けました。ちょうど夏の暑い時期だったので、窓に付けた風鈴がよく合っていました。風が吹くたびに風鈴が「チリンチリン」ときれいな音で鳴ります。その時、海を隔てた向こうの国にいる彼と「風で繋がっているんだな」と離れた感じがしませんでした。

日本には風情という言葉があります。これは、物事の趣などを意味している言葉だと習いましたが、私は風鈴

で風と一緒に運ばれてくる友情などの感情だと思っています。きっと、日本の昔の人も風鈴の音で懐かしい人、もしくは思い出を振り返る人がいたはずだと思います。これは現在のネットやスマホではできないことだと思います。その中には、風情がないからです。

風鈴、もちろんこれだけではありませんが、昔から現在まで継承されているものは、そこに何か人の思いを大事にする気持ちが含まれていると思います。私はこのようなことこそが日本が昔から今もなお持っている魅力だと思います。私は、自分のことを忘れてほしくない人に、必ず風鈴をプレゼントしようと思っています。

（指導教師　孕石泰得、方明姫）

167

★三等賞 テーマ「中国の若者が見つけた日本の新しい魅力」

中国の家庭教育に足りないもの
——日本から学ぼう——

西安交通大学 尚童雨

私はどうやって生まれたの？

皆さんはこのような問題を自分の子どもに聞かれたらどう答えますか？

鳥が運んでくれたっていいますか？ それとも、ありのままを答えます。

私だったら、「複雑だよ。後で教える」と答えます。

その「後」は永遠に来ないのです。

この方法は親が教えてくれました。私が十歳の時のある日、朝ご飯を食べていた時、この質問を母にしました。

「ママ、私はどうやって生まれたの？」

母は何も言いませんでした。

「ママ、もしかして兄ちゃんが言った通り、ママとパパは、私をごみ箱から拾ったの？」

「違う！ さあ、早くご飯を食べて、遅刻するよ。後で教えるから」と母は答えました。

その「後」はずっと来ませんでした。

中学生の時、生物の授業を受けて、私がどうやって生まれたのかという問題の答えがようやくわかってきました。「そうだったのか、母が恥ずかしがっていたわけだ」と思いました。その日の母の反応をずっと覚えていたので、性についての話題は家で絶対に話しません。

しかし、性に対して、そんな逃げるような態度でほんとにいいのでしょうか。そのことをずっと考えてきました。特に、弟が五歳になったとき、男の子と女の子の間の違うところに気がつき始めました。私は家庭での性教育をすべきかどうか悩み始めました。でも、いい方法はずっと見つかりませんでした。

そんなある日、NHKのテレビを見ていて「家庭で進める性教育」というニュースから目が離せなくなりました。そのニュースでは、タブー視されがちな性について子どもが小さい頃から家庭で教えていこうという動きを紹介していたものでした。

二〇一七年五月、東京で開かれた性教育についての講習会では、母親たちは「オス」や「メス」や「交尾」な

ど、性に関する言葉が書かれたカードを使って子どもた
ちと遊んでいました。カブトムシやパンダなど、昆虫や
動物の交尾の様子がイラストで描かれています。

どうやってこのカードを通じて、性についての知識を
伝えるのでしょう。

まず、子どもと一緒にカードゲームをしながら性につ
いて話すきっかけを作ります。そして、「水着ゾーン」
と言われる胸やお尻などの場所を教えながら『水着ゾ
ーン』は自分の大事な場所なんだよ。誰かに触らせたり、
誰かの『水着ゾーン』を触ったりしてはいけないよ」な
どの自分の守り方を説明します。このカードは、講習会
を主催した「パンツの教室協会」代表理事、のじまなみ
さんが作ったものです。

のじまさんは『交尾』など性に関する言葉を母親た
ちがタブー視することなく言うことができて初めて子ど
もと話せるようになります。まずは、母親が恥ずかしい
という気持ちを取り払ってください」と話していました。
その瞬間、日本と中国では性教育に関する考え方がま
ったく違うと感じました。

台湾の作家である林奕含さんはかつてこのように言い
ました。「中国の家庭教育では何でもする。ただ一つ、

性教育がない」と。子どもは性についての知識を成長す
るとともに、自然に知るようになるという考えを持って
いる両親が多いのです。

しかし、そんなことはあるわけがないと思います。も
し子どもがインターネットで性のことを知るようになっ
たら、そこの知識が必ず正しいとは言えないでしょう。
インターネットや大人達の情報には、間違っている知識
も多いのです。

それに、もし両親が性をタブー視したら、子どもも性
をタブー視します。子どもの子どもも、多くの中国人の
ように性をタブー視します。

そのニュースで紹介していた新しい方法を両親に言い
ました。「やってみる？」「賛成！」これから弟がより
良い方法で性教育を受けられると信じています。

最初の問題にもう一度答えるなら、私は「この問題は
複雑だよ、知りたい？ 知りたかったら、ちゃんと教え
るよ」と答えます。

中国の将来の子どもに性をタブー視させないように、
子どもがちゃんと自分を守れるように、今回、日本で紹
介されたこの方法を中国でも広めていきましょう。

（指導教師 奥野昂人）

169

★三等賞 テーマ「心に残る、先生のあの言葉」

人生の可能性

南京農業大学　陳　凱

今日も、事務室に座って、石原先生と友達のように和やかに談笑した。話題は小川未明の「野ばら」という小説についてだ。こんなシーン、一年前の私には想像もできなかった。

実は、大学入学後、日本語が大嫌いだった。私は理系を専攻したかった。言語より建築、コンピュータなど理系の学問を勉強したかった。しかし、入学試験の点数が足りなかった。毎日、日本語を学んでいたが、成績も振るわず、興味が持てなかった。特に日本人教師との会話では、緊張して言葉の意味が分からず、辛くなることが多かった。

授業中、いつも最後列に座って自分を隠し、先生と学友の注意を引かないように過ごしていた。大学では、ぼんやり過ごして日本語が話せないままでも大丈夫だと思っていた。あの状態は生きるために、毎日自分が好きではない仕事を繰り返しているようだったと思う。毎日なんの楽しみも無いし、生ける屍のようだった。自分の周りに暗雲がたちこめていた。その時、急に光が現れた。

あの素晴らしい午後、石原先生も早く教室に来ていて、教室は私たち二人だけだった。そして、私の日本語学習の運命を変える会話が発生した。

「陳さん、どうしていつも後ろで授業を受けているのですか。あなたのその態度はダメです。日本語をマスターしたいなら、前に座って受講してください」。私は反論できないから、先生の要求を受け入れざるを得なかった。最後列と一列目の感じは全然違っていた。黒板や先生が目の前だ。一瞬たりとも気が抜けなかった。

授業後、私は石原先生と話をした。私は一番前に座って授業を受けると効率が高いと伝えた。「では、後の授業も一列目に座って下さいね」「分かりました」。私は承諾した。黒板の前に立って筆談すると、信じられないこ

170

とに先生の話は全部理解できた。その後、私はいつも一列目に座って授業を受けるようになった。

石原先生との交流もだんだん多くなって、私はよく石原先生の講師控室へ指導を受けに行った。日本語で交流する機会も多くなっていく。最初は、先生と日本語で話すなんてとても怖いと思ったが、回を重ねるごとに、だんだん自分の会話能力がそれほど悪くないのを発見して、日本語に対して以前ほど反発がなくなった。好きとは言えないが、あまり嫌いじゃない。異文化交流もできるので、最初は先生に要求されたから行ったのに、自分からもっと話したいと思うようになった。

次の学期、「日本文学」も選択した。ゼミナール形式の授業で、受講生は僅か十人、講師はもちろん石原先生だ。授業中、クラスメートの発表内容に感動し、放課後も先生と芥川龍之介の作品について論じる。一年前の自分なら、こんなことは無理だろう。人生はやはり可能性に満ちている。

「野ばら」の主人公は、老人と若者。国や年齢や立場が違っても、いい友達になって一緒に将棋をする。一年前、日本語から逃げ回っていた私が日本語で石原先生と一緒に楽しく文学作品について討論している。石原先生と私が、国籍や年齢や立場を超えて、友達になれる可能性があるかもしれない。

私の祖父が、癌で入院してしまった。それを話すと石原先生は、友達のように私を慰めてくれた。「自分の祖母も癌でしたが、とても長い時間を家族と過ごしてから、この世界を離れました。だから、陳さんのお祖父さんも大丈夫。心配しないで」。これは確かに友達の会話だ。

人生は本当にいろいろな可能性があって、素晴らしい。石原先生の助けがなければ、今も私は日本語を話すことができず、消極的なままだっただろう。しかし、その可能性を生かすためには相応の努力を払うことが必要だ。それがなければ私たちは友達になれなかっただろう。いかなる人、何事にも様々な可能性が存在し、自分の努力と人の助けによって、それらが見えてくる。石原先生は私に可能性という言葉の意味を深く体得させてくれた。私は努力してもっと多くの可能をこの人生の中で築きたい。

（指導教師 石原 美和）

★三等賞　テーマ「中国の若者が見つけた日本の新しい魅力」

日本人の距離感

広東海洋大学　江嘉怡

日本へ行くとまず一番に感じる日中の違いは「人と人の距離感」である。日本は礼儀正しい国だと言われていて、日本人は人に迷惑をかけるのを嫌う。だから、日本人と付き合うと距離感が感じられる。しかし、距離感そのものは、中国の若者が見つけた日本の新しい魅力である。

今は、中国の多くの若者は内向型である。冷たい人間に見えるが、実は人に迷惑をかけたくなく、他人との距離感を保ちたいのだ。彼らは親切すぎる人間にあったら、逃げたいほど不快を感じるので、知らない人と気持ちのいい安全な距離を保ちたいと思っている。多くの中国人はとても親切で知らない人に話しかけることが好きだ。例えば、タクシーに乗ると、運転手さんはよくお客さんに話しかける、相手に学業や仕事や生活など、いろいろなことを聞く。ある時、私はタクシーに乗って、話しかけられた。十五分ぐらいの時間だったが、運転手さんは私のことを何でも聞いた。ずっと聞き続けたがるので、私はイヤホンをつけざるを得なくて、もう話しをしないという気持ちを伝えた。これは失礼だと知っているものの、そうしないと、また話しかけられるに決まっている。

また、店の店員さんもお客さんが店に入るとすぐ話しかけてきて、好き嫌いを聞き、品物をすすめてくれる。私が買い物に行った時、話しかけられたこともあった。「結構です。ちょっと見るだけです」と言っても、彼らは聞こえない様子で、勝手に品物をすすめてくる。その時、私はいつも困惑する。それに、列車で、隣の乗客も同様に、行き先とふるさとなどを聞き、時間をつぶす。ふるさとへ帰った時、その時間を利用して新しく買った本を読むつもりだが、席に座ったら、すぐ隣の乗客に話しかけられた。お年寄りだったので、一言で済ませてはいけないから、終着駅まで彼と話し合っていた。結局は

本が一ページも読めなかった。またある時、私は道でチラシを配られたが、断って「すみません、急いでいますから」と言ったのに、彼はずっと私に纏わり付いてきた。私をスポーツジムに参加させるために、興奮しながら宣伝の言葉を次々に述べた。仕方がないので、名前と携帯番号を書かされた。このため、バスに間に合わなかった。

中国と比べると、日本では知らない人に勝手に話しかけることは少ないようだ。日本へ行った友達から聞くと、日本でタクシーに乗ると、必要なことは二つだけだ。目的地を教えることや着いたらお金を支払うことだ。日本のタクシー運転手の多くは、お客さんにむやみに話しかけないそうだ。また、友達が日本の店で買い物の時気づいたのは、日本の店員さんは中国と同じように親切だが、手伝いが要らなければ、彼らは話しかけてくることはなく、こっそりそばに立っている。手伝ってもらおうと思っているなら、不思議なことに店員さんはすぐ目の前に現れて、手伝ってくるということだ。まるで人の心を読めるようだ。「国内に比べて、本当に楽な買い物だね」と感嘆していた。日本では、店でも車の中でも、皆は自分のことに集中し、必要以上に他の人に迷惑をかけないようにする。こんな雰囲気で生きられるなら快適で気楽だろうと、中国の若者は思っている。

親切はいいことだが、親切すぎるなら、余計なことになる恐れがある。運転手さんも乗客たちも長い道のりで何かをして時間をつぶしたがる。店員さんもチラシを配る人も品物が売れるように常に話しかけてくる。このような行為はすべて理解できるが、他人の断る言葉を無視して、勝手に他人の時間を使い、他人の計画を狂わすなんて、今の中国の若者にしてみれば、非常に困ることだと思っている。しかし、こんな現状は当分続くと思う。中国の若者はこういう雰囲気に不快を感じながらも、受け止めることしかできない。

だからこそ、日本の「人と人との距離感」というものがうらやまれる。新しい魅力として、絶えず中国の若者を引き付けている。

（指導教師　原田拓郎）

★三等賞　テーマ「中国の若者が見つけた日本の新しい魅力」

日本語の勉強を通じて発見した「日本らしさ」

上海杉達学院　王之妍

「あなたのことが好きです」。

日本人が愛を告白する時は、こんな表現がよく使われるそうです。そこには「こと」という言葉がありますね。この言葉は「ある対象を中心にし、それに関する一切のありかた」という意味だそうです。

でも、どうして「こと」を使うのでしょうか？　文法的に言えば、「あなたが好きだ」で十分なのに、なぜわざわざ「こと」をつけるのでしょうか……？　中国語に翻訳したとしても「我喜歓你」になるだけで、「我喜歓与你相関的事」とはなりません。ですから、この言葉は日本人のある性格的な特徴を伝えているのだと思います。日本人は告白に対して、きっととても恥ずかしくて慎重

なので、こんなに優しくて婉曲な言葉を作ることができたのだと思います。

そのほか、「こと」には感嘆、発問と命令など、話し手の気持ちを伝えるための使い方があります。たとえば、「まあ、きれいに咲いたこと！」とか、「その後、お変わりありませんこと？」とか、「授業中には、タバコを吸わないこと」など、いろんな場面で使用されています。

また、日本では女子用の語気助詞が中国より多く、しかも、日常生活で頻繁に使われていることに気づきます。中国の場合、「～啦」や「～呢」とかはあっても、あまり日常会話には使われません。日本語で「～もん」や「～わ」などが使われると、人に甘える雰囲気があって、なんだか女子っぽい感じがあふれてきます。今、多くの中国の女性は人に甘えることに慣れていません。これは多分、中国の現代女性が日本の女性より少し独立しているからかもしれないと思います。日本人のみなさん、いかがでしょうか？

日本語の文法から言えば、日本語は動詞を最後に置く言語です。となると、一つの日本語のセンテンスを最後

まで聞かないと、その意味の全体を理解することはできません。この点からは、日本人の性格の内に、辛抱強くて優しいという特徴があるのがうかがわれると思います。

ほかにも、日本語の話し言葉にはいろいろな変形がありますね。たとえば、「～っす」は「～です」の変形の一つです。男子運動部の子が先輩に挨拶する時に、よく「おっす」を使うらしいです。「おっす」は「おはようございます」を簡単にした形だそうです。このような形は、短くて力強い感じが込められていて、日本の男子運動部の若者たちの元気さをよく表現していると思います。日本は他の国より学生時代の部活動を重視しているので、このような、とても特徴的な言葉が生まれるのでしょうか。それは外国人の私にとって、すごく面白くて印象深い言葉です。

日本語は、もともと多くの外来文化を吸収した言語です。でも、だからこそ、日本語はこんなに高い柔軟性を持つ言語になったのだと思います。日本語を母語とする人は、日常生活の利便性のためによく言葉を省略しますが、意味は思い通り相手によく伝えられています。そんな行為の中から、また新しい日本語の語彙がたくさん生

まれました。だから、日本語は多分、時代とともに進化することができる言語かもしれないと思います。

最近、「ワンチャン」という言葉が出てきました。これは「犬（ワンちゃん）」のことではなくて「ワンチャンス（one chance）」の略語です。「可能性がある」という意味です。だから、「ワンチャン行ける」は「もしかしたらできる」という意味です。「犬は行ってもいい」ではありません！

日本語のこの柔軟性からは、進歩を求めて新時代の発展に適応し、もっと多くの外来文化を吸収しようとする日本人の積極性が感じられます。とはいえ、たとえ進歩を続けていても、日本語にはやはり日本人の性格や個性が潜んでいます。だから、日本語はとても面白くて奥深い言語だと思います。これからも日本語の勉強に努力して、その中に潜む日本らしさをどんどん探してみたいと思います。

（指導教師　丹波秀夫）

★三等賞　テーマ「中国の若者が見つけた日本の新しい魅力」

新しい若者ファッション

吉林華橋外国語学院　雷　妍

日本のほとんどの若者は個性的な服装をしている。この日本の若者のファッションはとても魅力的だと思う。

私は小学校六年生の時から、日本に興味がある。そして、高校生の頃、日本で生まれたロリータファッションを始めた。ロリータファッションとは何か。ロリータファッションとはスカートが華やかで、膨らんでいて、特別な存在感を持っているものだ。または「大人の少女服」と形容されることもある。このロリータファッションをきっかけにして、日本の若者の様々なファッションに興味をもってきた。私だけではなく、中国には私と同じように日本の若者のファッションに興味をもっている若者が

たくさんいる。なぜ日本のファッションは中国の若者に好かれるのだろうか。それは自分の個性を表現することができるからだ。

中国のソーシャルネットワークサービス（SNS）である「微博」に、「TokyoFashion 東京時尚」というアカウントがある。高校生の時から今までずっとフォローしてきた。ここには「デコラ」や「森ガール」「白塗り」など、日本の若者の間のファッションをいろいろ紹介している。「デコラ」とは九〇年代後半に突如として原宿のストリートに出現したもので、目も眩むほどカラフルな髪飾りをつけるという特徴がある。「森ガール」とは「森にいそうな女の子」をテーマとするファッションだ。「白塗り」は顔を白一色に塗ったスタイルだ。このようなファッションは日本だけでなく、中国でも人気がある。ここ十年ぐらいロリータファッションもその中の一つだ。ここ十年くらいの間に、中国で日本の若者ファッションが人気になってきた。日本のロリータファッションの影響がどんどん広まってきて、中国でもロリータファッションのブランドが生まれた。値段も手頃で、デザインもよく、気軽に買える。高校二年生の時、私は日本のロリータ服を着始

めた。私とロリータファッションの生活が始まった。しかし、その時の人は、このファッションを知らなかった。私はよくロリータ服を着て外へ行くが、まわりの目がいつも気になっている。知らない人に悪口を言われたこともある。携帯電話で私の写真を撮りながら、「それはコスプレ?」と私に聞いた。私はとても腹が立ったが、疑問を感じた。「私はこんなにかわいい服を着て、本当に大丈夫なのか」とよく思う。海の向こう、日本ではそうではない。多くの人は、自分のファッションスタイルがあるので、あまり他人の服装を気にしない。そして、日本の若者は自分のファッションについても気にせず、自分が好きな服を着て外へ行く勇気がある。これは本当にすばらしいと思う。

日本の和服と同じように、中国にも「漢服」という伝統服がある。しかし、数年前の中国では、「漢服」はよく「コスプレ」と言われた。中国と違って、今の日本には「改良和服」を着ている若者もたくさんいる。また、日本には様々なファッションに関する雑誌がたくさんある。雑誌からいろいろなファッションを知ることができる。日本では地域によってファッションも違う。たとえ

ば原宿系や渋谷系などだ。服は人の個性を表現できるだけではなく、それぞれの地域の文化も表現できる。一方、中国では、目立つ服はあまり好まれず、みんないつも黒、白、グレイの服を着ている。「日本人は流行を追うのが好きだ」とよく言われる。包容力があればこそ、人々が自由に好きな服を着られると思う。

人に悪口を言われても、人が理解しなくても、ロリータを続けたい。もし、道で変なファッションをしている人に会っても、私は気にしない。好きな服を着るのは人の権利だ。将来日本に留学したら、人の目を気にせず、ロリータファッションを楽しみたい。

日本の若者のファッションは本当に魅力がある。このロリータファッションのおかげで、私はもっと自信がついた。

（指導教師　野口美紗）

★三等賞 テーマ「中国の若者が見つけた日本の新しい魅力」

ひとくち分の思いやり

中南財経政法大学 劉 錦

は自分はもう十五年も中国にいて、いろいろな面が中華風になってきているだろうから、「純」日本人である多恵さんの細かい所作をしっかり見ておくように私たちに言った。確かに多恵さんの行動は、私たちが礼儀正しいと認識している日本人そのもので、ごみの捨て方に始まり、食事の仕方や往来での声の出し方などマナーの教科書通りだった。

ある日、私は多恵さんと買い物に出かけた。途中でのどが渇き、コンビニに寄って水を買うことにした。いつも飲んでいるメーカーの水を選んで、私はごく普通にふたを開け、ごくごくと水を飲んだ。多恵さんのほうを振り返ると、まだふたも開けずにじっとペットボトルを見つめている。水道水ではないのだから、さすがに日本と同じだろうと思い、どうしたのかと声をかけると、多恵さんは不思議なことを言った。

「中国の水って、気前がいいのね。だって飲み口のところまでいっぱい入っているんだもん」。えっ？ 毎日飲んでいるのに気にしたこともなかった。そこで、二人でもう一度コンビニに入って、売られている水がペットボトルのどこまで入っているか一つずつ確かめてみた。

「中国の水って、気前がいいのね」

ペットボトルのふたをそっと開けながら、多恵さんが私に言った。

多恵さんは中村先生の妹さんで、ゴールデンウィークを利用して、武漢にやって来た。多恵さんが前回武漢に来たのは二〇一二年で、六年ぶりとなる。武漢のあまりの発展ぶりに、目を丸くして驚く多恵さんに、先生は「六年前は建設中だった地下鉄が今では五路線、空港も新しくオープンしたんだよ。武漢もなかなかすごいでしょう」と、中国人以上に誇らしげだった。

今回、多恵さんとはずいぶん話す機会があった。先生

驚いたことに、ほとんどの中国企業の水が飲み口近くまで入っていた。今まで気にも留めたことがなかったが、水の他にも飲み口近くまで入っている飲み物が結構多かった。日本のはどうなっているのかと、多恵さんに聞くと、ちょうど日本で買った水が一本あるからと言われ、ホテルに帰って比べてみることにした。

さて、比べてみると、日本の水は中国のよりちょうど一口ぐらい少なかった。内容量を数字で見てみると、日本のは五〇〇ミリリットルで、中国のは五五〇や五五五ミリリットルだった。日本の通信販売サイトで、他のメーカーのものも見てみたが、やはり五〇〇ミリリットルが多かった。実際にほんの一口というわけだ。

この一口の差はいったい何だろう。そういえば、多恵さんはペットボトルのふたを開けている時、ずいぶん注意深く開けていた。「あの、さっき、ふたを開ける時、開けにくかったですか？」と聞いてみると、多恵さんは「ええ、飲み口まで満々に入っていると、やっぱり開ける時にこぼれやすいよね」と答えた。

そうか、この一口分が日本の心遣いなんだ。飲む人がそれを心遣いと気づかないほどさりげなく、でも確実に効果を発揮している。日本の思いやりってすごいと多恵さんに言うと、多恵さんはおもしろいことを言った。

「私は逆のことを考えていたのよ。中国の料理や飲み物って、いつも少し多めじゃない？　これが中国の人の温かいおもてなしなんだなって思ったの。今回、皆さんにはずいぶんお世話になったけど、この一歩ぐっとこちらに来てくれる距離感って、礼儀や敬語を考えちゃう日本ではなかなか感じられないものなのよ」

私と多恵さんは同じ水のペットボトルを見ながら、全く逆のことを考えていたのだ。「へえ、中国と日本ってまるで凸凹だね。でもこれって、うまくいったら最強のコンビじゃない？」そう言った多恵さんは、数日後、たくさんの笑顔を残して、日本へ帰っていった。

日本の一歩引いた心遣い。私はこれからペットボトルの水を飲む時、このさりげない優しさを周りの人に伝えていきたい。

「ねえねえ、日本の水って、ほんのひとくち思いやりが入っているんだよ」

（指導教師　中村紀子、周新平）

第十四回　中国人の日本語作文コンクール

佳作賞受賞者一覧　221名（受付番号順）

所属	氏名	所属	氏名	所属	氏名
湖北文理学院	周 怡	武昌理工学院	劉淑嫚	上海外国語大学附属上海外国語学校東校	任伊稼
嘉興学院	曹 鈺	蘇州大学	周朦朧	淮陰師範学院	周 怡
嘉興学院	余建飛	蘇州大学	章懐青	淮陰師範学院	劉 静
嘉興学院	徐 歓	広東外語外貿大学	朱栩瑩	広東外語外貿大学南国商学院	劉 静
上海財経大学	王 丹	西安理工大学	侯岩松	淮海工学院	陳 晨
上海理工大学	李則盛	青島農業大学	陳暁雯	貴州大学	李 雪
湖北民族学院	覃維連	天津外国語大学濱海外事学院	欧書寧	泰山学院	韓方超
浙江工商大学	姫甜夢	中原工学院	李斉悦	中南大学	康雅姿
北京第二外国語学院	龍燕青	福建師範大学	陳少傑	山東財経大学	劉紫薇
内モンゴル大学	王瑞敏	集美大学	張聡恵	山東青年政治学院	馮子凝
首都師範大学	戴嘉琪	上海師範大学	李依格	大連民族大学	金香玲
天津商業大学	程瑛琪	上海市甘泉外国語中学校	汪雪瑩	中国人民大学	譚鳳儀
浙江理工大学	施紅莎	青島理工大学	劉暁璠	中国人民大学	周雨萱
青島職業技術学院	劉徳満	西北大学	蔡暁彤	菏澤学院	劉樹慧
常熟理工学院	鄭穎悦	西北大学	徐亦微	菏澤学院	韋 形

佳作賞

菏澤学院　趙祖琛
山東科技大学　郝文佳
華僑大学　聶帥
華僑大学　宋歌
華僑大学　華瑾
華僑大学　彭暁宏
華僑大学　許迪棋
上海師範大学　張雨璇
常州大学　劉文静
常州大学　朱新玲
常州大学　徐穎
常州大学　栗聡
通化師範学院　劉馨悦
通化師範学院　鄒春野
上海理工大学　孫艶琦
黒龍江外国語学院　劉一陽
運城学院　張家福
楽山師範学院　阿説暁琳
楽山師範学院　余廷葵
山東大学（威海）東北アジア学院　孫赫

竜岩学院　耿芸晨
杭州師範大学　廖欣怡
杭州師範大学　李心怡
杭州師範大学　汪雲
江西財経大学　郎暁鈺
東北大学秦皇島分校　果威
黒龍江東方学院　孫文璐
大連工業大学　劉婧穎
杭州師範大学　張錦文
安陽師範学院　張詩紅
恵州学院　張迅
大連東軟信息学院　斉淇
大連東軟信息学院　張思鈺
大連東軟信息学院　高子雲
大連東軟情報学院　陳佳欣
襄荘学院　龔佳麗
襄荘学院　賈彤
湖州師範学院　黄雪珍
湖州師範学院　陸奕静
湖州師範学院　石麗瓊

湖州師範学院　丁朔月
湖州師範学院　倪婷莉
煙台大学　李淑明
煙台大学　呉迪
広東外語外貿大学南国商学院　王瓊
青海民族大学　ラチンジャ
青海民族大学　オセドルジ
杭州師範大学　盧宏廸
海南師範大学　楊光耀
海南師範大学　周小容
瀋陽工業大学　王雅竹
瀋陽工業大学　呉潮松
湖南文理学院芙蓉学院　趙思宇
華中師範大学　石聡
華中師範大学　潘嬴男
山西大学　陳雯雯
山西大学　林風致
山西大学　林静
山西大学　陳柯君
山西大学　荘達耀

大学	氏名	大学	氏名	大学	氏名
華南師範大学	鄧文茜	青島大学	孫倩倩	西南民族大学	袁園
華南師範大学	阮文浩	青島大学	周丹	西南民族大学	冀嘉璇
湖南大学	梁婧	青島大学	周明	西南民族大学	周明
湖南大学	羅伊霊	青島大学	王倶揚	桂林理工大学	唐明霞
湖南大学	郭煜輝	青島大学	劉暢	桂林理工大学	周慧佳
湖南大学	呂佩佩	蘭州大学	呂暁晨	桂林理工大学	覃金連
東華大学	呉寧瑜	東北育才外国語学校	李浩宇	桂林理工大学南湖学院	王子威
東華大学	藍昕	浙江万里学院	李陳浩	嘉興学院南湖学院	李智芝
江西農業大学南昌商学院	石越越	浙江万里学院	葉暁倩	嘉興学院南湖学院	倪薛涵
江西農業大学南昌商学院	張悦	北京外国語大学	王佳蓓	天津科技大学	馮蕾蕾
揚州大学	包婷婷	首都師範大学	廉暁慧	天津理工大学	秦月涵
揚州大学広陵学院	何煊	浙江師範大学	孫嘉文	大連理工大学	何東
南京工業大学	金可悦	湖北師範大学	陳露文	大連理工大学	石園
武漢大学	陳紫荊	上海師範大学	管潤	上海理工大学	潘呈
武漢大学	鄧雨春	恵州経済職業技術学院	陳嘉文	国際関係学院	鄭景雯
天津工業大学	施昕暉	山東財経大学	劉暁迪	文華学院	張旭鑫
天津工業大学	邱詩媛	集美大学	韓楊菲	文華学院	孟旦
天津工業大学	孫佳琪	浙江外国語学院	汪洋	南京師範大学付属高等学校	周紫儀
四川大学	盧雨欣	大連芸術学院	王憶琳	大連外国語大学	金昕叡
		広東外語外貿大学南国商学院	徐丹荷	大連外国語大学	李嘉楽
				大連外国語大学	王康
				大連外国語大学	李慧栄
				大連外国語大学	王怡璇

佳作賞

大学	氏名
大連外国語大学	呉尽
寧波工程学院	張光輝
寧波工程学院	管心湘
陝西理工大学	梅方燕
武漢理工大学	余嘉軒
武漢理工大学	王婧
武漢理工大学	韋宇城
武漢理工大学	胡瀟晗
武漢理工大学	徐豪澤
ハルビン工業大学	黄旭雯
ハルビン工業大学	王嘉鴻
ハルビン工業大学	陳暁研
上海交通大学	徐寧江
上海交通大学	唐雨静
華東政法大学	劉浩暉
韶関学院	丁宇
広東嶺南職業技術学院	趙中孚
西安財経大学	侯婷
西安財経大学	李博軒
吉林華橋外国語学院	江慧
吉林華橋外国語学院	王志浩
吉林華橋外国語学院	範禹岐
吉林華橋外国語学院	劉星佐
吉林華橋外国語学院	劉天航
吉林華橋外国語学院	楊哲
吉林華橋外国語学院	郁文全
吉林華橋外国語学院	陳暁傑
吉林華橋外国語学院	袁満
吉林華橋外国語学院	王一汀
中南林業科技大学	范金淼
中南林業科技大学	王暢
中南林業科技大学	何秀慧
江蘇理工学院	翁恵娟
江蘇理工学院	陳穎
中南財経政法大学	林宣佑
中南財経政法大学	孫文麒
中南財経政法大学	王鈺
中南財経政法大学	唐然
中南財経政法大学	余莞
復旦大学	朱迪妮
四川大学錦城学院	李奕珂
集美大学	潘静
西安理工大学	李佳瑩
外交学院	王敏瑋
玉林師範学院	連通
上海外国語大学	張篠顔
河北工業大学	王洪苗
河北工業大学	鄭家彤
杭州師範大学	潘天璐
中山大学	王羽晴
成都東軟学院	楊潔容
合肥学院	呉文文
合肥学院	胡煥碟
上海建橋学院	倪悦韜
上海建橋学院	方彬
蘭州理工大学	任静
浙江外国語学院	馮夢熒

第十四回　中国人の日本語作文コンクール

開催報告と謝辞

日本僑報社・日中交流研究所 所長　段 躍中

第14回コンクールのポスター

■概要■

日本僑報社・日中交流研究所が主催する「中国人の日本語作文コンクール」は、日本と中国の相互理解と文化交流の促進をめざして、2005年にスタートしました。中国で日本語を学ぶ、日本に留学経験のない学生を対象として、今年2018年で第14回を迎えました。

この14年で中国全土の300校を超える大学や大学院、専門学校などから、のべ4万1490名が応募。中国国内でも規模の大きい、知名度と権威性の高いコンクールへと成長を遂げています。作文は一つひとつが中国の若者たちのリアルな生の声であり、貴重な世論として両国の関心が高まっています。『中国の若者が見つけた日本の新しい魅力――見た・聞いた・感じた・書いた、新鮮ニッポン!』は上位受賞作品シリーズの第14巻として刊行されました。

主催：日本僑報社・日中交流研究所

協賛：株式会社ドンキホーテホールディングス、公益財団法人東芝国際交流財団

メディアパートナー：朝日新聞社

後援：在中国日本国大使館、（公財）日中友好会館、（一財）日中文化交流協会、日中友好協会、（公社）日中友好協会、日中友好議員連盟、（公社）日中協会、日本国際貿易促進協会、（一財）日中経済協会、中国日本商会、北京日本倶楽部、日本日中関係学会、（一社）アジア調査会

協力：日中文化交流センター、（公財）日中国際教育交流協会

※第14回中国人の日本語作文コンクールは、外務省および日中交流促進実行委員会により、2018年日中平和友好条約締結40周年の「周年事業」として認定されました。

■応募状況■

第14回日本語作文コンクールは従来通り、日本で半年以上の留学経験がない中国人学生を対象としました。

精査し集計した結果、中国のほぼ全土にわたる28省市

自治区の235校の大学、大学院、専門学校、高校などから、計4288本もの作品が寄せられたことがわかりました。これは前年の4031本を大きく上回り、近年でも上位に並ぶ作品数の多さとなりました。

詳しい集計結果を見ると、応募総数4288本のうち、男女別では男性787本、女性3501本。女性が男性の約4・4倍を超えて、圧倒的多数でした。

今回のテーマは（1）中国の若者が見つけた日本の新しい魅力 （2）日本の「中国語の日」に私ができること （3）心に残る、先生のあの言葉──の3つあり、テーマ別では（1）2045本 （2）540本 （3）1703本という結果で、（1）が最多となりました。

※作文コンクール公式サイト「テーマ趣旨説明」
http://duan.jp/jp/2018z.htm

地域（行政区）別では、寧夏回族自治区、チベット自治区などを除く中国のほぼ全土にわたる28省市自治区から応募がありました。最多は浙江省の559本、次いで山東省の416本、広東省の408本、江蘇省の399本、遼寧省の383本と、日本語学習者が多いとされる

中国東北部と沿海部からの応募が上位を占めました。

■審査の経過■

【第一次審査】

第一次審査は、日本僑報社・日中交流研究所の「中国人の日本語作文コンクール」事務局を中心に、さらに本活動にご協力いただける一次審査員を一般公募した上で、個別に依頼し進めました（在中国の現任教師の場合、審査の公平性を確保するため、審査員の依頼対象から外させていただきました）。

審査の前に、募集要項の規定文字数に満たない、あるいは超過している作品を審査対象外とした上で、各規定をクリアした作品について採点しました。

今回の一次審査の審査員として、主に左記の方々がご協力くださいました。

岩楯嘉之、大上忠幸、太田美智代、越智優、小林さゆり、佐藤則次、高柳義美、田中敏裕、西谷丈成の各氏です（50音順）。

【第二次審査】

第二次審査は、公正を期するために応募者の氏名と大学名を伏せ、受付番号のみがついた対象作文（上位21作品）を審査員に採点していただく形で実施しました。

今回は、左記の審査員13名が二次審査にご協力くださいました（50音順・敬称略）。

赤岡直人　（公財）日中国際教育交流協会 業務執行理事

伊藤政彦　元朝日新聞記者

岩楯嘉之　前NPO法人日中交流支援機構 事務局長

折原利男　元埼玉県立高校教員、日中友好8・15の会 会員

関 史江　技術アドバイザー

瀬野清水　元重慶総領事

高橋文行　日本経済大学大学院教授

谷川栄子　（株）ウィルナショナルファーストアカデミー代表取締役

塚越 誠　書家、日中文化交流の会 日本代表

藤村幸義　拓殖大学名誉教授、元日本経済新聞北京支局長、日本日中関係学会副会長

二井康雄　映画ジャーナリスト、書き文字作家

古谷浩一　朝日新聞社　論説委員

和田　宏　前NHKグローバルメディアサービス　専門委員、神奈川県日中友好協会会員

【第三次審査】

第三次審査は、二次審査で得点の高かった学生に対し、スマートフォンの音声アプリ（ウィーチャット）でそれぞれ直接通話をし、口述審査を行いました（審査員・佐藤則次氏、段躍中）。その上で、新たに日本語による短い感想文を即日提出してもらい、審査基準に加えました。

【最終審査】

最終審査は、二次審査と三次審査の合計点により選出した一等賞以上の候補者計6名の作品を北京の日本大使館あてに送付し、現任の横井裕大使ご自身による審査で最優秀賞となる「日本大使賞」を決定していただきました。

■各賞と結果報告■

各審査員による厳正な審査の結果、今回の応募総数4288本の中から、計302本の作者に対して各賞を授与しました。内訳は、最優秀・日本大使賞1名、一等賞5名、二等賞15名、三等賞60名、佳作賞221名です。

第14回コンクールにおいても従来と同様に、第3位までの上位入賞作（81本）は「受賞作品集」として書籍（本書）にまとめ、日本僑報社から出版しました。

表彰式は2018年12月12日（水）、北京の日本大使館で開催。最優秀賞受賞者は、副賞として翌2019年上半期、日本に1週間招待される予定です。

■園丁賞について■

学生の日本語能力向上に貢献された功績をたたえることを目的とし、日中国交正常化35周年にあたる2007年の第3回コンクールから、学生の作文指導に実績のある学校及び日本語教師を表彰する「園丁賞」（第3回の「園丁奨」より改称）を創設しました。「園丁賞」「園丁」とは中国語で教師のことを意味しています。

対象となるのは、応募校1校につき団体応募数が50本

を超えた学校です。当該校には賞状を授与しました。また、より多くの学生が日本語書籍を手に取って学びの幅を広げていただけるよう、最も応募作の多かった学校に15万円相当、50本以上の応募があった学校に5万円相当の書籍をそれぞれ寄贈いたしました。

日本語を学ぶ学生たちに十分に活用していただきたいと思います。また、日本語教師の皆様には記念書籍を通じて、日本文化と日本語の普及、日本語教育の推進に役立てていただければ幸いです。

今回の園丁賞受賞校は、計40校となりました。受賞校と応募数は次の通り。受賞校の皆様、誠におめでとうございます。

湖州師範学院（153）、吉林華橋外国語学院（151）、大連工業大学（137）、淮陰師範学院（97）、寧波工程学院（94）、浙江万里学院（91）、中南財経政法大学（86）、天津工業大学（77）、西南交通大学（77）、東華大学（74）、常州大学（72）、広東省外国語芸術職業学院（68）、山西大学（66）、恵州学院（64）、嶺南師範学院（63）、華中師範大学（63）、天津科技大学（61）、湖北文理学院（58）、

棗荘学院（57）、大連理工大学（57）、湖南大学（57）、華僑大学（57）、中南林業科技大学（57）、嘉興学院（56）、青島大学（55）、成都東軟学院（55）、魯東大学（54）、江西農業大学南昌商学院（54）、貴州大学（53）、揚州大学（52）、福建師範大学（52）、大連理工大学城市学院（52）、泰山学院（52）、桂林理工大学（52）、海南師範大学（52）、安陽師範学院（52）、韶関学院（51）、恵州経済職業技術学院（51）、武漢理工大学（50）、西南財経大学天府学院（50）。

■優秀指導教師賞について■

2015年の第11回コンクールでは、前述の「園丁賞」のほかに優れた指導教師個人をたたえる「優秀指導教師賞」と「指導教師努力賞」をそれぞれ創設、2016年の第12回コンクールより「優秀指導教師賞」の授与を継続実施しています。

これは中国で日本語を学ぶ学生たちに、日本語や日本の文化を熱心に教えている中国人教師、ならびに日本人教師の日ごろの努力とその成果をたたえるものです。対象となるのは、三等賞以上の受賞者を育てた日本語教師

188

で、受賞者には賞状と記念品が授与されます。

今回の優秀指導教師賞の受賞者と学校名は次の通り（学生受賞順、敬称略、複数回受賞者は二回目から省略）。

教師の皆様、誠におめでとうございます。

丹波江里佳、丹波秀夫（復旦大学）、張科蕾、小川郁夫（青島大学）、中村紀子、周新平（中南財経政法大学）、日下部龍太（清華大学）、島田友絵（華東師範大学）、木村あずさ（広東外語外貿大学南国商学院）、岩佐和美（東華大学）、佐々木正治、徐崧（江蘇師範大学）、柳井貴士（蘭州大学）、柴田公子（山東政法学院）、郭麗、福井祐介（上海理工大学）、朱琳（北京科技大学）、大工原勇人（中国人民大学）、章静波（浙江万里学院）、松下正行、許春艶（湖州師範学院）、纐纈健司、王鵬（黒龍江外国語学院）、呉麗麗、藤波喜代美（東華理工大学長江学院）、洪優、南和見（杭州師範大学）、李海榕（福建師範大学）、古田島和美（常州大学）、南都万規子（南陽理工学院）、賈臨宇、岡田重美（浙江工商大学）、半場憲二（武昌理工学院）、薛紅玲（西北大学）、張文碧（上海理工大学）、江慧浩（湖州師範学院）、楊本明（上海理工大学）、宇野雄二（華東師範大学）、郭鴻（天津工業大学）、鈴木穂高（東北育才外国語学校）、宋爽（天津財経大学珠江学院）、邱愛傑、佐藤寿（天津科技大学）、桐田知樹（大連外国語大学）、馬聡麗（西安財経大学）、後藤裕人（雲南民族大学）、北村美津穂（青島理工大学）、高山宗一郎（北京林業大学）、向坂卓也（北京第二外国語学院）、宮山昌治（同済大学）、下堂薗朋美（暨南大学）、宋琦（湖州師範学院）、大滝成一（青海民族大学）、郭朝暾、木下教江（天津工業大学）、陳慧華（広東財経大学）、奥野昂人（西安交通大学）、石原美和（南京農業大学）、原田拓郎（広東海洋大学）、駒崎達也（華東政法大学）、森本卓也（江西農業大学南昌商学院）、若林一弘（斉斉哈爾大学）、田中信子（渤海大学）、田中弘美（菏澤学院）、安部智子、張成（華中師範大学）、楊麗英、中野英夫（凱里学院）、森下朱理（大連海事大学）、瀬口誠（湖南大学）、王金博、亀貝果林（西安電子科技大学）、孕石泰得、方明姫（吉林財経大学）、野口美紗（吉林華橋外国語学院）。

■作品集と講評について■

日中交流研究所の母体である日本僑報社は、第1回の作文コンクールから受賞作品集を刊行しており、本書で14作目となります。

これまでのタイトルは順に、

第1回『日中友好への提言2005』
第2回『壁を取り除きたい』
第3回『国という枠を越えて』
第4回『私の知っている日本人』
第5回『中国への日本人の貢献』
第6回『メイドインジャパンと中国人の生活』
第7回『蘇る日本！今こそ示す日本の底力』
第8回『中国人がいつも大声で喋るのはなんでなのか？』
第9回『中国人の心を動かした「日本力」』
第10回『「御宅（オタク）」と呼ばれても』
第11回『なんでそうなるの？　中国の若者は日本のココが理解できない』
第12回『訪日中国人「爆買い」以外にできること』
第13回『日本人に伝えたい中国の新しい魅力』

これら13作の作品集は多くの方々からご好評を賜り、朝日新聞、読売新聞、毎日新聞、NHKなど大手メディアで紹介されたほか、全国各地の図書館、研究室などに収蔵されております。

今回のテーマは（1）「中国の若者が見つけた日本の新しい魅力」（2）「日本の『中国語の日』に私ができること」（3）「心に残る、先生のあの言葉」の3つとしました。

（1）の「中国の若者が見つけた日本の新しい魅力」は、今回の作文コンクールのメインテーマといえるものであり、本書のメインタイトルとしても使用しました。これは前回2017年の第13回作文コンクールのテーマの1つ「日本人に伝えたい中国の新しい魅力」の対になるテーマとなります。

2020年東京五輪・パラリンピックを間近に控え、日本政府は同年に訪日客を4千万人に増やす目標を掲げています。こうした中、年々増加を続ける訪日中国人客は2017年に過去最高の735万人超を記録し、依然としてトップの座を維持しています。近年は「爆買い」ブームも一段落し、豊かになった中国の人々は日本の新

開催報告と謝辞

しい魅力や価値、より大きな可能性を求めているころではないでしょうか？

そこで今回は、2018年の日中平和友好条約締結40周年を記念して、中国の若い世代ならではのフレッシュな視点で、これまであまり知られていない日本のおもしろみやセールスポイントなどについて自由に書き綴ってもらいました。そうした若者たちの〝新発見〟は、中国ひいては外国の人々のみならず、日本の人々にとっても新鮮な気づきであり、意外性のある日本〝再発見〟となるに違いありません。それをもって平和友好条約40周年を大きく盛り上げ、訪日中国人客の一層の増加につながる一助になればと期待しました。

（1）をテーマとした応募作の中で多く見られたのは、他人に「冷たい」といわれる日本人の本来の優しさ、温かさに触れたこと、細やかな「おもてなし」精神や「職人気質」、高齢化社会にあってなお元気で活躍するお年寄りの姿、人気ゲームを通して知った日本の歴史文化の魅力、平昌五輪のフィギュアスケート男子で連覇を達成

した羽生結弦選手の活躍、自分の将来設計にも役立つ独特な「手帳文化」などです。

とくに今回特徴的だったのは、観光や短期留学で実際に日本を訪れ、自らが発見した「新しい魅力」を具体的にまとめてくれた学生たちが多くいたことです。これは経済的に豊かになった中国の人々にとって、訪日旅行がより身近になっていることを示すものです。

中でも上位に選ばれた作品を見ると、自分なりのユニークな視点で「日本の魅力」を見つけていること、ステレオタイプ的な理解や紹介に終わることなく、自らの体験を交えたリアリティーのあるエピソードを生き生きと綴ったことが高く評価されたようです。

（2）の「日本の『中国語の日』に私ができること」は、主催者の日本僑報社・日中交流研究所が提唱する、日本における「中国語の日」（毎年8月8日を想定）に対し、「この日、自分なら何ができるか」を具体的に提言してもらおうという前向きな試みでした。

前回のテーマの1つが「中国の『日本語の日』（毎年12月12日を想定）に私ができること」であり、今回はこ

191

こでも対になるものとしてこのテーマを掲げました。

この日は1日、日本（あるいは中国）で、日本の人々に中国語を広める活動をしてもらい、中国語をパイプ役として日本人と中国人の直接交流を深めてもらいたい。また日本人にとっては、中国・中国語の理解をより深めるチャンスにしたい。そのための具体的かつオリジナリティー豊かな取り組みを積極的に述べてもらいたいとリクエストしたものです。

このテーマでは、昨年と同じように興味深い提言が数多く集まりました。例えば「中国語と日本語の同形異義語から生まれる誤解をなくすため辞典を作りたい」「中国の流行語を紹介するサイトを作り、日本人に〝生きた中国〟に興味をもってもらう」「中国料理を一緒に作り、味わいながら、言葉や文化などを学ぶ」「共通の文化である書道を通じて、中国語や中国書道の真髄を学ぶ」などです。

その豊かな創造性からは、若い世代ならではのみずずしい感性と熱い思いがうかがえました。そして、その多くが、実現可能ですぐにでも取り組めそうな提言であったことも、中国の若者たちに頼もしさを覚えました。

（3）の「心に残る、先生のあの言葉」は、第11回のテーマ「わたしの先生はすごい」、第12回テーマ「私を変えた、日本語教師の教え」、第13回テーマ「忘れられない日本語教師の教え」に続くものです。

中国における日本語学習者は現在100万人を超えており、その100万人を指導する日本語教師の数は、約1万7千人（うち日本人教師が約2千人）に上るそうです。この教育現場で日々奮闘されている先生方の地道なご努力やご苦労はいかばかりかとお察しする次第です。

そこで今回も、学生たちが日ごろ指導を受けている日本語教師から学んだこと、とくに自分の生活や学習態度、考え方などを大きく変えた先生の「言葉」を具体的に書き綴ってもらいました。それをもって学生側から日本語教師に感謝の気持ちを示すとともに、先生方にはその作文を今後の指導の参考にしていただければと考えました。

応募作の中でいくつか見られ、しかも印象的だったのは、大学での専攻が本来の志望ではない日本語に振り分けられてしまい、仕方なく学んでいたが、ある日の教師の叱咤激励で自らを反省し、以来猛勉強して成績が伸び

192

た——という内容です。もちろん具体的な経験も表現も
それぞれに異なりますが、こうした作品に接すると、学
生たちの人知れぬ苦悩や努力、先生方のご苦労と教育へ
の真摯な姿が浮かび上がり、胸打たれる思いになります。
おそらく同じような境遇の学生たちも各地におられるこ
とでしょう。

そればかりではなく「心に残る、先生のあの言葉」に
は、先生方の豊かな教育経験、人生経験に裏付けられた
厳しくも温かな励まし、教え、知恵の言葉がそれぞれ紹
介されています。それは日本語専攻のみならず、きっと
多くの学生たちにとっても生きた手引き、人生の指針と
なることでしょう。

総じていえば今回の応募作品は、これまで以上に大差
のない優秀な作品が多く、各審査員の頭を悩ませました。
審査を終えたある審査員は「日本語の文法も内容とと
もに高いレベルの作文ばかりで、採点に苦しみました。
日本に短期滞在した方々の作文は、経験の裏付けがあり、
内容に深みがあると感じました。実際の見聞から生まれ
る異文化への理解が、大切だと思いました」と、「経験

の裏付け」に説得力を感じておられました。
また、ある審査員は「さすがに約4300人の中から
選ばれただけあって、日本人が嫉妬しそうになるほど素
晴らしい作品ばかりでした。これに点数をつけるのは至
難の業です。誰が1位になっても不思議ではありません。
回を重ねて14回にもなるとレベルの高さと内容の深さが
こんなにも進化するものかと感動することしきりです」
と傑作、秀作の数々に感嘆しておられました。都合上、
審査員の講評を全てご紹介することはできませんが、い
ずれも高い評価であったことをここに記させていただき
ます。

このほか今回のコンクールにおいても、在中国の日本
語教師の皆様からそれぞれ貴重な「日本語作文指導法」
をお寄せいただき、本書に併せて掲載しました。これら
教育現場の第一線におられる先生方の指導法は、現場を
知りつくしたベテラン教師による真の「体験談」であり、
作文コンクールで優秀な成績を収めるための「アドバイ
ス」であり、さらにはより優れた日本語作文を書くため
の秘訣を満載した「作文ガイド」であるともいえます。

この作文コンクールに初トライしたい学生の皆さん、今回は残念な結果に終わったものの、次回以降またチャレンジしたい学生の皆さん、現場の先生方、そして本書シリーズの愛読者の皆様にはぜひ、これら先生方の指導法を参考にしていただけたら幸いです。

入賞作品は最終的にこのような結果となりましたが、順位はあくまでも一つの目安でしかありません。最優秀賞から佳作賞まで入賞した作品は、どの作品が上位に選ばれてもおかしくない優秀なできばえであったことを申し添えたいと思います。

いずれの作品にも、普段なかなか知り得ない中国の若者たちの「本音」がギッシリと詰まっていました。中には、日本人にはおよそ考えもつかないような斬新な視点やユニークな提言もありました。そうした彼ら彼女らの素直な「心の声」、まっすぐで強いメッセージは、一般の日本人読者にもきっと届くであろうと思います。

日本の読者の皆様には、本書を通じて中国の若者たちの「心の声」に耳を傾け、それによってこれからの日本と中国の関係を考えていただくほか、日本人と中国人の

「本音」の交流のあり方についても思いを致していただければ幸いです。

*なお、本書掲載の作文はいずれも文法や表記、表現（修辞法など）について、明らかな誤りや不統一が見られた箇所について、編集部が若干の修正を加えさせていただきました。

また、本書の掲載順は、一等賞から三等賞までが総合得点の順、佳作賞が登録番号順となっております。併せてご了承いただけましたら幸いです。

■謝辞■

おかげさまで、今年も「中国人の日本語作文コンクール」を滞りなく開催することができました。この場をお借りして、ご支援、ご協力いただいた全ての皆様に厚く御礼を申し上げます。

在中国日本大使館には第1回からご後援をいただいております。第4回からは最優秀賞に当たる「日本大使賞」を設け、歴代大使の宮本雄二、丹羽宇一郎、木寺昌人、および現任大使の横井裕の各氏にはご多忙の中、直々に大使賞の審査をしていただきました。ここで改めて、歴代大使と横井大使をはじめ大使館関係者の皆様に、

開催報告と謝辞

心より御礼を申し上げます。

第2回から第6回までご支援いただきました日本財団の笹川陽平会長、尾形武寿理事長の本コンクールへのご理解と変わらぬご厚誼にも深く感謝を申し上げます。

そして第7回より協賛をいただいている株式会社ドンキホーテホールディングスの創業会長兼最高顧問、公益財団法人安田奨学財団理事長の安田隆夫氏からは日本留学生向けの奨学金制度設立などの面でも多大なご支援を賜りました。これは中国で日本語を学ぶ学生たちにとって大きな励みと目標になるものです。ここに心より感謝を申し上げます。

第9回からは、公益財団法人東芝国際交流財団にもご協賛をいただいております。改めて御礼を申し上げます。

朝日新聞社には、第7回から協賛をいただき、第10回からはメディアパートナーとしてご協力いただいております。中村史郎氏、坂尻信義氏、古谷浩一氏、西村大輔氏ら歴代の中国総局長をはじめ記者の皆さんが毎年、表彰式や受賞者について熱心に取材され、その模様を大々

的に日本に伝えてくださっています。それは先年の日中関係が冷え込んだ時期であっても、日本人がより中国を客観的にとらえ、中国に親近感を持つことのできる一助になったことでしょう。同社のご協力に心より敬意と感謝の意を表します。

最優秀賞受賞者の「日本一週間招待」に際し、多大なご支援、ご協力をいただいた皆様にも心より御礼を申し上げます（受賞者の訪日記録をご参照ください）。谷野作太郎元中国大使、作家の石川好氏、国際交流研究所の大森和夫・弘子ご夫妻、さらにこれまで多大なご協力をいただきながら、ここにお名前を挙げることができなかった各団体、支援者の皆様にも感謝を申し上げます。誠にありがとうございました。

また、マスコミ各社の皆様には、それぞれのメディアを通じて本コンクールの模様や作品集の内容を丁寧にご紹介いただきました。そして日中〝草の根交流〟の重要性や、日中関係の改善と発展のためにも意義深い中国の若者の声を、広く伝えていただきました。改めて御礼を申し上げます。

中国各地で日本語教育に従事されている先生方に対しましても、その温かなご支援とご協力に感謝を申し上げます。

これまでに中国各地の３００校を超える学校から応募がありましたが、このように全国展開できた上、今回の応募数が第１回（１８９０本）の２倍超となる４２８８本に上るなど、本コンクールがこれほど高い知名度と信頼を得られたのは、教師の皆様のご尽力のおかげです。

各審査員の皆様にも深く感謝を申し上げます。一次審査では今回の４千本を超える作品全てに目を通し、内容の深さやおもしろさ、独自性、文法の正確さなどにより採点し選考していただきました。これは本コンクール審査の根幹となるもので、最も時間と労力を要する重要な段階です。

二次審査では外部有識者にご協力いただき、厳正な審査の上でそれぞれ的確な講評もいただきました。口述審査となる三次審査では、上位入賞候補者に対し直接日本語でやりとりし、その日本語のレベルをはかるというご苦労をいただきました。

最終審査は、現任の横井大使ご自身による審査で「日本大使賞」を決定していただきました。大使には公務で大変お忙しい中、快く審査をお引き受けいただき、本当にありがとうございました。

各審査員の皆様には多大なるご支援とご協力を賜り、改めて厚く御礼申し上げます。

最後になりますが、応募者の皆さんにも改めて御礼を申し上げます。まず、応募作は今年も力作、労作ぞろいでした。主催者はこれまで出版した作文集をたびたび読み返し、その都度、皆さんの作文からプラスエネルギーや刺激を受けて、民間の立場から日中関係をより良いものにしていこうという勇気と希望を抱くことができました。

さらにこの１４年間、本コンクールは先輩から後輩へと受け継がれてきたおかげで、いまや中国の日本語学習者の間で大きな影響力を持つまでになりました。歴代の応募者、受賞者ら多くの参加者が今、日中両国の各分野で活躍されています。

皆さんが学生時代に本コンクールに参加して「日本語

開催報告と謝辞

をより深め、日本語専攻・日本語学習への誇りをより高めていると耳にして、私は主催者として非常に心強く思っています。

また、皆さんのように日本語を身につけ、日本をよく理解する若者が中国に存在していることは、日本にとっても大きな財産であるといえるでしょう。皆さんがやがて両国のウインウインの関係に大きく寄与するであろうことを期待してやみません。

毎年、作文コンクールはさまざまな試練に立ち向かっています。それを乗り越え、本活動を通じて、日中両国の相互理解を促進し、ウインウインの関係を築き、アジアひいては世界の安定と発展に寄与する一助となることを願い、今後もこの歩みを着実に進めてまいります。引き続き、ご支援、ご協力のほどよろしくお願い申し上げます。

2018年11月吉日

■日中の大学生ら交流

日本と中国の大学生らが3日、東京都内で開かれた日中教育文化交流シンポジウムで両国の魅力について語り合った。日中共同の世論調査で、相手に「良くない印象」を持つ人は日本人の約9割、中国人の7割近く。互いを行き来した経験がある若者たちが、将来の日中関係に果たす自分たちの役割などを討論した。

昨年の「中国人の日本語作文コンクール」（主催・日本僑報社、メディアパートナー・朝日新聞社）で最優秀賞を得た河北工業大の宋妍さん（22）は、「信号機の押しボタン」に感心した。日本の街のどこにでもあり、東京五輪を控えて外国人にも使いやすいよう工夫が進んでおり、生活する人のことを考えて工夫を惜しまない日本らしさの象徴だと感じたという。

中華圏の娯楽文化を紹介する活動をしている鈴木由希さん（28）は「今、中国のバラエティー番組が面白い」。おちゃらけのレベルも高い」。政治状況から中華圏で消えたこともあったといい、「そんなところから、政治編集で消えたきっかけにもなる」と話した。

197

毎　日　新　聞　　2018年10月7日

世界の見方

段躍中（だんやくちゅう）
日本僑報社代表

日中交流 草の根から

日中平和友好条約締結40周年を記念して、中国に滞在した経験のある日本人を対象にした第1回「忘れられない中国滞在エピソード」（作文・写真）を募集したところ、多くの応募をいただいた。昨年は中国に留学した経験のある日本人を対象に作文を募集、書籍化し、日中双方のメディアから注目された。2年間の作文審査を経て、中国での貴重な経験は、特に日本における日中交流の促進に生かすことができるのではないかと考えている。

中国から来日して27年になった。20年前、初の書籍『在日中国人大全』を出した時、日本に長期滞在する中国人は20万人余りだった。現在では日本国籍取得者を含めて約100万人に上るとされる。彼らに積極的に声をかけ、言葉の学習や料理のレシピ、生活の知恵などさまざまな情報を交換しつつ「相互学習」し公園で開いている日中交流サロン「日曜中国語コーナー」にも気軽に参加してほしい。開催は550回以上になり、すでに10カ国以上から約2万人が参加している。日本にいても「日中市民交流」は深められる。平和友好条約40周年を機に身近な所から交流を始めてはいかがだろうか。（寄稿）

換するのは有意義だろう。中国滞在、留学経験者は、その語学力と知識を生かし、急増している訪日中国人とも交流してほしい。初めて日本を訪れ、困っているお隣の国の観光客を助けてほしい。それがフェース・トゥー・フェースの真の交流につながり、中国人客は「爆買い」以外にも日本文化への理解を深めることができるはずだ。

中国で日本語を学ぶ学生と、日本で中国語を学ぶ学生は草の根交流の良きパートナーになれる。11年前から東京・西池袋で中国人の日本語学習をサポートしつつ、弊社が主催する「中国人の日本語作文コンクール」は2005年以来14回も続けてこられた。応募者数は4万人を超えている。日本で中国語を学ぶ学生向けの交流イベントなども始めたい。

日中平和友好条約

📖 日中間の平和友好関係の強化、発展を目的にした5条からなる条約で、いわゆる反覇権条項の第2条で、日中両国がアジア・太平洋地域や他のいかなる地域でも覇権を求めないこと、また覇権を確立しようとするいかなる国、集団の試みにも反対することをうたっている。

1978年8月12日に締結され、中国の最高実力者だった鄧小平氏が批准書交換のために来日して10月23日に発効した。

特別収録

現場の日本語教師の体験手記
「私の日本語作文指導法」

半場　憲二　　武昌理工学院
田中　哲治　　大連海事大学
古田島和美　　常州大学
徐　　秋平　　西南民族大学

特別掲載

第13回 中国人の日本語作文コンクール
授賞式開催報告

第13回 最優秀賞・日本大使賞受賞者の
日本滞在記

第1～13回 受賞者名簿

第1～13回 受賞作品集と関連報道

作文指導で生じている三つの問題点

武昌理工学院　半場憲二

中国湖北省武漢市、湯遜湖の畔にある私立大学武昌理工学院に赴任して八年、「中国人の日本語作文コンクール」の参加は四回目です。お蔭様で「良い作文授業とは何か?」「作文授業はどうあるべきか」を考え続けることができます。とはいえ、確たる指導法を編み出したわけではなく、未だ「トライアル・アンド・エラー」(試行錯誤)を重ねる日々です。今回は作文指導で生じている三つの問題点を取り上げたいと思います。

一、時間の問題

小中学時代は大量の宿題に明け暮れ、中高校時代から受験競争に晒され、一生に一度の受験「高考」の点数によって大学が決まり、長年にわたる競争の疲れから、大学では勉強しなくなる学生が少なくありませんか。とくに作文授業は多くの学生にとって苦手意識の強い科目の一つという前提で、四年間の学習時間を眺めてみます(表参照)。

当学院は二年後期から週に一回(二コマ)の作文授業が始まります。○印を作文とします。△印は仕事で役立つであろう「ビジネス文書」といわれるものが主流となり、「社内・社外」の「文書・メール」の書き方を学びます。それ自体、学生気分から抜け出す良い機会ではあります。■の部分は作文授業があったりなかったりします。

学習期間が正味二十五カ月しかなく、週休二日制や国の定める休暇(清明節、労働節、端午節、中秋節、国慶節)を差し引けば、授業数はさらに

	前　　期						後　　期					
	9月	10月	11月	12月	1月	2月	3月	4月	5月	6月	7月	8月
1年生	×			×	×						×	×
2年生				×	×		○	○	○	○	×	×
3年生	△	△	△	△		×	■	■	■	■	×	×
4年生		×	×	×	×	×	×	×	×	×	×	×

［特別収録］私の日本語作文指導法

減少します。中国の経済成長の恩恵を受けている家庭が増えたためか、せっかく日本語が上達し、波に乗ってきた大切な時期に「日本遊学」を選択する学生が増えています。しかしながら、アルバイト漬けの毎日で、早く日本に行った学生の日本語能力が必ずしも高いとは限りません。四年生の十月以降は授業がありません。学生たちは就職活動や大学院進学の準備に入ります。

私は「私の作文指導法」（一）の結びに「作文は『人』をつくります。学生たちが思考し、言葉を紡ぎ、知的な作用を楽しんでほしい」と書き、その（二）では「学生には考える葦であり続けるよう指導していきたい」と書き、この考えに変わりありません。一人の力は限られています。短期間で効果ある作文指導をするために、中国人の先生方への協力を躊躇しません。（注1）

二、教材・制度の問題

私は「ビジネス文書をやるべきか」という疑問を常に持ち続けています。例えば、大タイトル「ビジネス文書・メールの書き方入門」、中タイトルに「挨拶」「お祝い」「お礼」「案内」「お見舞い・お悔やみ」「紹介・推薦」等とあります。

これだけならまだしも小タイトルは「支払い猶予の承諾状」「取引斡旋依頼への辞退状」「注文取消抗議の反駁状」等とあり、私自身も民間企業の経営者の側にいた経験がありますが、滅多にお目にかからないものばかりです。日本語学科全員とせず、「選択科目」か、非専攻の商学部や法学部で日本語を選択した学生が受講すればよく、時世に適しているとも思います。

これまで何冊かの「日語写作教程」を使用しました。文章を書く技法に重点を置き、体系的にまとめられた教材は一点だけ。しかも「五年以内に発刊された教材以外は使用禁止」と画一的な指示があり、よい教材が切り捨てられるばかりか中国語のものが多く、教科書研究より翻訳に時間が奪われました。（注2）

高等教育での日本語学習理由は「将来の就職」が大きなウェイトを占めますが、実際は学生全員が日本に留学し、日系企業の就職を希望しているわけではありません。上層部に日本語学科の学生をどう育成するかグランドデザインがないのは残念です。転勤や解雇、薄給などにより日本人が定着しないことも大きな弊害の一つです。

201

学生の周辺では「なんで日本語を選んだの？」と訝る声があるなか、ご両親は日本語学習に好意的です。彼らの期待に応えるためにも、一筋縄にはいきませんが日本語学科の制度設計や教材選定に強く働きかける姿勢が必要だと思います。[注3]

三、文化の問題

最後に文化の問題があります。作文は「学生の固着した文法・用法の誤りを直す」のに有効的な授業ですが、言葉は国や地域の文化に根ざし、それは紙上でも個性となって表れてきます。

例えば、チャットを使って「作文コンクールの原稿は完成しましたか？ 提出日を守って下さい！」と書くと、ある学生は「きっと提出します」と返事をします。辞書を引くと「一定」の欄には「必ず」のほか「きっと」という意味も含み、使い方は間違っておりません。ですが日本人の場合は「確実に、絶対的な」の意味合いが強く、約束というものは完全な履行を求めますから、学生の言葉には不安を覚えます。

文化の良し悪しを言っているのではありません。親し

くなればなるほど「約束を守らないくらいでごちゃごちゃ言うな」という文化が存在するのです。相手に「約束の遵守」を強く求めなければ、われわれ日本人との間に隔たりが生じてしまいます。こちら側へどう引き込むか？

他にも「我馬上就来」の「馬上」は「すぐに」の意味ですが、どれくらいが「すぐ」なのかは文化や人によりけりです。また風や雨が強い・弱い、温度差が激しいと書くべきところを、風や雨が大きい・小さい、温度差が大きいと直訳型の日本語となってしまい、何度諭しても、あの日（回想）やその日（預想）などが上手に使いこなせない学生がいるものです。

日本語を学ぶということは、すべからく日本の文化に軸足をおいて言葉を紡ぐ作業です。文法の世界は極めて整然とした姿を見せるのに対し、アウトプットの場面では「その表現（書き方・話し方）はおかしい」と、どことなく雑然とした様子になるのは「言葉の中に文化が刷り込まれている」からで、この感覚なしに作文指導ができるとは思えません。

[特別収録] 私の日本語作文指導法

おわりに

教師の本懐は〝出藍の誉れ〟にあると言われます。学生と教師が共に達成感を得ると同時に、それで完了・完成というのではなく、尚も「(学生は) また書きたい！」「(教師は) もっと読みたい！」という相互依存関係を創り出し、より上手な作文を書くような学生を一人でも多く排出したいと考え続けることに作文指導の大きな意義があります。経験の上に胡坐をかくのではなく、さまざまな問題にぶつかりながら、今後も研鑽を積んでいきたいと思います。

(注1) 拙論「私の日本語作文指導法」(第十一回作品集、二〇一五年)、一三二頁

(注2) 国際交流基金「日本語教育・地域別情報 中国二〇一六年度」によると、「中等教育：二〇一七年を目途に高校のシラバス (課程標準) が改定され、人民教育出版社だけではなく他の出版社も検定教材出版に参入する見込み。高等教育：日本語専攻、非専攻第二外国語とも、それぞれのシラバスに準拠した教材が作成されている。日本語専攻：いくつかの有力大学がシラバス準拠の教材をそれぞれ作成し、その他の大学はそれを利用する」とある。

(注3) 同報告「一般的には日本人教師は数年で交替するため、各機関のコースデザイン等に関わることは非常に少なく、会話や作文等のアウトプット型授業を担当することが多い」とある。日本人教師は積極的にコースデザインに関わるべきだろう。

参考文献

『実用日語写作教程 (日中対照版)』外語教学与研究出版、二〇一二年
『日語写作教程 (Ⅰ)』大連理工大学出版社、二〇一二年
安井泉『言葉から文化へ』開拓社、言語・文化選書、二〇一〇年

半場憲二 (はんば けんじ)
一九七一年東京都生まれ。国士舘大学卒。航空自衛隊自衛官、国会議員秘書、民間企業社長室などを経て、二〇一一年九月から現在、中国湖北省武漢市の武昌理工学院日本語学科教師。

私の作文指導の実践紹介

大連海事大学　田中哲治

はじめに

中国人学生に対する日本語作文の書き方に関して、私の作文の授業から得た四年間の実践経験を紹介します。

私は作文を書くに当たって、「真に言語を学ぶこと」を根本概念として指導をしています。なぜなら、自己の文章表現で、如何に読み手に正確に自己の意見、感情、考えなどを伝えるかが大切なことだからです。その言語を使う民族の生活習慣を理解しなければ、適切な文表表現で書き現すことができません。また、作文とは、学校で習う、いわゆる作文授業のみならず、手紙、日記、報告書、論文、エッセイ、小説など、文章を書くことはすべて作文です。

そこで、作文を書くに当たって、どのような手順で考え、何を評価基準として文章を評価し、どの様な表現能力を養えば良いのか、中国人学生の日本語作文の問題点としては何があるかなどを検討してきました。

拙い経験ではありますが、私の作文指導の実践記録を紹介させていただきます。内容は、以下の三点です。

一、作文の準備と検証
二、中国人学生の日本語作文の注意点
三、文章表現力の養成方法

一、作文の準備と検証

作文を書くために最も必要なことは「考える」ということです。どのような言語かに限らず、文章を書くことは良く考えてから書かなければなりません。如何にその言語の文法を完璧に理解したとしても、どれほど数多くの単語を覚えたとしても、その言語による質の高い、内容の深い作文を書くことはできません。よって、書く前によく準備をしなければなりません。また、書き終わった後の検証も必要です。

① 作文の準備

作文を書く前に、作文のテーマに対して、学生にいろ

いろいろなことを問い、学生に答えさせます。

(1)「これは何か」という疑問を持たせます。「これは何故こうなのか」と考えさせます。

(2)ある程度の考えが出たところで、「もし、こうだったら」と考えさせます。

(3)そして、それを「どうしたらよいのか」と考えさせます。

(4)最後に「だからこうだ」となります。

例：テーマ「世界市民」

(1)なぜ🈁
こんな考え方が日本人なのか、なぜ、これでいいのか。
日本人としての世界市民とは何か。

(2)もし🈁
もし外国人だったら、どう考えるかな。
もし立場が変われば、考えが変わるかな。

(3)どうすれば🈁
考えを変えるには、日本から離れてみよう。
直接的や間接的に、いろいろな考えを体験しよう。

(4)だから🈁
そうだ、外国で実際に生活をしよう。

このような、手順を踏んで、テーマに対する考えを深くさせます。すべてがこのようにはなりませんが、考える習慣を付けさせるためです。

テーマに対する質疑応答中に、学生が話した言葉に文法の誤りや不適切な表現があれば、その場で直し言い直しをさせ、正しい文を示します。

この準備ができた後に作文を書かせます。

②作文の検証

自己の作文の見直し作業では、ケアレスミスや書き間違いは勿論、内容に矛盾がないことを確認させます。

(1)テーマに対する、「これは何」があるか。

(2)テーマに相応しい「事例」があるか。

(3)「もしも」という内容の発展、展開があるか。

(4)最後に「つまり」という内容のまとめがあるか。

この四点が作文の中に織り込まれているか否か、自己の作文内容を評価させます。勿論、どの作文にも必ずこの四点が無ければならないということではありません。作文内容の見直し作業の一つの方法です。

二、中国人学生の作文の注意点

主に以下の点があることが分かりました。

① 助詞の使い方

中国語と日本語の文法に関係したところからくる間違いがあります。

助詞に関しては、中国語の文法に関係したところからくる間違いがあります。

助詞に関しては、中国語にはなく日本語特有のもので、この使い方の違いは大変に多いです。文法の授業で正しく理解しなければなりません。

例：中国語の「的」は日本語の助詞「の」にあたると文法で習います。中国語の表現「～的＋名詞」を日本語の表現「～の＋名詞」と書いてしまう間違いが多くみられます。

　「私が買うの本はこれです」
　「彼が見たの映画です」

というようにです。したがって、助詞の使い方に関しては、相当の時間を掛けて作文指導をしています。

助詞の使い方の注意点は数多くあります。

② 時制の間違い

時制に関しても、日本語では過去・現在・未来の時制がありますが、中国語ではそれを相として捉えているので、過去形と現在形の使い方の間違いが多いです。この点も良く注意して作文添削をしています。

最も多い間違いは、過去の動作の状態を表す場合です。

例：「大学に入った前に日本語を勉強した」
　　　入った 圀 入る
　　「初めて大連に来るときは海を見て感激した」
　　　来る 圀 来た

③ 動詞の変化のさせ方

動詞の変化に関する間違いも良く見受けますので、丁

例：「は」と「が」の違い（日本人でも難しい）。
動作・状態の対象を表す「を・が・に」
動きの場所を表す「で・に・を」
など、同じような内容でも使い方にも違いがあることです。

206

［特別収録］私の日本語作文指導法

寧に指導しています。

例：「私が買う」 → 「私が買った」

　この「買う」の変化は正しいですが、これに倣って、

　「私が見る」 → 「私が見った」

　「彼が来る」 → 「彼が来った」

と書いてしまうように動詞の変化を間違える学生が
多いです。

④漢字の混同

　中国語漢字と日本語漢字の混同です。

　日本語作文の中で、中国語漢字を使う学生も多いです。
日本語漢字が分からないので、中国語漢字を使ってしま
うことが多いと思います。特に人名や地名で、書籍名な
どもあります。また、まだ語彙数の少ない二年生は、よ
くあることです。面倒がらずに辞書で丁寧に調べるよう
に指導しています。日本語に無い漢字であれば、ひらが
な・カタカナで書くよりしかたがありませんが、注書き
で、偏と旁を書かせるようにしています。

三、文章表現力の養成方法

①文体の統一

　文章表現上、常体文と敬体文の統一は当然のこととし
て、最初に学生に指導するのは「書き言葉」の使い方です。
中国のほとんどの大学では、日本語文法以外では、先
ず会話、聴解の授業から入り、作文の授業は二年生の後
半からだと聞いています。したがって、学生は「話し言
葉」から覚えてしまう傾向がありますので、「書き言葉」
があることを示し、両者の違いを説明します。書き言葉
の中にも、普段使うもの（柔らかい書き言葉）と論文な
どで使われるもの（硬い書き言葉）とがありますので、
その使い方に関しても文章全体の「書き言葉」が統一さ
れているかを注意させます。

　多く使われる「話し言葉」は、「ずっと」「やっぱり」
「でも」「すごく」「いっぱい」などです。

　これらの「話し言葉」を「書き言葉」に換えさせます。
また、文末の「話し言葉」であれば、文体の違いも併せ
て違いを明確にします。

207

例：すごく　→　とても（柔らかい書き言葉）

　　　　　　　非常に（硬い書き言葉）

言っちゃった　→　言った（常体文）

　　　　　　　言いました（敬体文）

②表現力の養成方法

文章表現力の向上のために取り組んできた方法は、既に述べたように文章を書く前の準備が必要です。良く「考える」ために、取り入れた方法で主なものは以下の点です。

(1) 短文のしりとり

これは想像力と創造力、そして語彙数の向上に役に立ちます。

ある一つの単語を使い、短文を作ります。次に、その短文の中に出てきた単語を一つ選び、また短文を作ります。これを繰り返していきます。

例：学生　私は大連の学生です。　↓　大連を選ぶ

大連は海がきれいです。　↓　海を選ぶ

私の故郷には海がありません。　↓　故郷を選ぶ

故郷の広い草原が好きです。　↓　草原を選ぶ

これを繰り返して、短文を作り続けていきます。

(2) 指定された単語と文型を使う

自己の持つ日本語力が実際に書く段になって、使える日本語力になっているか、文章表現が適切にできるかを確認することができます。

指定された単語や文型を使い、文章を書くので想像力・単語力・表現力を養うことができると思います。

文型の指定の例：

「動詞＋てあげる」　　「～より～のほうが」

「～に夢中で～」　　　「名詞＋になると～」

「形容詞＋くなると～」　「動詞＋と～」

など、数多くの文型を提示します。

［特別収録］　私の日本語作文指導法

単語の例：

「感動・感激・感心・感嘆」など、表現として相応しい単語は何を使うべきかを考えさせます。

(3) 意見文と事実文

自己の書いた文が「意見」なのか「事実」なのか、または両方が含まれているのかを確認させ、作文内容を整理させることと同時に表現が適切か否かを考えさせます。

例：（意見文）環境保護に一人一人ができる範囲で協力するのは当然である。

（事実文）放っておけば、自然に分解するプラスチックができた。

（混合文）東京タワーからは美しい富士山が眺望できる。

※「美しい」は個人の判断で意見となり、事実の「眺望できる」と混同している。

(4) オノマトペ（擬音語・擬態語）の使い方

情景描写などの表現を的確にできるように、個々の単

語の意味と感覚を理解させます。

例えば、雪の降り方には、どの様な感覚の降り方がありますかと、学生に問いながら個々の学生の感性を日本語で表してもらい、一般的なものから学生が作り出したものまで質疑します。

余談ですが、漫画にはオノマトペが豊富にありますので教材に良いかもしれません。

(5) 言葉の心理

「はじめに」で述べたように、言葉には、その言葉を使う民族の生活習慣や伝統文化、歴史が刻まれています。したがって、言葉の裏にある心理を理解しなければ良い文章表現はできません。この課題は、中国人大学生には重すぎるかもしれませんが、説明はしています。

例：（自動詞）あなたから預かったお花は良く育ちました。

（他動詞）あなたから預かったお花を良く育てました。

両者の主張の違い▣花が自然に育ってくれた。私が育てたのだ。

209

文型 → 動詞＋（し）てあげる。何かを他人にしてあげることは必ずしも「良いことだ」ということではありません。押し付けになる場合があります。

この文型が作文中に書かれたときに、何かを「あげた側」と「された側」では、どのような心理状態だったのかを的確に文章表現しなければなりません。

例の他にも、日本人が持つ感覚を日本語でどのように文章表現するかは非常に難しいことだと思いますが、更に質の高い、内容の深い作文を目指して、作文の授業に取り組んでいきます。

田中哲治 (たなか てつじ)

一九四九年東京都生まれ。創価大学経済学部経済学科卒。大連松下通信軟件工程有限公司の総経理を経て、二〇一三年八月から現在、大連海事大学外国語学院日本語講師。

作文指導を通して思うこと
——中国人学生の体験や思いを日本人に届けたい——

常州大学　古田島和美

二〇一〇年中国で初めて勤めた常州紡織職業学院は三年制の専科。赴任して五カ月後二年生になったばかりの学生三クラスの作文指導を担当した。この作文指導のお蔭で、私は中国人学生の一人一人を理解することができたと思っている。彼らの体験や思いを知ったことが、今でも日本語教師を続けている大きな要因になっている。

その時、使用した教科書は、目黒真実さん著の「日本語作文教室」。この教科書は、比較的内容も平易で、作文を書くためにいくつかの質問に答えそれを組み合わせれば、どんなに日本語能力が低く作文が苦手な学生でもなんとか作文は完成できるという優れた教材であった。

私は、その中から十二個のテーマを扱った。「自己紹介、私の家族、私の趣味、私の友だち、私の故郷、私の長所と短所、忘れられない思い出、今までで一番嬉しかったこと、今までで一番悲しかったこと、なぜ日本語を

210

［特別収録］　私の日本語作文指導法

勉強するのか、私の尊敬する人、子供のころの夢、私の夢」。前半の四十五分でテーマに沿った作文例の内容や単語、表現について指導し、グループで話し合わせた。後半の四十五分で自分自身のことを振り返らせ作文を書かせた。作文は授業終了時に提出してもらった。

しかし、二年生の学生にとって四十五分間で書いて提出することは、かなり厳しい。学生からは宿題にしてほしいと言われたが、私は提出された作文をその日のうちに添削しコメントを記載し翌日に返却したいので、と断った。作文授業の日は深夜まで作文の添削に追われた。

正直、最初は、形式的な作文ばかりであった。同じような内容、同じような表現。中国の作文指導は、美しい文章を暗唱するほど学習し、いかにその文章に近づけられるかが重要だと聞いた。作文とは、自分の体験や思いを書くこと、大げさに言えば自分自身の人生を見つめ直すものである。少なくとも私はそう思って指導している。だから、あなたたち自身の体験を書かないとこの作文の価値はないと口を酸っぱくして指導した。日本語の表現よりまずは内容を評価した。私が、感動した学生の作文を全員に紹介することで、彼らの意識も徐々に変わっていった。「先生のコメントが楽しみです」と言って、意

欲的に書いてくれるようになった。忘れられない作文がある。

十一月に「私の両親」というテーマで、学生に作文を書いてもらった時、殆どの学生が、両親への感謝の思いが溢れる作文を書いた。感動で胸がいっぱいになった。

ところが、ある一人の学生が書き出しに「先生、私は両親への愛情を素直に持てません」と書いていた。彼女は貧しい農村の出身で三人姉妹の長女だった。男の子が欲しかったご両親は、彼女を親戚の家に養女に出した。その後、ご両親は、都会に出て生活が楽になったこともあり、彼女が小学生の時もう一度引き取ったそうだ。彼女は「どうして幼くて親が恋しい時期に私を手放したのか、いくら両親が経済的に苦しかったとはいえ、やはり納得がいかないのです」と書いてあった。読むほどに涙が溢れた。作文の後書きには「先生、どうしても私の思いを先生に知ってほしくて書きました。でも、クラスメイトには、私の作文は紹介しないでください」と書いてあった。

中国人の学生は、勉強ばかりでいろいろな体験がないとよく話題になる。私も実際そう思っていた。しかし、彼らの人生を振り返るとき、私たちが思いもよらない深

211

い体験や思いがあるのだと思った。日本とは異なる中国の入学試験制度、両親や親戚の彼らへの過剰な期待、それに応えるための進路選択、急激な経済成長による生活の変化、中国人のメンツ……。彼らの人生や思いを私はどれだけ理解していたのだろう。「自分自身の体験や思いがないと本物の作文ではない」。簡単に言っていた私自身を恥じた。作文に自分自身の体験や思いを書くことは、相当な覚悟がなければ書けないことを学んだ。

二〇一三年九月、常州大学に勤務先が変わり、作文の授業は担当することがなくなった。しかし、作文コンクールの指導は私の担当になった。作文コンクールについて三年生の会話の授業で紹介。自分自身の体験や思いを話し合わせることで作文を書くことの意欲付けを行う。そして、宿題にする。

「日本語学科に仕方なく入ったが、日本語が好きになっていった。私も日中の友好の懸け橋になりたい」。これが、彼らの作文の主流である。

以前の私なら、またかと思いがっかりもしていたが、今は、「なぜ入りたくなかったのか、どうして仕方なく入ったのか、その時のあなた自身の気持ちはどうだったか、

ご家族の気持ちや対応はどうだったか、いつどんなことがきっかけで好きになったのか、懸け橋って具体的に何をしたいのか……」と質問を重ねていく。彼らの答えから、一人一人の体験や思いの深さに気づく。彼らが持つ日本への憧れや不安、複雑な思いを抱えながらも一生懸命日本語を学んでいることを一人でも多くの日本人に知ってもらいたいというのが今の私の願いである。

私の作文指導は、学生との対話である。宿題の作文を読み、その内容や表現について彼らに質問をする。彼らの答えに対し、更に質問をする。会って直接話し合うこともあるが、学生にとってじっくり考えられるようにと、もっぱらメールでの指導を行っている。四月五月の空いた時間は、老眼鏡をかけひたすらパソコンに向かっている。彼らの伝えたいことをどのように表現すれば、素直に日本人に伝わるかを学生と話し合いながら、作文を創っていく。二〇一五年一位を受賞した陳静路さんの作文は彼女との対話によってできあがった。彼女のそれまで言えなかった体験や思いを作文に彼女自身の言葉で書けたのだ。

北京の日本大使館での受賞式に参加させていただき陳さんも私も大きな刺激を受けた。日中友好にご尽力なさ

[特別収録] 私の日本語作文指導法

っていらっしゃる段先生、熱意溢れる指導者の先生方、私の指導は先生方の足元にも及ばない、そう思った。毎年この授賞式に学生と一緒に参加できるようにと強く思った。

その後、お会いした先生方から様々なことを教えていただいた。その中のお一人笠川幸司先生の「会話の型と握手の対話」は、早速実践させていただいた。様々なトピックを会話の型を使って、自分の体験や思いを入れて会話することを実践した。驚くほど、クラスの雰囲気がよくなり、どんどん本音が語られる。日本人との交流会でも、会話の型を使い交流した。お互いの体験や考えを知ることで、人間としての理解は深まる。「言語は道具。自分の言いたいことを相手に正確にわかってもらいたい。日本語をもっと学びたい」。学生の実感は、さらなる学習意欲に繋がった。その成果は学生の作文にも表れるようになった。自分の伝えたいことをどのように表現すれば伝わるか、会話も作文も同じだと実感してくれるようになった。

そして、今年念願だった二年生の作文の授業を担当できた。授業では、テーマの中であなたが伝えたい思いはなにか？ それを理解してもらえるための事実は？ そ

して読み手を意識した作文を書こうと指導した。その一方コンクールの作文のために学生とメールで対話を繰り返した。まだまだ私の指導力は足りない。しかし、彼らの作文には一人一人の真剣な深い思いがこもっている。この日本語作文コンクールは、彼らの思いを届ける大きなステージだ。彼らの思いを届けたい。今年、常州大学では七十二本の作文を応募できた。

教材：『異本語作文教室―基礎編』 目黒真美緒 大連理工大学出版社

古田島和美〈こたじま かずみ〉
一九五六年生まれ。一九七八年愛媛大学教育学部卒業後、愛媛県茨城県で三十二年間公立学校教師を務める。一九九五年から内蒙古自治区の沙漠緑化活動に参加。二〇一〇年四月から中国江蘇省常州紡織職業技術学院に勤務。現在常州大学に勤務。日本語教師暦八年半。

作文指導とともに成長を遂げて

西南民族大学　徐秋平

小さいころから、いろいろと立派な夢を抱いていた。そのころは、考え方が甘かったので、「○○家」にならないと、夢とは言えないと思っていた。「将来は何になりたいですか」という質問をされたら、「画家とか、科学者とか、そうした定番の答えになったのである。いま考えてみると、ほんとうにおもしろいと思う。

高校の時、数多くの本や名作を読んだ甲斐があり、国語という科目が大好きになった。それで、当時の夢は「作家になりたい」に変わった。ありがたいことに、教師の教えのおかげで、作文を書くことが好きになったのである。

作文の魅力とはなんだろう。ごくありふれた文字も組み合わせによって、人々を感動させたり、考えさせたりする力が生み出されるのではないだろうか。その裏には「笑いと涙」「思いと溜息」「悟りと心得」なども隠され

ている。文字というのは、不思議な魅力を持っている。

大学で専攻したのは、国語ではなく、日本語科だった。「国語のよくできない人は、日本語もうまくできない」と大学の師は常々強調していた。わたしもそう思っている。中国語でも日本語でも、どちらもそれぞれの魅力を持っている。文字の魅力を生かそうというところは共通している。日本語教師になって、作文の授業を担当してから、文字との絆がより深められるようになったと思う。

しかし、日本語作文の授業というのは、言うはやさしいが、行うのは難しい。なぜかというと、自分で書くことと、学生に作文の書き方を教えることは、まったく立場が違うからだ。学生たちに素晴らしい作文を書いてほしいなら、どうすればいいか、いろいろと考えた。語彙や文型はもちろん、中国語と日本語との転換をどのように行うか、それはなかなか難しいことだと感じている。

はじめは、日本語のレベルが何よりも重要だと考えた。そこで、学生たちに文型の活用など多くの練習をしてもらったが、あまり能率が上がらなかったようだ。文をつくってもらう場合は、まだ良いのだが、中国語の文を日本語に訳してしまうと、問題が生じてしまう。なぜだろう。その時、改めて大学時代の師の話を思い出した。中

214

［特別収録］私の日本語作文指導法

国語のレベルも重視すべきだという。数多くの本や名作などを読むことによって、文字や語彙などへの理解も深くなるからである。国語と日本語の作品の濫読と精読も欠かせない部分である。

それから、次の問題に気がついた。中国語と日本語の転換は大切な一環である。中国人なので、何か書こうとすると、まず頭の中に浮かんでくるのはやはり母語としての中国語である。中国語にあたる日本語を表現するためには、文法と言葉遣いが大切だが、日本語の向上だけではまだ足りない。それに気づいてから、今度は学生にたくさんの常用表現を基礎練習としてやってもらった上で、中日対訳の練習もつづけさせることにした。たとえば、「看情況」「吸引力」「感情好」などの中国語の表現は、日本語の場合はどういうふうにいえばいいのか。練習するうちに、違いがだんだん身に着いていったが、まだまだ足りないと思っている。

ある日、学生たちに「故郷」をテーマに、中国語で作文を書いてもらうことにした。日本語作文の授業なのに、なぜ中国語で書くのかという疑問をもっている学生たちが、中国語で作文を書き始めた。出してもらってから、おもしろい比較検討をはじめた。まずはその文章の中で

よくできている素晴らしい表現に印をつけてもらう。それから、その文をみんなといっしょに日本語に書き直してもらう練習をする。すると、中国語の場合は、みんなはちょっと抽象的で概括的な表現を使っている。

しかし、日本語で同じ意味を表す日本語の表現はずいぶん違っている。日本語の表現のほうが繊細な表現、感性的な表現がよく出てくるのである。たとえば、中国語での「思郷、想家」という概括的な表現は、日本語の場合は、「故郷の月がなつかしい」とか、「おふくろの味がなつかしい」とか、「幼馴染に会いたい」とか、このような具体的共鳴をもたらす表現が慣用的であるようだ。こういうところがほんとうにおもしろい。それも文化の違いといえるかもしれない。

慣用句だけではなく、決まったテーマをめぐって、書いてもらう実践もよくやっている。クラス全員の学生を二組に分けて、一組は中国語の作文を書いてもらい、二組にそれを日本語に訳してもらったりする。こういうやりとりの中で、中国語と日本語の表現の違いがはっきりとつかまえることができ、ようやく効果が出たようだ。学生のほうもなんとか何かを書けるようになってきた。

ところが、書けることとよく書けることの差はまだま

215

だ大きい。どうすればいいか。もちろん、多くの例文や美文などを読むことも欠かせない。真似という工夫も必要である。日本語らしい表現があれば、すぐメモに書き込むのである。このようにして、「日本語表現の貯金箱」のようなものを作ることができた。文型の練習、中日表現の転換、例文の模倣などを通して、学生たちもすこしずつ日本語作文のレベルが高まってきた。

作文コンクールにおいては、素晴らしい作品を書くには、どのようなことが必要なのか。ノウハウはどこにあるか。テーマによっては、気持ちや実体験などの内容も喜ばれているようだが、自分なりの理解と分析も大切だと考えている。つまり、実感と観察力と表現力、それから考える力、いずれも大事なのである。新聞記事とヒットした話題をめぐり、検討してもらうのもいい方法ではないかと考えている。作文を書くことは、言葉遣いと心遣いが大事。理解力、思考力、表現力からなる総合力が必要とされる科目なのである。作文教師としても、自身のレベルを高めなければならないと思っている。

日本語作文の授業を担当するおかげで、いまでも作文を書きつづけることができて、幸せに思っている。「中国人の日本語作文コンクール」の参加は四回目になり、学生たちの作文指導をする時、数多くの素晴らしい作品にも出合ってきた。作文コンクールのおかげで、試験に合格する作文を書くためだけではなく、どのように素晴らしい作文を書くか、それについて、考えたり実践したりするのも一教師のわたしにとってはいい勉強になり、励みにもなっている。

作文というのは、私の理解では、「文字の遊び」でもあり、「文字の芸術」でもある。こういう文字との絆をもっと深めたいと思っている。教師として、日本語作文の授業が担当できてよかったと思う。作文指導とともに一教師としても成長することができ、感謝している。これからももっと素晴らしい日本語の文章をたくさん読んでみたい。学生たちといっしょに文字の魅力そのものを味わいたいと思っている。

徐秋平（じょ しゅうへい）
一九七九年生まれ。二〇〇四年四川大学外国語学部卒業。二〇〇四年七月から中国成都市の西南民族大学外国語学部に勤務。日本語教師歴十四年。

特別掲載　第13回 授賞式開催報告

第十三回中国人の日本語作文コンクール 授賞式開催報告

2017年12月

（表彰式共催・日本大使館、コンクール協賛・株式会社ドンキホーテホールディングス、公益財団法人東芝国際交流財団、メディアパートナー・株式会社朝日新聞社）

日本僑報社・日中交流研究所主催の「第13回中国人の日本語作文コンクール」の表彰式と日本語スピーチ大会が2017年12月12日（火）午後、北京の在中国日本大使館で、横井裕大使をはじめ上位入賞者ら関係者約150人が出席して開かれた。

来賓として、横井大使をはじめ日本大使館の川上文博公使参事官・広報文化部長、ドンキホーテホールディングスの髙橋光夫専務取締役兼CFO、東芝の須毛原勲中国総代表、東芝国際交流財団の大森圭介専務理事、朝日新聞社の古谷浩一中国総局長、伊藤忠商事の常務執行役員東アジア総代表で中国日本商会の上田明裕会長などが出席した。

中国人の日本語作文コンクールは、日本と中国の相互理解と文化交流の促進をめざして、2005年にスタート。中国で日本語を学ぶ、日本に留学経験のない学生を対象として、2017年で第13回を迎えた。今回は中国各地の大学や専門学校など189校から、計4031本

今年（2017年）は日中国交正常化45周年の節目の年であり、本コンクールはその認定事業の一環として開催された。

もの多くの作品が寄せられた。

日中関係は今年、国交正常化45周年の節目の年を迎え、この重要な機会を生かして一層の関係改善を図ろうとする期待が高まった。こうした前向きな両国関係の背景をとらえ、中国で日本語を学ぶ若者たちの日本語学習熱が一定して高いことが示された形となった。

今回のテーマは（1）日本人に伝えたい中国の新しい魅力（2）中国の「日本語の日」に私ができること（3）忘れられない日本語教師の教え——の3つ。

数次にわたる厳正な審査の結果、最優秀賞の「日本大使賞」から佳作賞まで計292本（人）が入選を果たし、河北工業大学日本語学部4年

（作文執筆時は同3年）の宋妍さんによる『『日本語の日』に花を咲かせよう』がみごと日本大使賞の栄冠に輝いた。

『日本語の日』に花を咲かせよう」は、東日本大震災の復興支援ソング「花は咲く」のビデオ制作活動を知り、周囲の人たちを誘って実際に歌った経験を交えて「日本語の日」こそこの歌を届けたいと、復興を目指してがんばる日本人への温かな励ましの気持ちを綴った作品。

表彰式で挨拶した横井大使は、この作品を自ら大使賞に選んだ理由について、「宋さんの経験は、私が外交官として中国の方々と交流し、協力し合いながら、日本と中国の交流促進のために力を尽くしてきた経験と重なるものでした。こうした共感も宋さんの作品を

218

特別掲載　第13回 授賞式開催報告

大使賞とした理由の一つです」と語り、作文に「共感」を得たことが大使賞選出の大きなキッカケとなったことを明らかにした。

今後の日中関係を発展させるためには「中国の多くの若い方々にも、皆さんのように日本語を学ぶとともに、日本人と一緒に学び、仕事をすることで、日本のことを深く理解していただくことが何よりも大切であると考えております」などと相互理解の大切さについて強調。

さらに、日本語を学ぶ中国の学生たちに向けて「日本の同世代の若者と様々な交流を積み重ねられ、将来にわたって、日中友好の担い手として活躍されることを期待しています」と力強いエールを送った。

日本大使賞の授与式では、横井大使から宋妍さんに賞状が贈られたほか、日中交流研究所の段躍中所長（日本僑報社編集長）から副賞の「日本1週間招待」の目録が手渡された。

会場には、宋さんのふるさと河北省邯鄲市から駆けつけた両親の姿もあり、宋さんの受賞とともに出席者たちから大きな拍手を受けていた。

続いて上位入賞の1等賞（5人）、2等賞（15人）、3等賞（60人）受賞者がそれぞれ発表され、この日のために中国各地から駆けつけた受賞者たちに賞状と賞品が授与された。メディアパートナーの朝日新聞社からは、二等賞以上の受賞者に対し「これで日本語の学習に一層励んでほしい」と朝日新聞が半年から1年間、無料で閲覧できる「朝日新聞デジタルID」がプレゼントされた。

219

受賞者代表のスピーチでは、日本大使賞受賞の宋妍さんをはじめ、一等賞受賞の邱吉さん（浙江工商大学、現在は関西大学大学院に留学中）、張君恵さん（中南財経政法大学大学院）、黄鏡清さん（上海理工大学）、林雪婷さん（東北大学秦皇島分校）の5人が登壇。

「日本語や日本に触れたい一人でも多くの人と共に、日本語を学びながら『花は咲く』という歌を歌えば（被災した）日本人の心を癒すことができるはずだ」と訴えた宋妍さんのほか、「中国文化のソフトパワー、漢方医学の素晴らしさを日本人に伝えたい」と漢方医の祖父の思い出を交えて語った邱吉さん、指導教師の励ましにより作文コンクールに再チャレンジした過程を生き生きと描き、昨年に続いて一等賞を連続2回受賞した初めての学生となった張君恵さんなど、それぞれが受賞作を堂々とした日本語で発表。

さらに、一人ひとりが受賞の喜びと感謝の気持ちを自由にスピーチするなど、日ごろの学習の成果を存分に発揮した。

来賓の挨拶に続いて、日中交流研究所の段躍中所長が本コンクールの開催について、壇上のスクリーンに図表などを映し出しながら報告。

コンクールはこの13年間で300を超える大学からのべ3万7202人の応募があり、うち受賞者（佳作賞以上）はのべ1813人を数える。こうした実績により、コンクールはいまや中国で日本語を学ぶ中国人学生にとって「参加すること自体が大きな目標になる」ほどの知名度と権威性の高い大会へと成長を遂げてきた。

さらに、コンクールの入選作品をまとめた「受賞作品集」をこれまでに13巻刊行（いずれも日本僑報社刊）。合わせて831本に上る上位入賞作品を掲載し、日中両国のメディアに多数報道されているほか、「中国の若者の声」として各界から注目されていることなどが紹介された。

段躍中所長は13年にわたる各界からの支援に感謝の意を述べるとともに、「日本語学習を通じて日本への理解を深めた学生たちを、

特別掲載　第13回 授賞式開催報告

これからも応援していただきたい」と、コンクールへの一層の理解と支援を呼びかけた。

続いて、来年の第14回コンクールのテーマが発表された。日中平和友好条約締結40周年の節目の年となる2018年は、これを記念するものとして（1）中国の若者が見つけた日本の新しい魅力（2）日本の「中国語の日」に私ができること（3）心に残る、先生のあの言葉──の3つのテーマが挙げられた。

応募期間は2018年5月8日（火）から5月31日（木）。段所長から「引き続き、多くの皆さんに応募していただきたい。2回、3回と連続受賞を目指してください」などと熱心な呼びかけがあった。

表彰式第1部の「学生の部」に続く第2部は「先生の部」──日本語教師フォーラム in 中国」として、一昨年より創設された「優秀指導教師賞」の受賞者が発表された。

「優秀指導教師賞」は、コンクール三等賞以上の受賞者を育てた教師に対して、その日ごろの努力と成果をた

たえるもの。受賞者それぞれに同賞が授与された。

続いて「優秀指導教師賞」受賞の指導教師を代表して、河北工業大学の高良和麻先生、浙江工商大学の賈臨宇先生、中南財経政法大学の中村紀子先生、上海理工大学の郭麗先生、東北大学秦皇島分校の濱田亮輔先生、運城学院（現・湖南大学）の瀬口誠先生の6人が登壇。

221

作文を書く場合、まずは読者の存在を念頭に置き、その上で「力を入れすぎず、身の丈に合った言葉を用い、方向性を持って文章を書こう」（賈臨宇先生）などといった「作文の書き方指導」についての報告があった。

この後、受賞者と来賓、主催者らが全員そろっての記念撮影が行われた。

受賞者たちは、すがすがしい笑顔を見せるとともに「受賞してうれしい。これを励みに来年もチャレンジしたい」「上位入賞者の素晴らしいスピーチを聞き、感激した。私も負けずに頑張りたい」などと語り、さらなる日本語学習の向上に強い意欲を見せていた。

「朝日新聞デジタル」2017年12月12日付より。宋妍さんのスピーチの様子が動画で公開されている

全員で記念撮影。多くの受賞者たちが授賞式会場で笑顔を見せた

222

特別掲載　第13回 最優秀賞・日本大使賞受賞者の日本滞在記

特別掲載
第十三回中国人の日本語作文コンクール
最優秀賞・日本大使賞受賞者の日本滞在記
2018年2月26日〜3月4日

宋妍さん訪日を伝えた公明新聞（2018年4月20日付）

第13回「中国人の日本語作文コンクール」で最優秀賞（日本大使賞）を受賞した宋妍さん（河北工業大学）が、副賞の「日本一週間招待」を受け、2月26日から3月4日まで来日。東京都内に滞在し、関係各所を訪問しました。

宋妍さんからの訪日報告メールより〈抜粋〉

今回の訪日でいただいた最も大切なことが何かと言うと、日本人の中で、中国人に好意を持つ人が多いという事実がわかったことです。お会いできた政治家や会社員、先生の方々はいずれも中国に良い印象を持ち、中国の若者の奮闘ぶりに感心し、中日友好に取り組んでいます。

日本は中国と同じように、長い歴史と豊かな文化を有する素晴らしい国で、日本人は中国人と同じように、優しい心を持っている親切な人間であるということを改めて実感しました。一衣帯水の隣国として、日本と中国は距離も心も近いと感じました。また、政治家や若者、民間の方々の希望のあるお話を聞いて、日中友好の明るい未来はきっと近いうちに来ると信じています。

写真で見る日本滞在一週間

正午前、コンクール顧問でもある東京大学の高原明生教授（現代東アジア政治）を訪問。東大学生食堂で日本式のランチをいただく

2018年2月26日（月）

午後1時ごろ、羽田空港着。その足ですぐ、都内の事務所に福田康夫元首相を表敬訪問。「日本語の語彙が豊富ですね」（福田元首相）

午後1時半、築地の朝日新聞社本社を表敬訪問。中村史郎編集局長らの出迎えを受ける。朝日新聞記者の取材を受けた後、移転を控えた築地市場を見学

午後4時半、科学技術分野における日中交流に尽力する沖村憲樹元科学審議官（国立研究開発法人科学技術振興機構特別顧問）を表敬訪問

午後4時ごろ、銀座の東京華僑総会を表敬訪問。機関紙「華僑報」の江洋龍編集長に受賞作品集を進呈

2月27日（火）

午前10時半、元駐米大使の藤崎一郎日米協会会長を訪問。流暢な日本語にお褒めの言葉をいただく

224

特別掲載　第13回 最優秀賞・日本大使賞受賞者の日本滞在記

写真で見る日本滞在一週間

午後1時ごろ、株式会社ドンキホーテホールディングスを表敬訪問。髙橋光夫専務取締役兼CFOに最優秀賞受賞を報告、コンクールへの変わらぬ支援に感謝の意を表した

慶應義塾大学キャンパスを見学後、午後5時、島田総合研究所代表の島田晴雄先生（首都大学東京理事長）を訪問

2月28日（水）

午後4時半より、NHK国際放送「NHKワールド」の番組収録を体験。世界のリスナーに向けて、コンクールの体験や受賞の喜びを中国語で一生懸命伝えた

午前9時半、浜松町の東芝本社ビルにて、東芝国際交流財団を表敬訪問。大森圭介専務理事らの出迎えを受ける

この日は天気がよく、東京駅から徒歩で外務省へ。途中、皇居外苑を通り、中国とのゆかりの深い日比谷松本楼を見学

3月1日（木）

午前10時半、鳩山友紀夫元首相を表敬訪問。近著の話題書『脱 大日本主義』（平凡社新書）をサイン入りでいただく

正午前、外務省を訪れ、中根一幸外務副大臣を表敬訪問。激励の言葉をいただいた

225

写真で見る日本滞在一週間

午後4時、永田町の自民党本部に二階俊博幹事長を表敬訪問。同党国際局長の小泉龍司衆議院議員も同席。小泉議員は司局長としてはこれが初の外交デビューになったとのこと

お土産に、安倍晋三首相による「不動心」という揮毫の入った飾り皿をいただいた

夜、岩本桂一外務省中国モンゴル第一課長主催の夕食会に。岩本課長をはじめ若手外交官たちと交流を深めた

正午、宮本雄二元中国大使主催の昼食会の招待を受ける。段編集長らは宮本元大使の変わらぬ支援に心からの感謝の意を伝えた

午後2時、丹羽宇一郎元中国大使（日中友好協会会長）を表敬訪問。氏のサイン入りの新著をいただく

午後3時、衆議院第二議員会館会議室で開催の「国会懇談会」（日本僑報社主催）に参加。近藤昭一衆議院議員、西田実仁参議院議員、伊佐進一衆議院議員らと、日中交流の今後などについて活発な意見を交わした

特別掲載　第13回 最優秀賞・日本大使賞受賞者の日本滞在記

午後2時から、日本教育会館で開かれた「第3回日中教育文化交流シンポジウム」（日本中国国際教育交流協会主催）に出席。宋さんは「基調発表」としてコンクール受賞作品を流暢な日本語で披露した。続くパネルディスカッションには、中国側から宋さんをはじめ、第12回コンクール受賞者の郭可純さんや留学生の徐博晨さんが、日本側からは市川真也さん、宮川咲さん、鈴木由希さんが登壇。日中の若者同士が互いの国の文化や教育などについて率直な意見を交わした

3月4日（日）

午前、空路帰国。「毎日忙しかったですが、とても意義深い1週間でした。この貴重な体験を胸に、中日の懸け橋となるべく、これからも頑張ります！」（宋さん）

3月2日（金）

この日の午前は自由行動。昼は小島康誉・新疆ウイグル自治区政府文化顧問主催の昼食会に招かれた

午後4時過ぎ、東京・浅草橋にて、日本中国友好協会が発行する機関紙「日中友好新聞」の単独取材を受ける

この日の夜は、一般財団法人霞山会を訪問した後、夕食会に招かれる。中国の最新事情や日中関係などについてフランクに語り合った

3月3日（土）

前日に続き、午前は自由行動。午後1時、シンポジウム会場である一ツ橋・日本教育会館で前参議院副議長の輿石東先生を表敬訪問

第一～十三回 受賞者名簿

第十三回　中国人の日本語作文コンクール

上位受賞者81名

最優秀賞・日本大使賞

- 河北工業大学　宋 妍

一等賞

- 東北大学秦皇島分校　林雪婷
- 上海理工大学　黄鏡清
- 青島大学　王 麗
- 中南財経政法大学　張君恵
- 浙江工商大学　邱 吉

二等賞

- 青島大学　王曽芝
- 南京農業大学　劉偉婷
- 青島農業大学　孫夢瑩
- 同済大学　汝嘉納
- 中国人民大学　王静昀
- 国際関係学院　余催山
- 天津科技大学　李思萌
- 大連東軟信息学院　李師漢
- 武昌理工学院　劉淑嫚
- 武昌理工学院　賀文慧
- ハルビン工業大学　杜玟君
- 江西財経大学　王智群

三等賞

- 青島職業技術学院　趙景帥
- 華僑大学　欧嘉文
- 上海交通大学　陳 艶
- 青島大学　呂暁晨
- 中南財経政法大学　陳 群
- 杭州師範大学　陳月園
- 清華大学　王婧瀅
- 長春師範大学　劉思曼
- 恵州学院　葉奕恵
- 電子科技大学　陳妍宇
- 華僑大学　傅麗霞

大学	氏名
浙江農林大学	李夢倩
中南財経政法大学	李婉逸
中南財経政法大学	陳馨雷
青島農業大学	宗振宇
西南民族大学	高　潤
菏澤学院	鄭秋燕
河北大学	郭　禕
上海市晋元高級中学	史藝濤
東華大学	孫婧一
寧波外国語学校	王澤一
許昌学院	蔡方方
許昌学院	劉海鵬
大連海事大学	楊　悦
山東財経大学	楊晴茹
上海海洋大学	顧　徐
上海杉達学院	劉　通
中南民族大学	玉　海
湖南大学	胡茂森
広東外語外貿大学	蘇暁倫

大学	氏名
信陽師範学院	梅瑞荷
嘉興学院	馬瀅哲
武漢理工大学	張天航
東華大学	劉小芹
広東海洋大学	葉忠慧
天津工業大学	王偉秋
大連東軟信息学院	胡芷媛
西南交通大学	郭　鵬
東華理工大学	周　湾
江西農業大学南昌商学院	呉夢露
海南師範大学	張少東
中国人民大学	成悦平
同済大学	徐雨婷
淮陰師範学院	史蕊
東莞理工学院	姚文姫
華僑大学	陸　湘
天津科技大学	劉雅婷
大連大学	鍾一棚
寧波工程学院	潘君艶

大学	氏名
大連工業大学	王　炎
浙江農林大学	牟雨晗
吉林華橋外国語学院	張　婧
青島農業大学	鄭　凱
中国政法大学	姚子茜
華東政法大学	丁昊天
大連外国語大学	張　典
中国海洋大学	陳　研
常州大学	張宇航
山西大学	張家穎
運城学院	竇金穎
楽山師範学院	呉　凡
南京信息工程大学	馬　瑞
山西大学	
安徽大学	劉　琴

第十三回　中国人の日本語作文コンクール

佳作賞受賞者211名（受付番号順）

大学	氏名	大学	氏名	大学	氏名
広東外語外貿大学	林雨桐	常州大学	郭夢林	大慶師範学院	姚悦
安徽大学	馮彩勤	嘉興学院	趙淑婷	湖南大学	劉麗雲
浙江理工大学	呉雲観	江西財経大学	張革春	湖南大学	呉仕婭
チベット民族大学	郝皓宇	東華理工大学長江学院	陳麗菁	湖南大学	呂程
嘉興学院応用技術学院	周盛寧	西華師範大学	袁丹	安徽外国語学院	葛宇翔
天津外国語大学	殷子旭	青島職業技術学院	薛亜男	海南師範大学	任禹龍
中南民族大学	姚瑶	青島職業技術学院	陳佳敏	海南師範大学	黄鎮清
貴州大学	呉桂花	青島大学	趙妮雪	渤海大学	趙玉瑩
塩城工学院	邱怡婷	恵州学院	洪斌鋭	渤海大学	王敏敏
塩城工学院	成暁倩	湖北民族学院	白鳳玲	華僑大学	脱康寧
四川外国語大学成都学院	徐子芹	集美大学	殷若宜	華僑大学	呉宏茵
淮陰師範学院	周怡	大連外国語大学ソフトウェア学院	鞠文婷	潘陽工業大学	周琳
淮陰師範学院	朱夢雅	浙江大学寧波理工学院	袁青青	浙江大学寧波理工学院	袁青青
広東機電職業技術学校	郭燦裕	東莞理工学院	李素娜	大連外国語大学	游介邦

230

大学	受賞者
大連外国語大学	趙君儒
西北大学	蔚盼
揚州大学	孫錦茜
揚州大学	王楚萱
揚州大学	張佳寧
黄岡師範学院	謝璟玥
江西農業大学南昌商学院	黄琪
江西農業大学南昌商学院	李琳
北京第二外国語学院	王大為
北京第二外国語学院	太敬嬡
武漢工程大学	鄭静
安陽師範学院	朱徳泉
安陽師範学院	余夢娜
南京大学金陵学院	周駱駱
電子科技大学	趙珊珊
東華理工大学	李平
東華理工大学	曾明玉
東華理工大学	李婷
東華理工大学	付巧芸

大学	受賞者
広東技術師範学院	張麗虹
北京科技大学	桂媛媛
浙江財経大学東方学院	朱潔銀
吉林大学珠海学院	張嘉慧
浙江万里学院	汪紅霞
浙江万里学院	孔麗婕
浙江万里学院	馬李
暨南大学	三瑾瓏
広東外語芸術職業学院	陳鯨娜
天津商務職業学院	李嘉棋
楽山師範学院	任盛雨
遼寧大学	鄭茜
西南交通大学	徐明慧
西南交通大学	龍佳琪
西南交通大学	楊春麗
山東青年政治学院	靳琳
山東青年政治学院	軒轅雲暁
ハルビン工業大学	侯炳彰
南京郵電大学	龍学佳

大学	受賞者
煙台大学	洪熙恵
吉林財経大学	鄒濚釗
中国海洋大学	張殷瑈
中国海洋大学	侯羽庭
中国海洋大学	劉畑
山東大学威海分校翻訳学院	王暁暁
長安大学	史小玉
大連東軟信息学院	張童堯
大連東軟信息学院	曾鈺萍
大連東軟情報学院	何陽
大連東軟情報学院	温麗穎
重慶三峡学院	譚森
長春工業大学	李麗芳
長春理工大学	李寒寒
青島理工大学	王淑婷
天津工業大学	梁一爽
天津工業大学	馬沢遠
天津理工大学	王雨
東北大学秦皇島分校	馮如雪
許昌学院	

大学	氏名	大学	氏名	大学	氏名
華東師範大学	宮倩	山西大学	韋倩雯	青島農業大学	徐一琳
青海民族大学	ガットブジャ	山西大学	楊綺	青島農業大学	魏婕
通化師範学院	徐彤彤	東華大学	呉氷潔	嶺南師範学院	梁慧梅
福建師範大学	周丹玲	東華大学	李享珍	嶺南師範学院	盧冬梅
福建師範大学	丁沁文	東華大学	劉淑雲	嶺南師範学院	許穎晴
江西師範外貿職業学院	涂智強	東華大学	陳景蓉	嶺南師範学院	陳景蓉
江西外語外貿職業学院	張志豪	南京理工大学	楊珊	済南大学	葉歓
泰山学院	郝亜蕾	南京工業大学	丁剣鋒	武漢理工大学	張鉦浩
泰山学院	田雪	南京工業大学	盧珊珊	武漢理工大学	趙晗
泰山学院	彭慧霞	魯東大学	梁亞曼	武漢理工大学	陳加興
広東海洋大学	張夏青	魯東大学	左玉潔	武漢理工大学	郭天翼
大連海洋大学	鐘葉娟	浙江師範大学	範丹鈺	吉林華橋外国語学院	章夢婷
大連海洋大学	陳聖傑	浙江師範大学	彭槙	吉林華橋外国語学院	陳彤
大連海洋大学	潘瑞	浙江師範大学	呉非凡	吉林華橋外国語学院	殷雨晨
大連海洋大学	劉娟	浙江師範大学	張羽冉	吉林華橋外国語学院	汪笑笑
大連海洋大学	茹壮	華東政法大学	趙嘉華	嘉興学院南湖学院	沈雯婷
大連海洋大学	潘慧寧	華東政法大学	高敏訥	嘉興学院南湖学院	劉錦
大連海洋大学	陸婷	華東政法大学	朱瑛	嘉興学院	唐然
山西大学	王朋	青島農業大学	呉致芹	中南財経政法大学	王鈺

大学	氏名
大連理工大学城市学院	丁楠
大連理工大学城市学院	賈会君
大連理工大学城市学院	李芸璇
大連理工大学城市学院	張津津
大連理工大学城市学院	単金萍
浙江農林大学	陸怡雯
浙江農林大学	劉婕
合肥学院	胡煥碟
合肥学院	王芸儒
大連工業大学	宋婷玉
大連工業大学	李越
大連工業大学	孫雯雯
大連工業大学	許暢
東北財経大学	張妍
東北財経大学	賀珍
太原理工大学	銭蜜
寧波工程学院	金美好
寧波工程学院	李婷
湖州師範学院	王玲平
湖州師範学院	陳予捷
湖州師範学院	鐘琳
湖州師範学院	袁暁露
湖州師範学院	汪頌今
成都東軟学院	蘭黎
成都東軟学院	厳浩
大連大学	張書徳
大連大学	朱守静
武漢大学	胡芸
武漢大学	杜軼楠
上海理工大学	呉欣君
遼寧師範大学	陶志璐
遼寧師範大学	孫頴
遼寧師範大学大学院	張錦
遼寧師範大学大学院	王卓琳
西安電子科技大学	尤子瑞
南京農業大学	李書輝
雲南民族大学	羅雯雪
西安財経学院	童莎
南京師範大学	楊子璇
南京師範大学	劉明達
南京師範大学	彭淼琳
遼寧対外経貿学院	李春輝
西安対外経貿学院	程蕾彧
西安外国語大学	劉雲嘉
黒龍江外国語学院	唐銀梅
江蘇大学	于佳雯
江蘇大学	仇昊寧
南京工業職業技術学院	唐瀾
菏澤学院	徐傑
菏澤学院	劉樹慧
菏澤学院	金娜延
大連民族大学	任静
蘭州理工大学	蒋瑩
天津科技大学	張睿
天津科技大学	董魏丹
天津科技大学	黄靖智

潘衛峰 浙江万里学院
陳鋭煒 江西財経大学
劉英迪 江西財経大学
呉明賓 江西財経大学
曽冉芸 上海交通大学
徐冲 大慶師範学院
李佳鈺 東北師範大学
斉夢一 北方工業大学
鄭燕燕 浙江師範大学
戴可晨 浙江師範大学
唐亜潔 吉林華橋外国語学院
湯承晨 吉林華橋外国語学院
于蕾 菏澤学院
王沢洋 東北大学
周艶芳 集美大学
林麗磊 集美大学
甘瑶 新疆師範大学
葉璇 南京理工大学
張玉蓮 西南民族大学
徐明慧 遼寧大学
張媛媛 嘉興学院
劉玉 西北大学
陳思伊 福州大学至誠学院
趙戈穎 中国海洋大学
李祖明 中国海洋大学
王沢源 山西大学
曹帆 山西大学
陳周 山西大学
鐘宇丹 広東外語外貿大学
陳嘉慧 広東外語外貿大学
王蕙 北京科技大学
卜明梁 大連外国語大学
董博文 大連外国語大学
高明 大連外国語大学
金菲 大連外国語大学
藍玉 大連外国語大学
李佳沢 大連外国語大学
劉迪 大連外国語大学
馬駿 大連外国語大学
馬蓉 大連外国語大学
王海晴 大連外国語大学
鄭皓予 大連外国語大学
樊翠翠 山東師範大学
盧静陽 山東師範大学
王暁暁 山東大学(威海)翻訳学院
王小芳 山東大学(威海)翻訳学院
厳晨義 嘉興学院
于華銀 遼寧軽工職業学院
黄媛熙 新疆師範大学
顔夢達 上海師範大学
王若雯 広東省外国語芸術職業学院
徐楽瑤 長春外国語学校
王瑞 西安交通大学
唐鈺 西安交通大学
張永芳 山東理工大学

徐文 山東理工大学
霍暁丹 黒龍江外国語学院
張淼 黒龍江外国語学院
于暁佳 黒龍江外国語学院
龐迪 黒龍江外国語学院
李文静 黒龍江外国語学院
金淑敏 黒龍江外国語学院
霍暁丹 黒龍江外国語学院
劉正道 東華大学
張啓帆 東華大学
侯金妮 東華大学
高寧 東華大学
符詩伊 東華大学
何悦寧 同済大学
陳穎潔 同済大学
于凡迪 同済大学
毛彩麗 魯東大学
張玉玉 魯東大学
解慧宇 魯東大学
李浩 魯東大学
苟淑毅 魯東大学
陳鋒 天津外国語大学
徐嘉偉 天津外国語大学
高夢露 天津外国語大学
陳靖 天津外国語大学
朱珊 天津外国語大学
周姗姗 天津外国語大学
康為浩 天津商務職業学院
任盛雨 天津商務職業学院
張之凡 中南大学
凌沢玉 大連東軟情報学院
劉智洵 揚州大学
李婉媚 嶺南師範学院
朱藹欣 嶺南師範学院
呉玉儀 嶺南師範学院
田海媚 南京郵電大学
沈嘉倩 南京郵電大学
龍学佳 南京郵電大学
謝豊蔚 南京郵電大学
徐永林 南京郵電大学
劉群 ハルビン工業大学
呉璐瑩 浙江大学城市学院
李鳳婷 南京信息工程大学
韓丹 上海師範大学天華学院
梁一爽 天津工業大学
王雨帆 天津工業大学
徐文諱 湖州師範学院
馮金鄒 湖州師範学院
閔金麗 湖州師範学院
王潔宇 山東科技大学
穆小娜 山東科技大学
張仁彦 山東科技大学
劉偉娟 山東科技大学
劉姝君 四川外国語大学成都学院
趙紫涵 四川外国語大学成都学院

廖琦 武昌理工学院
田漢博 武昌理工学院
王沙沙 武昌理工学院
李煜菲 武昌理工学院
劉思敏 武昌理工学院
裴慶 武昌理工学院
柳宇鳴 武昌理工学院
唐一鳴 武昌理工学院
劉淑嫚 武昌理工学院
雷景堯 大連大学
路志苑 運城学院
曹海青 黄岡師範学院
謝沅蓉 北京第二外国語学院
劉雅 北京第二外国語学院
張芸馨 東北財経大学
沈茜茜 東北財経大学
奚丹鳳 嘉興学院南湖学院
田葉 嘉興学院南湖学院
張銀玉 山東財経大学
高雅 安徽師範大学
王雅婧 安徽師範大学
林青霞 天津科技大学
王春蕾 天津科技大学
陳維任 天津科技大学
于汩鑫 山東大学
李海川 玉林師範学院
李虹慧 玉林師範学院
刁金星 大連民族大学
李笑林 寧波工程学院
王卓琳 大連理工大学城市学院
蒋蘊豊 大連理工大学城市学院
趙瑾軒 青島農業大学
許夢琪 青島農業大学
周克琴 中南財経政法大学
胡健 中南財経政法大学
陳馨雷 中南財経政法大学
黄橙紫 中南財経政法大学
董知儀 武漢理工大学
魏甜 武漢理工大学
呉夢思 武漢理工大学
李福琴 武漢理工大学
張夢婧 武漢理工大学
孟晴 太原理工大学
方沢紅 浙江農林大学
戚夢婷 浙江農林大学
李延妮 大連工業大学
于晨 大連工業大学
王彩雲 大連工業大学
蘇翎 北京外国語大学
季孟嬌 青島大学
張雪倩 常州工学院
肖宛璐 瀋陽薬科大学
範松梅 瀋陽工業大学

過去の受賞者名簿

第12回
中国人の日本語作文コンクール受賞者一覧

最優秀賞

白　宇　　蘭州理工大学

一等賞

郭可純　　中国人民大学
張　凡　　合肥優享学外語培訓学校
張君恵　　中南財経政法大学
張彩玲　　南京農業大学
金昭延　　中国人民大学

二等賞

羅雯雪　　雲南民族大学
肖思岑　　湖南文理学院
王君琴　　長安大学
王晨陽　　国際関係学院
靳雨桐　　中国人民大学
舒　篠　　黒龍江外国語学院
王亜瓊　　中南財経政法大学
朱翊愍　　東莞理工学院
葉書辰　　北京科技大学
張春岩　　青島職業技術学院
徐　娜　　恵州学院
張文輝　　大連外国語大学
劉　安　　山東政法学院
曽　珍　　大連大学
王亜楠　　山西大学

三等賞

肖年健　　大連外国語大学
喬志遠　　国際関係学院
謝　林　　東華大学
余鴻燕　　同済大学
郭　帥　　青島農業大学
蔣易珈　　南京農業大学
馬茜澄　　北京科技大学
梅錦秀　　長江大学
林　璐　　大連外国語大学
郭濰顥　　同済大学
洪　貞　　上海理工大学
顧　誠　　南京師範大学
李　聡　　浙江農林大学
佟　徳　　青海民族大学
李　倩　　菏澤学院
劉嘉慧　　江西農業大学南昌商学院
張靖婕　　外交学院
高璟秀　　合肥学院
陳倩瑶　　吉林華橋外国語学院

王　婷　　常州大学
王　弘　　楽山師範学院
仲思嵐　　揚州大学
劉権彬　　東莞理工学院
郭建斌　　運城学院
闞洪蘭　　煙台大学
蔡偉麗　　浙江農林大学
陳　怡　　浙江農林大学
李慧玲　　東北大学秦皇島分校
羅亜妮　　南京理工大学
李琳玲　　嘉興学院
李　達　　大連外国語大学
劉小芹　　東華大学
甘睿霖　　揚州大学
周彤彦　　南京郵電大学
李　氷　　瀋陽師範大学
彭　俊　　遼寧師範大学海華学院
陳　麗　　天津科技大学
羅夢晨　　南京師範大学
劉雨佳　　瀋陽工業大学
許楚翹　　常州大学
廖珊珊　　東華理工大学
譚　翔　　青島職業技術学院
李家輝　　広東省外国語芸術職業学院
王沁怡　　四川外国語大学
曹伊狄　　遼寧対外経貿学院
李偉浜　　南京工業大学
楊茹願　　西安財経学院
朱杭珈　　嘉興学院
陳子航　　東華理工大学
戴俊男　　東華大学
呉佩遙　　同済大学
時　瑤　　遼寧大学外国語学院
董鳳懿　　大連工業大学
黄潔貞　　五邑大学
施静雅　　大連東軟信息学院
馮倩倩　　安陽師範学院
付子梅　　山東科技大学
鄭玉蓮　　武漢理工大学
施金暁　　寧波工程学院
丁　明　　長春理工大学

佳作賞

周俊峰　　江漢大学
張林璇　　蘇州大学
楊晏睿　　蘇州大学文正学院
祁麗敏　　対外経済貿易大学
殷　静　　重慶三峡学院
劉先会　　天津財経大学

李睿禕　　山東農業大学
黄国媛　　曲阜師範大学
王建華　　吉林建築大学城建学院
楊夢倩　　華東理工大学
何思韻　　広東外語外貿大学
黄　晨　　南京大学金陵学院
陳静妹　　長春理工大学
呂　月　　淮陰師範学院
史　蕊　　淮陰師範学院
張　悦　　淮陰師範学院
陳維晶　　北京郵電大学
黄少連　　広東省技術師範学院
丁　一　　渤海大学
王一平　　重慶師範大学
陳蓓蓓　　貴州大学
柏仕傑　　貴州大学
樊偉璇　　貴州大学
袁静文　　華僑大学
李方方　　華僑大学
袁冬梅　　華僑大学
蔡舒怡　　華僑大学
金慧貞　　華僑大学
李翔宇　　華僑大学
任昀娟　　青島大学
趙　芮　　青島大学
王光紅　　青島大学
丁夢雪　　青島大学
李　明　　青島大学
常暁怡　　青島大学
閆　陽　　青島大学
陳暁雲　　華南理工大学
霍雨佳　　海南師範大学
劉　嬰　　海南師範大学
楼金璐　　四川外国語大学
王暁琳　　吉林財経大学
方穎穎　　泰山学院
熊萍萍　　井岡山大学
高何鐙　　浙江万里学院
宋躍林　　嘉興学院平湖校区
謝子傑　　嘉興学院平湖校区
張　彤　　西南交通大学
鐘　璨　　電子科技大学
王喩霞　　煙台大学
蔡苗苗　　東華理工大学
曽明玉　　東華理工大学
張　琪　　楽山師範学院
王　潔　　楽山師範学院
蔡　楽　　渭南師範学院
李天琪　　西南民族大学
呉夏萍　　吉林大学

235

姜景美	東北師範大学	張艾琳	惠州学院	馮茹茹	寧波工程学院
郭 城	大連外国語大学	洪毅洋	惠州学院	俞夏琛	寧波工程学院
何璐璇	大連外国語大学	張 鈺	揚州大学	張 薇	遼寧師範大学
隋和慧	大連外国語大学	唐順婷	四川理工学院	金智欣	遼寧師範大学
賴麗傑	大連外国語大学	李新雪	長江大学	黄情倩	合肥学院
馮佳誉	大連外国語大学	楊欣儀	長江大学	龐嘉美	北京第二外国語大学
李欣陽	大連外国語大学	鄭 巧	長江大学	張雅楠	北京第二外国語大学
李佳沢	大連外国語大学	陳 豪	長江大学	孫 肖	北京第二外国語大学
李嘉欣	大連外国語大学	池夢婷	長江大学	金静和	北京第二外国語大学
艾雪驕	大連外国語大学	鄔其佳	黄岡師範学院	甘 瑶	新疆師範大学
呂紋語	大連外国語大学	段 瑩	北京科技大学	張佳琦	上海交通大学
蘇靖雯	大連外国語大学	董揚帆	北京科技大学	張雅鑫	天津工業大学
呉昱含	大連外国語大学	馬新艶	南京師範大学	孫 帆	中南大学
張曦冉	大連外国語大学	夏君妍	南京師範大学中北学院	彭暁慧	湘潭大学
張暁晴	大連外国語大学	楊馥毓	浙江農林大学東湖校区	史苑蓉	福建師範大学
高 原	大連外国語大学	陳 怡	浙江農林大学東湖校区	林心怡	福建師範大学
姚佳文	大連外国語大学	李 毅	浙江農林大学東湖校区	張暁芸	福建師範大学
于 森	大連外国語大学	孔増楽	浙江農林大学東湖校区	高建宇	吉林財経大学
陳 暢	大連外国語大学	沈夏艶	浙江農林大学東湖校区	劉建華	東南大学
韓 慧	大連外国語大学	潘 呈	浙江農林大学東湖校区	陸君妍	湖州師範学院
蘇日那	大連外国語大学	李 楽	太原理工大学	鄭 娜	湖州師範学院
蘇星煌	大連外国語大学	李一菲	太原理工大学	李双彤	湖州師範学院
羅晶月	大連外国語大学	孫甜甜	大連理工大学城市学院	潘淼琴	湖州師範学院
叶桑妍	大連外国語大学	韓 玲	大連理工大学城市学院	李夢丹	中南財経政法大学南湖校区
張楽楽	大連外国語大学	胡 硯	大連理工大学城市学院	馬 沙	中南財経政法大学南湖校区
張 瑜	東華大学	李 婷	大連理工大学城市学院	秦小聡	中南財経政法大学南湖校区
郎 鈞	東華大学	姜 楠	ハルピン工業大学	袁暁寧	中南財経政法大学南湖校区
姚儷瑾	東華大学	陳 倩	長沙学院	康恵敏	中南財経政法大学南湖校区
蘇日那	大連外国語大学	王 翎	東北財経大学	黄錯宇	大連理工大学
蘇星煌	大連外国語大学	鄧 婧	海南師範大学	王 進	大連理工大学
羅晶月	大連外国語大学	冷 敏	海南師範大学	金憶蘭	浙江師範大学
叶桑妍	大連外国語大学	檀 靖	嘉興学院南湖学院	王依如	浙江師範大学
張楽楽	大連外国語大学	趙 莉	湘潭大学	鄭 卓	浙江師範大学
張 瑜	東華大学	何 丹	大連工業大学	方 園	南京郵電大学
郎 鈞	東華大学	宋 娟	大連工業大学	姚 野	長春工業大学
姚儷瑾	東華大学	靳宗爽	大慶師範学院	李 月	運城学院
楊嘉佳	東華大学	陳 暁	大慶師範学院	徐 捷	運城学院
黎世穏	嶺南師範学院	夏丹霞	武漢理工大学	謝 林	運城学院
劉煒琪	嶺南師範学院	馬永君	武漢理工大学	吉 甜	天津師範大学
林小愉	嶺南師範学院	林華欽	武漢理工大学	王佳歓	常州大学
朱靄欣	嶺南師範学院	曹婷婷	武漢理工大学	李若晨	武昌理工学院
金美慧	大連民族大学	孫 葳	武漢理工大学	鄭詩琪	武昌理工学院
李霊霊	大連民族大学	曹 文	大連理工大学	王志芳	武昌理工学院
周明月	大連民族大学	閆 玥	大連大学	黄佳楽	武昌理工学院
劉晨科	山東交通学院	江 楠	大連大学	張 婭	武昌理工学院
徐 力	山東交通学院	郭 莉	青島農業大学	李宝玲	天津科技大学
権芸芸	対外経済貿易大学	王佳怡	寧波工程学院	黄燕婷	東莞理工学院
劉孟花	山西大学	費詩思	寧波工程学院	張玉珠	南京農業大学
張殷瑜	山西大学	陳 聡	寧波工程学院	陳雪蓮	山東大学
李 媛	惠州学院	金静静	寧波工程学院		

過去の受賞者名簿

第11回
中国人の日本語作文コンクール受賞者一覧

最優秀賞

張晨雨　　山東政法学院

一等賞

雷雲恵	東北大学秦皇島分校
莫泊因	華南理工大学
張戈裕	嶺南師範学院
翁暁晩	江西農業大学南昌商学院
陳静璐	常州大学

二等賞

陳星竹	西安交通大学
孟　瑶	山東大学(威海)翻訳学院
王　林	武漢理工大学
羅暁蘭	国際関係学院
任　静	山西大学
王　弘	楽山師範学院
于　潔	揚州大学
郭可純	中国人民大学
劉世欣	南京理工大学
霍暁丹	黒竜江外国語学院
馮楚婷	広東外語外貿大学
周佳鳳	江西科技師範大学
王昱博	遼寧大学
許芸瀟	同済大学
鄒潔儀	吉林華橋外国語学院

三等賞

王羽迪	天津科技大学
張　敏	青島農業大学
趙盼盼	山東財経大学
金慧晶	北方工業大学
劉世奇	重慶大学
李思琦	山東大学(威海)翻訳学院
蒋雲芸	山東科技大学
蘇芸鳴	広東海洋大学
朱磊磊	鄭州大学
譚文英	南京農業大学
楊　力	瀋陽薬科大学
万瑪才旦	青海民族大学
宋文妍	四川外国語大学
梁　露	運城学院

張哲琛	東華大学
穀　柳	合肥学院
曹亜曼	南京師範大学
陳　婷	長春工業大学
祁儀娜	上海海事大学
夏葉城	遼寧対外経貿学院
張雅晴	ハルビン工業大学
閔子潔	北京師範大学
文家豪	雲南民族大学
牛雅格	長安大学
謝東鳳	中南民族大学
万　健	西南民族大学
陳蓓蓓	貴州大学
周　標	海南師範大学
田天緑	天津工業大学
白　露	長春理工大学
陳嘉敏	東莞理工学院
江　瓊	江西財経大学
譚雯婧	広東海洋大学
陳維益	東北財経大学
王瀟瀟	南京大学金陵学院
李　珍	吉林大学
顧宇豪	浙江大学城市学院
王詣斐	西北大学
王超文	北京郵電大学
蔡　超	韶関学院
孫秀琳	煙台大学
李如意	外交学院
蒙秋霞	西南科技大学
牛宝倫	嘉興学院
範紫瑞	北京科技大学
畢　奇	太原理工大学
劉秋艶	大連外国語大学
楊慧穎	南京師範大学

佳作賞

李夢婷	天津財経大学
馮馨儀	天津財経大学
楊　珩	天津財経大学
馬雲芳	天津外国語大学
宋啓超	吉林大学
王暁依	浙江大学城市学院
曹　丹	青島大学
丁夢雪	青島大学

郝　敏	青島大学
楊　建	青島大学
葉雨菲	青島大学
成　愷	西南交通大学
俞　叶	西南交通大学
王　暢	西南交通大学
但俊健	西南交通大学
劉暁慶	西南交通大学
聶　琪	山東科技大学
張雪寒	吉林大学珠海学院
方　嘯	嘉興学院
陳子軒	嘉興学院
霍思静	嘉興学院
朱杭珈	嘉興学院
戴蓓蓓	嘉興学院
李　静	貴州大学
範　露	貴州大学
成　艶	貴州大学
趙慧敏	淮陰師範学院
付　雪	淮陰師範学院
劉樊艶	淮陰師範学院
陳　聡	淮陰師範学院
呉芸飛	淮陰師範学院
顧夢霞	淮陰師範学院
牛　雪	淮陰師範学院
李　艶	湘潭大学
夏英天	遼寧師範大学海華学院
白　洋	華僑大学
袁静文	華僑大学
曽宇宸	華僑大学
鄭貴嬰	華僑大学
徐鳳女	華僑大学
蔡舒怡	華僑大学
袁晨晨	浙江万里学院
唐佳麗	浙江万里学院
趙　琳	浙江万里学院
朱暁麗	浙江万里学院
王斐丹	浙江万里学院
胡佳峰	浙江万里学院
胡佳峰	浙江万里学院
宣方園	浙江万里学院
林姗慧	浙江万里学院
趙浩辰	長春理工大学
余梓瑄	南京信息工程大学
劉　璐	南京信息工程大学

237

楊　茜	曲阜師範大学	張静琳	長江大学
徐嘉熠	北京理工大学	劉暁芳	青島大学
周　熠	北京理工大学珠海学院	向　沁	湖南大学
魯雪萍	黄岡師範学院	崔倩芸	青島大学
陳　洪	四川外国語大学成都学院	張　偉	遼寧大学外国語学院
陳　穎	西南交通大学	温殊慧	山西大学
陳　茹	中国医科大学	陶穎南	通大学杏林学院
梁小傑	西南交通大学	張蓓蓓	山西大学
陳　晨	大連大学日本言語文化学院	姜光曦	哈爾浜工業大学
王思雨	長安大学	任家蓉	山西大学
華雪峡	大連大学日本言語文化学院	王　芬	浙江工業大学之江学院
袁慶新	聊城大学	余姣姣	南京林業大学
勾宇威	北京師範大学	金　鑫	浙江工業大学之江学院
于聖聖	長春理工大学	李　希	南京林業大学
孫麗麗	山東大学	章佳敏	合肥学院
賈海姗	大連東軟情報学院	唐　雪	湖州師範学院
文胎玉	湖北民族学院	林先慧	合肥学院
李官臻	大連東軟情報学院	李　慧	琳湖州師範学院
楊錦楓	揚州大学	張雅琴	寧波工程学院
賈少華	大連東軟情報学院	曾　光	遼寧対外経貿学院
孫暁宇	揚州大学	馮茹茹	寧波工程学院
馬小燕	西北大学	瞿　蘭	浙江師範大学
孟維維	淮陰師範学院	王　静	浙江農林大学
潘秋杏	惠州学院	李　欣	航長春外国語学校
謝夢佳	淮陰師範学院	潘　呈	浙江農林大学
魏麗君	惠州学院	陸楊楊	上海交通大學
王正妮	河南理工大学	廖美英	集美大学
鄭暁佳	吉林大学珠海学院	王　耀	華山東外貿技術学院
金　珠	遼寧軽工職業学院	李甜甜	集美大学
徐逍綺	上海師範大学天華学院	黄篠笑	東北育才外国語学校
唐淑雲	華僑大学	雷紅艶	湘潭大学
牛愛玲	山東交通学院	郭　欣	東北育才外国語学校
戴惠嬌	華僑大学	皮益南	湘潭大学
李　玲	山東交通学院	王茹輝	天津工業大学
文暁萍	広東外語外貿大学		
張　楠	山東交通学院		
陳明霞	中南大学		
呉家鑫	山東交通学院		
蔡海媚	広州鉄路職業技術学院		
方　荃	天津職業技術師範大学		
孫小斐	山東理工大学		
張丹蓉	北京第二外国語大学		
孫　瀚	哈爾浜理工大学栄成学院		
曾　瑩	嶺南師範学院外国語学院		
林　霞	青島農業大学		
張曉坤	嶺南師範学院外国語学院		
鄭芳潔	青島農業大学		
陳玉珊	嶺南師範学院外国語学院		

過去の受賞者名簿

第10回
中国人の日本語作文コンクール受賞者一覧

最優秀賞

姚儷瑾　　東華大学

一等賞

張　玥　　重慶師範大学
汪　婷　　南京農業大学）
姚紫丹　　嶺南師範学院外国語学院
向　穎　　西安交通大学外国語学院
陳　謙　　山東財経大学

二等賞

王淑園　　瀋陽薬科大学
楊　彦　　同済大学
姚月秋　　南京信息工程大学
陳霄迪　　上海外国語大学人文経済賢達学院
王雨舟　　北京外国語大学
徐　曼　　南通大学杏林学院
陳梅雲　　浙江財経大学東方学院
黄　亜　　東北大学秦皇島分校
陳林傑　　浙江大学寧波理工学院
呉　迪　　大連東軟情報学院
呉柳艶　　山東大学威海翻訳学院
孟文森　　大連大学日本言語文化学院
趙含嫣　　淮陰師範学院
郭　倩　　中南大学
王　弘　　楽山師範学院

郝苗苗　　大連大学日本言語文化学院
徐　霞　　南京大学金陵学院
季杏華　　揚州大学
李　楊　　浙江万里学院
劉国豪　　淮陰師範学院
金夢瑩　　嘉興学院
鄢沐明　　華僑大学
陳　韵　　甘泉外国語中学
孫晟韜　　東北大学軟件学院
楊　珺　　北京科技大学
劉慧珍　　長沙明照日本語専修学院
林　婷　　五邑大学
呂　皓　　山東財経大学
宋　婷　　長春理工大学
許　莉　　安陽師範学院
余立君　　江西財経大学
李　森　　大連工業大学
馮其紅　　山東大学（威海）翻訳学院
陳　舸　　浙江工業大学之江学院
黄倩榕　　北京第二外国語大学
沈夏艶　　浙江農林大学
曹金芳　　東華大学
黎　蕾　　吉林華橋外国語学院
任　静　　山西大学
陳静逸　　吉林華橋外国語学院
徐夢嬌　　湖州師範学院
馮楚婷　　広東外語外貿大学

三等賞

徐聞鳴　　同済大学
洪若檳　　厦門大学嘉庚学院
姚怡然　　山東財経大学
李　恵　　中南財経政法大学
尤政雪　　対外経済貿易大学
謝　林　　運城学院
黄子倩　　西南民族大学
万　運　　湘潭大学
丁亭伊　　厦門理工学院
梁泳恩　　東莞理工学院
王秋月　　河北師範大学匯華学院
孫丹平　　東北師範大学
伊　丹　　西安外国語大学

佳作賞

楊㶦婷　　天津財経大学
喬宇航　　石家庄外国語学校
林景霞　　浙江万里学院
王亜瓊　　中南財経政法大学
浦春燕　　浙江万里学院
黄斐斐　　上海海洋大学
戴舒蓉　　浙江万里学院
李瑶卓　　運城学院
程　月　　長春工業大学
来　風　　運城学院
瞿春芳　　長春中医薬大学
路志苑　　運城学院
伍錦艶　　吉首大学

239

第9回
中国人の日本語作文コンクール受賞者一覧

最優秀賞

李　敏　　　国際関係学院

一等賞

李渓源　　中国医科大学
趙思蒙　　首都師範大学
毛暁霞　　南京大学金陵学院
李佳南　　華僑大学
張佳茹　　西安外国語大学

二等賞

李　彤　　中国医科大学
沈　泱　　国立中山大学
張　偉　　長春理工大学
何金雍　　長春理工大学
葛憶秋　　上海海洋大学
王柯佳　　大連東軟信息学院
王雲花　　江西財経大学
李　靈　　上海師範大学天華学院
王楷林　　華南理工大学
鄭曄高　　仲愷農業工程学院
朱樹文　　華東師範大学
斉　氷　　河北工業大学
厳芸楠　　浙江農林大学
熊　芳　　湘潭大学
杜洋洋　　大連大学日本言語文化学院

三等賞

羅玉婷　　深圳大学
崔黎萍　　北京外国語大学日研中心
孫愛琳　　大連外国語大学
顧思騏　　長春理工大学
遊文娟　　中南財経政法大学
張　珊　　重慶師範大学
張　眉　　青島大学
林奇卿　　江西農業大学南昌商学院
田　園　　浙江万里学院
馬名陽　　長春工業大学
尹婕然　　大連東軟信息学院
王　涵　　大連東軟信息学院
蒋文娟　　東北大学秦皇島分校

李思銘　　江西財経大学
梁　勁　　五邑大学
馬　倩　　淮陰師範学院
陳林杰　　江大学寧波理工学院
崔舒淵　　東北育才外国語学校
劉素芹　　嘉応大学
邵亜男　　山東交通学院
周文㬢　　遼寧大学遼陽校
虞希希　　吉林師範大学博達学院
彭　暢　　華僑大学
尹思源　　華南理工大学
郭　偉　　遼寧大学
魏冬梅　　安陽師範学院
楊　娟　　浙江農林大学
牛　玲　　吉林華橋外国語学院
馬源営　　北京大学
高麗陽　　吉林華橋外国語学院
宋　偉　　蘇州国際外語学校
劉垂瀚　　広東外語外貿大学
唐　雪　　湖州師範学院
呼敏娜　　西安外国語大学
李媛媛　　河北師範大学匯華学院
梁　婷　　山西大学
呂凱健　　国際関係学院
黄金玉　　大連大学日本言語文化学院
黎秋芳　　青島農業大学
劉　丹　　大連工業大学

佳作賞

達　菲　　浙江工商大学
蔡麗娟　　福建師範大学
褚　蓄　　長春理工大学
陳全渠　　長春理工大学
朱姝璇　　湘潭大学
劉穎怡　　華南理工大学
付莉莉　　中南財経政法大学
王明虎　　青島大学
邵　文　　東北育才学校
馬麗娜　　浙江万里学院
趙一倩　　浙江万里学院
黄立志　　長春工業大学
沈　一　　長春工業大学
熊　茜　　大連東軟信息学院

曹　静　　大連東軟信息学院
薛　婷　　大連東軟信息学院
鄭莉莉　　東北大学秦皇島分校
侯暁同　　江西財経大学
雷敏欣　　五邑大学
葉伊寧　　浙江大学寧波理工学院
陳　芳　　楽山師範学院
趙倩文　　吉林華橋外国語学院
田　園　　東師範大学
梁　瑩　　山東大学
張可欣　　黒竜江大学
馬　騳　　華僑大学
梁建城　　華南理工大学
高振家　　中国医科大学
張玉珠　　南京農業大学
李暁傑　　遼寧大学
陳閏怡　　上海海洋大学
孫君君　　安陽師範学院
張　悦　　連外国語大学
楊雪芬　　江農林大学
周琳琳　　遼寧師範学院
郭会敏　　山東大学(威海)
　　　　　翻訳学院日本語学部
王　碩　　ハルピン工業大学
曽　麗　　長沙明照日本語専修学院
喬薪羽　　吉林師範大学
方雨琦　　合肥学院
章　芸　　湘潭大学
金紅艶　　遼寧対外経貿学院
包倩艶　　湖州師範学院
陳　婷　　湖州師範学院
郭家斉　　国際関係学院
張　娟　　山西大学
王菊力慧　大連大学日本言語文化学院
龍俊汝　　湖南農業大学外国語学院
李婷婷　　青島農業大学
李　森　　大連工業大学

第8回
中国人の日本語作文コンクール受賞者一覧

最優秀賞

李欣晨　湖北大学

一等賞

俞妍驕　湖州師範学院
周夢雪　大連東軟情報学院
張鶴達　吉林華橋外国語学院
黄志翔　四川外語学院成都学院
王威　浙江大学寧波理工学院

二等賞

銭添　華東師範大学
張燕　長沙明照日本語専修学院
馮金津　大連東軟情報学院
魏娜　煙台大学外国語学院
張君君　大連大学
羅浩　江西財経大学
葉楠梅　紹興文理学院
周小慶　華東師範大学
施娜娜　浙江農林大学
高雅婷　浙江外国語学院
韓璐　大連工業大学
潘梅萍　江西財経大学
李雪松　上海海洋大学
李傑　東北大学
于添　西安交通大学

三等賞

劉珉　華東師範大学
呉智慧　青島農業大学
李暁珍　黒竜江大学
孫明朗　長春理工大学
王傑傑　合肥学院
周雲　上海師範大学天華学院
黄慧婷　長春工業大学
楊香　山東交通学院
洪雅琳　西安交通大学
王洪宜　成都外国語学校
張瀚　浙江万里学院
馬雯雯　中国海洋大学
周亜平　大連交通大学

張蕊　吉林華橋外国語学院
王璐　青島科技大学
鄭玉蘭　延辺大学
王晨蔚　浙江大学寧波理工学院
邱春恵　浙江万里学院
張妍　華僑大学
楊天鷺　大連東軟情報学院
郝美満　山西大学
李書琪　大連交通大学
李艶蕊　山東大学威海分校
王翠萍　湖州師範学院
許正東　寧波工程学院
張歓　吉林華橋外国語学院
楊彬彬　浙江大学城市学院
薛思思　山西大学
趙丹陽　中国海洋大学
楊潔　西安交通大学
李文静　五邑大学
劉庁庁　長春工業大学
佟佳　延辺大学
劉宏威　江西財経大学
牟穎　大連大学
石岩　黒竜江大学
郭思捷　浙江大学寧波理工学院
傅亜娟　湘潭大学
周亜亮　蕪湖職業技術学院
胡季静　華東師範大学

佳作賞

趙月　首都師範大学
閻涵　河南農業大学
楊世霞　桂林理工大学
蒋華群　井岡山大学
王暁華　山東外国語職業学院
呉望舒　北京語言大学
何楚紅　湖南農業大学東方科技学院
耿暁慧　山東省科技大学
郭映明　韶関大学
馬棟萍　聊城大学
曹妍　北京師範大学珠海分校
張晨　山東交通学院
范暁輝　山東工商学院
李峥　北京外国語大学

藍祥茹　福建対外経済貿易職業技術学院
魏衡　西安外国語大学
陳婷　上海外国語大学賢達経済人文学院
唐英　東北大学
逄磊　吉林師範大学
朱林　温州医学院
熊芳　湘潭大学
王亜欣　湖北第二師範学院
王穏娜　南京郵電大学
梁慶雲　広州鉄道職業技術学院
孫瑞　遼寧工業大学
柳康毅　西安交通大学城市学院
趙瀚雲　中国伝媒大学
林玲　海南大学
李冰倩　浙江理工大学
劉夢嬌　北京科技大学
呂揚　広州第六高等学校
郭君　江西農業大学
黄嘉穎　華南師範大学
張麗珍　菏澤学院
胡桑　湖南大学
呉佳琪　大連外国語学院
蘇永儀　広東培正学院
侯培渝　中山大学
陳絢妮　江西師範大学
袁麗娜　吉首大学張家界学院
劉莎　中南大学
段小娟　湖南工業大学
許穎穎　福建師範大学
劉艶龍　国際関係学院
張曼琪　北京郵電大学
任爽　重慶師範大学
李競一　中国人民大学
井惟麗　曲阜師範大学
張文宏　恵州学院
劉依蒙　東北育才学校
韓娜　東北大学秦皇島分校
王歓　東北大学秦皇島分校

第7回
中国人の日本語作文コンクール受賞者一覧

最優秀賞

胡万程　　国際関係学院

一等賞

顧　威　　中山大学
崔黎萍　　河南師範大学
曹　珍　　西安外国語大学
何洋洋　　蘭州理工大学
劉　念　　南京郵電大学

二等賞

程　丹　　福建師範大学
沈婷婷　　浙江外国語学院
李　爽　　長春理工大学
李桃莉　　暨南大学
李　胤　　上海外国語大学
李　竝　　上海海洋大学
李炆軒　　南京郵電大学
王　亜　　中国海洋大学
徐瀾境　　済南外国語学校
李　哲　　西安外国語大学
陳宋婷　　集美大学
楊　萍　　浙江理工大学
陳怡倩　　湘潭大学
趙　萌　　大連大学
陳凱静　　湘潭大学

三等賞

劉　偉　　河南師範大学
王鍶嘉　　山東大学威海分校
冉露雲　　重慶師範大学
李　娜　　南京郵電大学
黄斯麗　　江西財経大学
章亜鳳　　浙江農林大学
張雅妍　　暨南大学
王　玥　　北京外国語大学
趙雪妍　　山東大学威海分校
李金星　　北京林業大学
羅詩蕾　　東北育才外国語学校
莫倩雯　　北京外国語大学
趙安琪　　北京科技大学
欧陽文俊　国際関係学院

孫培培　　青島農業大学
郭　海　　暨南大学
孫　慧　　湘潭大学
張徐琦　　湖州師範学院
黄瑜玲　　湘潭大学
楊恒悦　　上海海洋大学
王吉彤　　西南交通大学
任　娜　　北京郵電大学
鄒　敏　　曲阜師範大学
徐芸妹　　福建師範大学
全　程　　南京外国語学校
鄭方鋭　　長安大学
秦丹丹　　吉林華橋外国語学院
張臻圜　　黒竜江大学
任　爽　　重慶師範大学
宋　麗　　黒竜江大学
宣佳春　　浙江越秀外国語学院
唐　敏　　南京郵電大学
李玉栄　　山東工商学院
陳　開　　浙江越秀外国語学院
皮錦燕　　江西農業大学
呉秀蓉　　湖州師範学院
殷林華　　東北大学秦皇島分校
黄　婷　　浙江万里学院
雷　平　　吉林華橋外国語学院
李嘉豪　　華僑大学

佳作賞

範夢婕　　江西財経大学
馮春苗　　西安外国語大学
路剣虹　　東北大学秦皇島分校
関麗嫦　　五邑大学
何　原　　天津工業大学
趙佳莉　　浙江外国語学院
崔松林　　中山大学
王　菁　　太原市外国語学校
馬聞晴　　同済大学
馬暁晨　　大連交通大学
蔡暁静　　福建師範大学
金艶萍　　吉林華橋外国語学院
付可慰　　蘭州理工大学
阮浩杰　　河南師範大学

黄明婧　　四川外語学院成都学院
高錐穎　　四川外語学院成都学院
童　何　　四川外語学院成都学院
李雅彤　　山東大学威海分校
聶南南　　中国海洋大学
王　瀾　　長春理工大学
王媛媛　　長春理工大学
朴太虹　　延辺大学
張イン　　延辺大学
呂　謙　　東北師範大学人文学院
車暁暁　　浙江大学城市学院
梁　穎　　河北工業大学
李逸婷　　上海市甘泉外国語中学
朱奕欣　　上海市甘泉外国語中学
靳小其　　河南科技大学
阮宗俊　　常州工学院
呉灿灿　　南京郵電大学
張　婷　　大連大学
趙世震　　大連大学
周辰微　　上海外国語学校
周　舫　　湘潭大学
華　瑶　　湘潭大学
霍小林　　山西大学
文　義　　長沙明照日本語専修学院
王　星　　杭州第二高等学校
李伊頓　　武漢実験外国語学校
王　瑾　　上海海洋大学
孫婧雯　　浙江理工大学
童　薇　　浙江理工大学
諸夢霞　　湖州師範学院
林　棟　　湖州師範学院
林爱萍　　嘉興学院平湖校区
張媛媛　　青島農業大学
顔依娜　　浙江越秀外国語学院
王丹婷　　浙江農林大学
陳婷婷　　浙江大学寧波理工学院

242

過去の受賞者名簿

第6回
中国人の日本語作文コンクール受賞者一覧

【学生の部】

最優秀賞

関 欣 　西安交通大学

一等賞

劉美麟 　長春理工大学
陳 昭 　中国伝媒大学
李欣昱 　北京外国語大学
碩 騰 　東北育才学校

二等賞

熊夢夢 　長春理工大学
徐小玲 　北京第二外国語大学大学院
鐘自鳴 　重慶師範大学
華 萍 　南通大学
郭 莼 　北京語言大学
王帥鋒 　湖州師範学院
薄文超 　黒竜江大学
彭 婧 　湘潭大学
盧夢霏 　華東師範大学
袁倩倩 　延辺大学
周 朝 　広東外語外貿大学
蒋暁萌 　青島農業大学
周榕榕 　浙江理工大学
王 黎 　天津工業大学
陳 娟 　湘潭大学

三等賞

樊昕怡 　南通大学
呉文静 　青島農業大学
潘琳娜 　湖州師範学院
楊怡璇 　西安外国語大学
王海豹 　無錫科技職業学院
侯 姣 　西安外国語大学
陸 婷 　浙江理工大学
張郁晨 　済南市外国語学校　高校部
張芙村 　天津工業大学
呉亜楠 　北京第二外国語大学大学院
沈 燕 　山東交通学院

張 聡 　延辺大学
許嬌蛟 　山西大学
張 進 　山東大学威海分校
方 蕾 　大連大学
林心泰 　北京第二外国語大学大学院
鐘 婷 　浙江農林大学
王瑶函 　揚州大学
甘芳芳 　浙江農林大学
王 媚 　安徽師範大学
杜紹春 　大連交通大学
金銀玉 　延辺大学
周新春 　湖州師範学院
趙久傑 　大連外国語学院
文 義 　長沙明照日本語専修学院
林萍萍 　浙江万里学院
高 翔 　青島農業大学
李億林 　翔飛日本進学塾
馬暁晨 　大連交通大学
呂星縁 　大連外国語学院
任一璨 　東北大学秦皇島分校

【社会人の部】

一等賞

安容実 　上海大和衡器有限会社

二等賞

黄海萍 　長沙明照日本語専修学院
宋春婷 　浙江盛美有限会社

三等賞

妽新祥 　河南省許昌学院外国語学院
蒙明超 　長沙明照日本語専修学院
湯福梅 　昆明バイオジェニック株式会社
洪 燕 　Infosys Technologies(China)Co Ltd
唐 丹 　長沙明照日本語専修学院
王冬莉 　蘇州工業園区サービスアウ
　　　　　トソーシング職業学院
桂 鈞 　中化国際
唐 旭 　常州職業技術学院

第5回
中国人の日本語作文コンクール受賞者一覧

【学生の部】

最優秀賞

郭文娟　青島大学

一等賞

張　妍　西安外国語大学
宋春婷　浙江林学院
段容鋒　吉首大学
繆婷婷　南京師範大学

二等賞

呉嘉禾　浙江万里学院
鄧　規　長沙明照日本語専修学院
劉　圓　青島農業大学
楊潔君　西安交通大学
戴唯燁　上海外国語大学
呉　玥　洛陽外国語学院
朴占玉　延辺大学
李国玲　西安交通大学
劉婷婷　天津工業大学
武若琳　南京師範大学
衣婧文　青島農業大学

三等賞

居雲瑩　南京師範大学
姚　遠　南京師範大学
程美玲　南京師範大学
孫　穎　山東大学
呉蓓玉　嘉興学院
邵明琪　山東大学威海分校
張紅梅　河北大学
陳　彪　華東師範大学
鮑　俏　東北電力大学
曹培培　中国海洋大学
龍斌鈺　北京語言大学
和娟娟　北京林業大学
涂堯木　上海外国語大学
王篠晗　湖州師範学院
魏夕然　長春理工大学

高　潔　嘉興学院
劉思邈　西安外国語大学
李世梅　湘潭大学
李麗梅　大連大学
謝夢影　暨南大学
馮艶妮　四川外国語学院
金麗花　大連民族学院
丁　浩　済南外国語学校
張　那　山東財政学院
姜　苗　中国海洋大学
韓若氷　山東大学威海分校
陳　雨　北京市工業大学
楊燕芳　厦門理工学院
閆　冬　ハルビン理工大学
朱　妍　西安交通大学
張姝嫻　中国伝媒大学
範　敏　聊城大学
沈釗立　上海師範大学天華学院
俞　婷　浙江大学寧波理工学院
胡晶坤　同済大学
温嘉盈　青島大学

【社会人の部】

一等賞

黄海萍　長沙明照日本語専修学院

二等賞

陳方正　西安 NEC 無線通信設備有限公司
徐程成　青島農業大学

三等賞

鄭家明　上海建江冷凍冷気工程公司
王　暉　アルバイト
翟　君　華鼎電子有限公司
張　科　常州朗鋭東洋伝動技術有限公司
単双玲　天津富士通天電子有限公司
李　明　私立華聯学院
胡旻穎　中国図書進出口上海公司

第4回
中国人の日本語作文コンクール受賞者一覧

【学生の部】

最優秀賞

徐　蓓　　北京大学

一等賞

楊志偉　　青島農業大学
馬曉曉　　湘潭大学
欧陽展鳴　広東工業大学

二等賞

張若童　　集美大学
葉麗麗　　華中師範大学
張　傑　　山東大学威海分校
宋春婷　　浙江林学院
叢　晶　　北京郵電大学
袁少玲　　暨南大学
賀逢申　　上海師範大学
賀俊斌　　西安外国語大学
呉　珺　　対外経済貿易大学
周麗萍　　浙江林学院

三等賞

王建升　　外交学院
許　慧　　上海師範大学
龔　怡　　湖北民族学院
範　静　　威海職業技術学院
趙　婧　　西南交通大学
顧静燕　　上海師範大学天華学院
牛江偉　　北京郵電大学
陳露穎　　西南交通大学
馬向思　　河北大学
鐘　倩　　西安外国語大学
王　海　　華中師範大学
許海濱　　武漢大学
劉学菲　　蘭州理工大学
顧小逸　　三江学院

黄哲慧　　浙江万里学院
蘆　会　　西安外国語大学
陳雯文　　湖州師範学院
金　美　　延辺大学
陳美英　　福建師範大学
金麗花　　大連民族学院

【社会人の部】

最優秀賞

張桐赫　　湘潭大学外国語学院

一等賞

葛　寧　　花旗数据処理（上海）有限公司
　　　　　大連分公司
李　榛　　青島日本人学校
胡　波　　無錫相川鉄龍電子有限公司

二等賞

袁　珺　　国際協力機構 JICA 成都事務所
張　羽　　北京培黎職業学院
李　明　　私立華聯学院
陳嫺婷　　上海郡是新塑材有限公司

三等賞

楊鄒利　　主婦
肖鳳超　　無職

特別賞

周西榕　　定年退職

第3回
中国人の日本語作文コンクール受賞者一覧

【学生の部】
最優秀賞

陳歆馨　　暨南大学

一等賞

何美娜　　河北大学
徐一竹　　哈尔濱理工大学
劉良策　　吉林大学

二等賞

廖孟婷　　集美大学
任麗潔　　大連理工大学
黄　敏　　北師範大学
張　旭　　遼寧師範大学
金美子　　西安外国語大学
賴麗苹　　哈尔濱理工大学
史明洲　　山東大学
姜　燕　　長春大学
謝娉彦　　西安外国語大学
銭　程　　哈尔濱理工大学

三等賞

黄　昱　　北京師範大学
張　晶　　上海交通大学
呉　瑩　　華東師範大学
蔡葭俍　　華東師範大学
曹　英　　華東師範大学
楊小萍　　南開大学
于璐璐　　大連一中
徐　蕾　　遼寧師範大学
陸　璐　　遼寧師範大学
黄　聡　　大連大学
劉　暢　　吉林大学
張　惠　　吉林大学
鄧瑞娟　　吉林大学
劉瑞利　　吉林大学
劉　闖　　山東大学
胡嬌龍　　威海職業技術学院

石　磊　　山東大学威海分校
林　杰　　山東大学威海分校
叶根源　　山東大学威海分校
殷曉谷　　哈尔濱理工大学
劉舒景　　哈尔濱理工大学
劉雪潔　　河北経貿大学
尹　鈺　　河北経貿大学
張文娜　　河北師範大学
付婷婷　　西南交通大学
張小柯　　河南師範大学
張　麗　　河南師範大学
文威入　　洛陽外国語学院
王　琳　　西安外国語大学
趙　婷　　西安外国語大学
許　多　　西安外国語大学
田　甜　　安徽大学
朱麗亞　　寧波大学
劉子奇　　廈門大学
朱嘉韵　　廈門大学
胡　岸　　南京農業大学
張卓蓮　　三江学院
代小艶　　西北大学

【社会人の部】

一等賞

章羽紅　　中南民族大学外国語学部

二等賞

張　浩　　中船重工集団公司第七一二研究所
張　妍　　東軟集団有限公司

三等賞

陳曉翔　　桐郷市科学技術協会
厳立君　　中国海洋大学青島学院
李　明　　瀋陽出版社
陳莉莉　　富士膠片(中国)投資有限公司広州分公司
朱湘英　　珠海天下浙商帳篷有限公司

過去の受賞者名簿

━━━━━━━━ 第2回 ━━━━━━━━
中国人の日本語作文コンクール受賞者一覧

最優秀賞

付暁璇　吉林大学

一等賞

陳　楠　　　集美大学
雷　蕾　　　北京師範大学
石金花　　　洛陽外国語学院

二等賞

陳　茜　　　江西財経大学
周熠琳　　　上海交通大学
庄　恒　　　山東大学威海分校
劉　麗　　　遼寧師範大学
王　瑩　　　遼寧師範大学
王荧艶　　　蘭州理工大学
張　嵬　　　瀋陽師範大学
張光新　　　洛陽外国語学院
王虹娜　　　厦門大学
許　峰　　　対外経済貿易大学

三等賞

曹文佳　　　天津外国語学院
陳　晨　　　河南師範大学
陳燕青　　　福建師範大学
成　慧　　　洛陽外国語学院
崔英才　　　延辺大学
付　瑶　　　遼寧師範大学
何　倩　　　威海職業技術学院
侯　儁　　　吉林大学
黄丹蓉　　　厦門大学
黄燕華　　　中国海洋大学
季　静　　　遼寧大学
江　艶　　　寧波工程学院
姜紅蕾　　　山東大学威海分校
金春香　　　延辺大学

金明淑　　　大連民族学院
李建川　　　西南交通大学
李　艶　　　東北師範大学
李一菡　　　上海交通大学
林茹敏　　　哈尔濱理工大学
劉忱忱　　　吉林大学
劉　音　　　電子科技大学
劉玉君　　　東北師範大学
龍　儁　　　電子科技大学
陸暁鳴　　　遼寧師範大学
羅雪梅　　　延辺大学
銭潔霞　　　上海交通大学
任麗潔　　　大連理工大学
沈娟華　　　首都師範大学
沈　陽　　　遼寧師範大学
蘇　琦　　　遼寧師範大学
譚仁岸　　　広東外語外貿大学
王　博　　　威海職業技術学院
王月婷　　　遼寧師範大学
王　超　　　南京航空航天大学
韋　佳　　　首都師範大学
肖　威　　　洛陽外国語学院
謝程程　　　西安交通大学
徐　蕾　　　遼寧師範大学
厳孝翠　　　天津外国語学院
閻暁坤　　　内蒙古民族大学
楊　暁　　　威海職業技術学院
姚　希　　　洛陽外国語学院
于菲菲　　　山東大学威海分校
于　琦　　　中国海洋大学
于暁艶　　　遼寧師範大学
張　瑾　　　洛陽外国語学院
張　恵　　　吉林大学
張　艶　　　哈尔濱理工大学
張　釗　　　洛陽外国語学院
周彩華　　　西安交通大学

第1回
中国人の日本語作文コンクール受賞者一覧

特賞・大森和夫賞

石金花　洛陽外国語学院

一等賞

高　静　南京大学
王　強　吉林大学
崔英才　延辺大学

二等賞

楊　琳　洛陽外国語学院
王健蕾　北京語言大学
李暁霞　哈爾濱工業大学
楽　馨　北京師範大学
徐　美　天津外国語学院
唐英林　山東大学威海校翻訳学院
梁　佳　青島大学
陶　金　遼寧師範大学
徐怡珺　上海師範大学
龍麗莉　北京日本学研究センター

三等賞

孫勝広　吉林大学
丁兆鳳　哈爾濱工業大学
李　晶　天津外国語学院
厳春英　北京師範大学
丁夏萍　上海師範大学
盛　青　上海師範大学
白重健　哈爾濱工業大学
何藹怡　人民大学
洪　穎　北京第二外国語学院
任麗潔　大連理工大学
于　亮　遼寧師範大学
汪水蓮　河南科技大学
高　峰　遼寧師範大学
李志峰　北京第二外国語学院

陳新妍　遼寧師範大学
姜妒羽　東北師範大学
孫英英　山西財経大学
夏学微　中南大学
許偉偉　外交学院
姜麗偉　中国海洋大学
呉艶娟　蘇州大学
蘇徳容　大連理工大学
孟祥秋　哈爾濱理工大学
李松雪　東北師範大学
楊松梅　清華大学
金蓮実　黒竜江東方学院
陳錦彬　福建師範大学
李燕傑　哈爾濱理工大学
潘　寧　中山大学
楊可立　華南師範大学
陳文君　寧波大学
李芬慧　大連民族学院
尹聖愛　哈爾濱工業大学
付大鵬　北京語言大学
趙玲玲　大連理工大学
李　艶　東北師範大学
魯　強　大連理工大学
蘇江麗　北京郵電大学
姚軍鋒　三江学院
宋　文　大連理工大学
張秠秠　黒竜江東方学院
崔京玉　延辺大学
裴保力　寧師範大学
鄧　莫　遼寧師範大学
田洪涛　哈爾濱理工大学
劉　琳　寧波大学
王　暉　青島大学
李　勁　大連理工大学
劉　麗　遼寧師範大学
武　艶　東北師範大学

248

第1〜4回、中国人の日本語作文コンクール受賞作文集

第5～8回、中国人の日本語作文コンクール受賞作文集

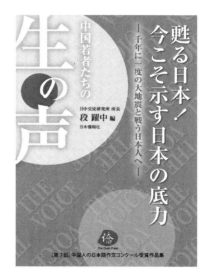

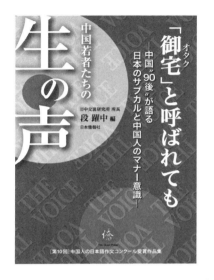 

第9～12回、中国人の日本語作文コンクール受賞作文集

第13回、中国人の日本語作文コンクール受賞作文集

2006年（平成18年）5月30日　火曜日　43154号　（日刊）

中国語作文コンクールを開いた日中交流研究所長

段_{ドゥワン} 躍_{ユエ} 中_{ジョン} さん（48）

ひと

日本人が対象の中国語作文コンクールは珍しい。奔走したのは、日中の相互理解を深めることが、在日中国人の責務と決意したからだ。「犯罪や反日デモの報道だけで、暗いイメージが祖国に定着するのは耐え難い」

243人が応募、優秀作36点に和訳を付け、「我們永遠是朋友（私たちは永遠の友人）」と題し出版した。中国の新聞社などに100冊を送った。

「日本語が読めない中国人にも、中国が好きな日本人の心情が伝わる意義は大きい」

きっかけは、中国人学生向けの日本語作文コンクールの受賞式に、04年に招かれたこと。大森和夫・国際交流研究所長が私財を投じ、12年間続けてきた。中国人の日本語能力の向上と、対日理解の進展ぶりに感激した。

大森氏が事業の継続に限界を感じ断念したため、引き継ぐ一方、日本人も中国語で発信すれば「国民同士の本音の交流が広がる」と思い、日中交流研究所を設立した。

妻の日本留学を機に、中国青年報社を退職し、91年に北京から来日。在日中国人の活動を紹介する情報誌「日本僑報」を創刊、130冊の本を出版してきた。メールマガジンの読者は約1万人。

だが、不信感は日中双方の一部に根強い。自身のブログが批判されることもあり、運営費の工面にも四苦八苦だ。来年は国交回復35周年。「受賞者同士が語る場を作り、顔も見える交流にしたい」

文・写真　伊藤　政彦

ひと

日中作文コンクールを主催する在日中国人

段 躍中さん
（だん やくちゅう）

「両国民の相互理解を深めようと奔走する民間の努力が台なしになった。15日の参拝は、傷つけられた中国人の心の傷口をさらに広げただけ」

小泉純一郎首相の靖国神社参拝を巡って揺れ続ける日中関係を憂う。

靖国参拝が続いたこの5年、双方の民衆に不信感が広がるのを感じた。

「在日中国人ができること」。国の受賞者でフォーラムを開き、顔を合わせて語り合う場を作りたい」。今こそ民間の友好を培

これこそ民間の友好を培う力になる」と説く。

年、中国人1616人が応募した。日本人側は現報」の記者だったが、妻は日本語と中国語の対訳で書かれた新スタイルのこれは在日中国人の責務だ」。そう自らに課す。

「多くの人は相手の国について報道などの限られた情報しか知らない。民衆が相手の言葉で自分の気持ちを伝えていく。

コンクールを始めた。

とは何か」と考え、昨年1月、日中交流研究所を設立。中国人の日本語作文と日本人の中国語作文コンクールを始めた。

本音を伝え合い
理解を深める努力を

在日中国人の活躍ぶりが40冊に上り、ホームページへのアクセスは1日3000件を超す。

「日中関係が冷え込むこんな時こそ、民間の間に交流チャンネルを張り巡らせていかなければ。

中国人の活動を記録し始め、96年から活動情報誌「日本僑報」を発行。出版も始めた。5年前から中国有力紙「中国青年報」版も始めた。

ほとんど紹介されていない実態だった。自ら在日中国人の活動を記録し始

中国湖南省出身。「現代中国人の日本留学」など著書多数。48歳。中国語作文の募集要項は、http://duan.jp/jc.htm。日中交流研究所は03・5956・2808。

文と写真・鈴木玲子

毎日新聞 発言

段躍中　日本僑報社編集長

草の根発信で日中をつなごう

中国在住の日本語学習者を対象とした日本語作文コンクールを主催して9年になる。

毎回、中国全土で日本語を勉強する留学未経験者たちから約3000もの力作が寄せられるが、昨年来の両国関係の悪化による影響で応募が減るのではないかと心配していた。

だが、蓋を開けるといつもと変わらぬ数の作品が寄せられ、胸をなでおろした。同時に長年、日中の草の根交流活動に従事している立場として

この状況下でも日本語を熱心に勉強している中国人学生が数多くいるとは、うれしい気持ちにもなった。

今年のテーマは「中国人の心を動かした『日本力』」とした。それは、中国と国との関係がどれほど冷え込もうとも「感動」は両国民の心をつないでくれると考えたからだ。応募作には作者自身や、家族、友人が体感した日本文化や触れ合った日本人から受けた感動的なエピソードが若者らしいみずみずしい文章で描かれて

おり、彼らを感動させた「日本力」は審査員を務めた日本人にさえ日本の素晴らしさを再認識させた。

それら「日本力」は世界的に有名な日本のアニメなどのサブカルチャーと同様、全世界に発信される「ソフトパワー」だ。このパワーこそ日中関係改善の切り札になり得る。

コンクールの応募者たちは、時に周りから日本を学ぶことを批判されながらも日本語を勉強しいそしんでいるのは、世界には日本の良

さを理解者でもある日本語学習者や「日本ファン」が大勢いる。あなた

日本という「引っ越しできない隣人同士」が“ウィンウィン”の関係を築くためには、お互いが尊重し合い、気持ちを通わせながら関係を築

くことが必要ではないかと思う。その実現には、両国の政治家やメディアの努力ももちろん重要だが、一般市民の努力も必要だ。だからこそ日本の人々にも、先に述べたような新メディアを活用して自ら中国に対してアピールする「発信者」になってもらいたいと思うのだ。

「謙虚さ」は日本人が持つ素晴らしい特徴ではあるが、この場面では不要だ。「中国語や英語ができないから……」と引込みする人もいるかもしれないが、世界には日本の良

さを理解者でもある日本語学習者や「日本ファン」が大勢いる。あなたが、インターネットを通して日本語で発信した言葉がそれらの人を介して

1991年に来日した筆者は東京を拠点に、日本語作文コンクール、日本人及び在日中国人向けの「星期日漢語角」(日曜中国語コーナー)などの活動(日曜中国語コーナー)を行っているが、皆さんに「日中関係改善のための発信者の会」の設立を呼びかけたい。一人でも多くの「日本人発信者」が参加し、両国関係の改善に「投資」してくれることを願っている。

だん・やくちゅう　元中国青年報記者。編著書「中国人がいつも大声で喋るのはなんでなのか?」

朝日新聞

2013年（平成25年）12月7日

私の視点

日本僑報社編集長
段 躍中（だん やくちゅう）

日中友好　冷めぬ中国の日本語学習熱

国交正常化後で最悪と言われる日中関係だが、中国の若者の日本への興味と関心まで冷え込んでいるわけではない。中国で日本語を学習している留学未経験の学生を対象にした「中国人の日本語作文コンクール」で、今年は応募数の減少が懸念されたが、例年と変わらない盛況だった。「日本語学習熱は冷めていない。」

コンクールは私が代表を務め、日本僑報社と日中交流研究所が2005年から開催してきた。これまで9回の今年はテーマを「感動」にした。両国関係が試練に見舞われる「感動」が両国民の心をつなぐきっかけになると考えたからだ。日中関係が悪化する中、日本語を学習することが、「難しい立場」に立つことになる。それでも、中国国内で日本人と接し、自分や家族の日常生活の中で、感動した体験を愚直に描いていた。

いちいちの優雅さを短い言葉の中で語る和歌の世界や、出会った一週間しかたたない中国人の「不尽」と、おもてなしの精神で誕生日を祝ってくれる研修仲間、旅行で訪れた日本で迷子になり……。

道を尋ねると、目的地まで連れて行ってくれた夫婦……。

そこには政治的な対立を乗り越え、積極的に交流を続け、中国で日本の友好を育むとする、ごく普通の日中の市民の姿が登場する。もちろん、文化や習慣の違いは大きい。「相互理解」と言っても、実生活で簡単に実現するものではない。そこを意識したに、互いの違いを認め、お互いを尊重し合うという強い意識、お互いを大事にしようという前提に立てば、違いは共感にもつづられる。こういった体験は、コンクールの入選作から感動真摯につづられている。

中国在住の学習者とは限らない日本語のレベルが上限なく日本語のレベルが高いものが多い。「入選作品集」は、中国では日本語学習教材にも利用されている。するコンクールの審査員たちは「日中関係の将来に頼らない存在になる両国の若者が、真剣に取り組もうとしている」と高く評価するようになった。日本人のもと上がった。

「生の声」とも言える入選作品集から日本の若者、そしてこうした立場にあっても、日本人でも、少しでも多くの方に、ぜひ手にとって読んでいただきたい。「日中友好活動に携わる立場に多いので、みんなも応援していただければ、彼らの「日本」は、きっとみなさんの心も感動させるはずだ。

東京新聞

2013年（平成25年）3月26日(火曜日)

日本語を学ぶ中国人学生

五味 洋治

対立憂う 懸け橋の卵たち

二〇〇九年の調査で、中国の日本語学習者数は約八十三万人、独学者も含め、中国に三百万人に及ぶ。世界で韓国（一九十八万人）に次いで、二番目に多い。国際交流基金などが行う日本語能力試験はは今年全土の約十七万人が受験。日本語専攻は学部大学生たち、日本語人材が多い。最近、中国の外相……

沖縄県・尖閣諸島を巡る日本政府の国有化から十年。日中の対立は島をめぐる日本と中国の対立は「一向に改善する気配がない。日本語を学んでいる中国の学生たちは就職や日本留学が難しくなり、将来への不安を抱いている。

李さんは、今年一月、作文コンクール優秀賞の副賞で日本を訪問した。「過激な行動をとる中国人もいるが、黙っておれない人もいることを伝えたかった」、日本への思いを強く感じました。日本への先入観がなくなる自分なりの力を発揮していきたいです」と話した。

外交官志望の学生国際関係大学の彭さん（二一）は昨年五月、中国大学生日語作文コンクールで最優秀賞と外務大臣賞を受賞。「日中関係改善するにはどのようにはどうすべきか」とスピーチした。「日本語を学ぶ私は、自分の力で日中友好に尽くす。

「日中関係がきれいないとしても、自分の留学を準備しています」と話す陽大使（二二）は作文で「外交関係の基本は、四年生は日刊外務大臣程さんは、「外交の基本原則は国の利益を主張し、双方の国益を踏まえ決が困難な場合は、双方、暫定的に棚上げすることもやむを得ない」と提案した。

しかし、静観すると主張するだけではいけないと指摘する。尖閣諸島の問題を見てい。「日本人の友人に教わった。こえんな中、中国の多くの日本人に友達になって、より多くの中国人に、少しずつ日中友好の輪を広げていくのが私たちの夢。」彼は夢を語った。

日中関係を改善するには十中八九双方向の努力、相手国に語るしかないでしょう？それに、中国人以上にあえる日本人にも、対立の溝がどんなに深いのがわからず戸惑っている多いと思う。中国の多くの友達に、より多くの日本人に友達になって、より多くの中国人に、少しずつ日中友好の輪を広げていくのが私たちの夢。」彼は夢を語った。

私の本は六章、李さんは一月、安倍首相に宛てた手紙をさし、尖閣諸島について公邸側にあるのか、しかし中国側にも言い分があるのか、和解する手紙だ。日本を代表する首相がこの手紙に対し、反対せずに誠意ある未来に導いてくれるのがほしいし、ぜひ読んでほしい。（編集委員）

論点

日中関係改善への一歩

小さな市民交流 重ねて

段 躍中 氏

「中国青年報」記者を経て1991年来日。新潟大院博士課程修了。96年に日本で出版社「日本僑報社」設立、編集長。55歳。

領土や歴史認識に関する主張が対立する日中関係の改善は、残念ながら、当面は望めない。そんな中で、市民の立場からも、少しでも関係が良い方へ向かうよう、自ら考えて行動すべきではないだろうか。

私も微力ながら相互理解に役立てばと、6年前から東京・西池袋公園で「漢語角」という中国語の交流会を行ったり、中国で日本語を勉強している学生が対象の日本語作文コンクールを主催したりしている。コンクールは今年で10回目を迎え、毎年約3000もの作品が寄せられる。応募数は、日中関係が悪化した2012年以降も減っていない。日本語の水準は様々だが、「中国のごく普通の若者が一生懸命日本語で書いたもの」という点で共通しており、非常に大きな意味を持つと思う。

彼らの多くは日本のアニメやドラマなどのサブカルチャーから日本に興味をもったようで、今年は作文コンクールのテーマの一つを「ACG（アニメ・コミック・ゲーム）と私」とした。

「日本語を学ぶことには至らないが、そうしたものが大好きな中国人は多い。日本の企業が作った電化製品や自動車などを高く評価し、好んで購入する人たちも常に存在する。つまり、中国には相当数の「日本ファン」がいるのだ。

そこで、日本国民にお願いしたいのが、「日本ファン」のサポートだ。

例えば、最近では日本各地で中国人旅行者と遭遇する機会が多くなっていると思う。買い物のためだけに来日したという印象を持たれるかもしれないが、彼らにとって日本への旅費は決して安くなく、「日本を楽しもう」という思いは、欧米からの旅行者より強いかもだ。日本語を学ぶこともしれない。サポートとは、中国人旅行者が困っているのを見かけた時、ほんの少しでも手を差し伸べてもらえないかということだ。道に迷っているなら交番を教えるだけでもいい。店舗内中国から来た友人にプレゼントしたと書いてあった。

私は感激するとともに、草の根交流を推進する者として、非常に刺激を受けた。

今はフェイスブックやツイッターなどもある。街で見知らぬ中国人に声をかけることができなくても、こうしたツールを活用して一般市民が両国の「良い部分」を伝え、広められる。それを読んだ中国人から、拙い日本語で書かれたメッセージを日本人が受け取る日が来れば、日中関係が改善に向かう、小さいが確実な一歩となるだろう。

日本人の友人、もう1冊は中国から来た友人にプレゼントしたと書いてあった。

けで構わない。小さな親切は良い思い出として残り、帰国後に周囲に語られ、さらにその周囲にも広がる。

一つの"小さな国際交流"で影響を与えられる人数は少なくても、その機会が多ければ多いほど、影響される人数も増えていく。

ほかにも、市民にできる行動はある。

先日、昨年の日本語作文コンクールの受賞作をまとめた書籍「中国人の心を動かした『日本力』」に関する読売新聞の記事を読んだ女性から、3冊注文が入った。後日頂戴したはがきには、1冊は自分用、もう1冊は

THE YOMIURI SHIMBUN
讀賣新聞 2014年9月22日

popstyle Cool

受験、恋…
関心は同じ

「中国の若者の間での日本のサブカルチャーの影響力を思い知りました」。中国で日本語を学んでいる学生が対象の日本語作文コンクールを主催しているが、10回目の今年、テーマの一つを「ACG（アニメ・コミック・ゲーム）と私」にしたら、過去最多の4133人の応募者のうち約8割が、それを選んだからだ。

中国の全国紙「中国青年報」記者を経て、1991年8月に来日し、日本生活は23年になる。95年に新潟大学大学院に入学し、中国人の日本留学についての研究に取り組んだ。96年に「日本僑報社」を設立、まず月刊誌刊行を始めた。「日中の相互理解のために役立つ良書を出版したい」との思いから、中国のベストセラーの邦訳などを出している。

2006年には、大学受験生たちを描いた中国のベストセラー小説『何たって高三! 僕らの中国受験戦争』の邦訳を出版。昨年9月には、不倫や老いらくの恋などの人間模様を描いた現代小説『新結婚時代』の邦訳書を出した。「中国社会は大きく変化を遂げており、日本人と中国人の関心事が重なるケースが多くなってきています」

中国人の作文コンクールの作品集も毎年出版しており、第9回のタイトルは『中国人の心を動かした「日本力」』だった。一方、日本の書籍の版権を取り次ぎ、中国で出版する仲立ちもつとめている。その成果の一つとして、日本の与野党政治家の思いをまとめて02年に出た『私が総理になったなら 若き日本のリーダーたち』が、04年に中国で翻訳・出版された。「今後も『日本力』を中国に伝える仕事をしていきたい」と力を込める。

日本僑報社編集長
段躍中 さん 56
DUAN Yuezhong

▲ 中国人の日本語作文集や中国小説の邦訳本を書棚から取り出す段躍中さん（東京都内の日本僑報社で）

朝日新聞

オピニオン　12版▲　2012年（平成24年）12月24日　月曜日

風

坂尻 信義

北京から

日本語を学ぶ　若者の草の根交流が氷を砕く

（中国総局長）

風

古谷 浩一

北京から

悪化する日中関係　それでも日本語を学ぶ若者

（中国総局長）

朝日新聞

2014年（平成26年）1月27日

書評委員 お薦め「今年の3点」

高原 明生

①「反日」以前 中国対日工作者たちの回想（水谷尚子著、文藝春秋・1800円）
②中国残留日本人 「棄民」の経過と、帰国後の苦難（大久保真紀著、高文研・2520円）
③受賞作品集《読ませたい！聞かせたい！　第一回中国人の日本語作文コンクール受賞作品集》（日本僑報社・1890円）

①は戦中戦後に捕虜などに従事した対日工作者たちの貴重な回想録。日本と日本人に深い理解と愛情を有した彼らに、日本人も強い敬愛の念を抱いたことが戦後の日中友好運動の牽引力だったと説く。日中関係の基本に光を当てる労作だ。

②は邦人送還などに従事した中国で中国に残留せざるをえなかった婦人や孤児は酸鼻な苦しみを味わった。長年の取材をもとに、困難が帰国後も続くことを伝える。この人たちをこれ以上苦しめるのか、日本社会の本気が問われる。

③は中国人学生による日本語作文コンクールの入選作集。これを読むと、日中間の「壁」を崩せそうな明るく爽やかな思いを感ずる。祖国を敬愛しつつ、中国を追う青年たちの明るく聡明な思いに光を当てる労作だ。旧満州には150万人以上の日本人がいた。その中、日本人は誰しでも同じだ。

朝日新聞

産経新聞 2014年7月31日

日本僑報社編集長
段 躍中 (東京都豊島区)

アピール
日中友好支える日本語教師の努力

国際交流基金の日本語教育に関する調査によれば、2012年度に世界で約400万人の人々が日本語を勉強しており、うち約104万人が中国の学習者だったという。

驚いたのは、ここ数年、日中関係はどん底とも言われる冷え込みの中にあるにもかかわらず、学習者数が2009年度より20万人以上も増加しており、日本語教育機関の数も同年度比で5・4％増の1800施設だったことである。

私は毎年、「中国人の日本語作文コンクール」を主催しているが、10回目を迎えた今年、応募作が数多くあった。

しかし、彼らのほとんどは外野の圧力に屈することなく日本語学習を続け、日本や日本人への理解を深め、日本語だけにあまり左右されない、中国での日本語学習熱は、両国関係にあまり左右されない。

中国人のことを嫌いに思いつつ、現在のように両国トップが対話できない状況下で、国と国とをつなぐのは市民同士の交流以外にないと思うからだ。

日本語学習者という"日中市民交流大使"の育成には、日本語教師、とりわけ日本の本当の姿を正確に伝えられる日本人教師の皆さんの力添えが必要である。コンクールには、そのような高い志をもつ日本語教師をたたえる賞を設けることにした。賞が少しでも彼らを勇気づけ、日本語教師の励みになれば、と心から願っている。

ただし、中国の日本語学習者や日本語教師を取り巻く状況はかなり厳しく、彼らの存在こそ、今後の日中関係において非常に重要だと考えている。日本に好印象を抱いて日本語学習を通じて日本に好印象を抱く可能性のある人が、100万人以上もいるわけだ。

事実、コンクールの応募数の数字を目にして、それが確信に変わると同時に、感動すら覚えた。

讀賣新聞

2013年(平成25年) 2月24日日曜日

中国人がいつも大声で喋るのはなんでなのか？
段躍中編　日本僑報社　2000円

評・須藤　靖（宇宙物理学者・東京大教授）

相互理解に様々な視点

それそれ、そうだよね。そんな声の合唱が聞こえてくるような秀逸かつ直球のタイトル。この宇宙がダークエネルギーに支配されているのはなぜか、大阪人にバキューンと撃つマネをすると必ず胸を押さえて倒れてくれるのはなぜか、などと同レベルの深く根源的な問いかけだ。

しかし本書はそれとは、一線を画し、日本語を学ぶ中国人学生を対象とした『第8回中国人の日本語作文コンクール受賞作品集』なのだ。

大声で主張するのは自信と誠実さを示す美徳だと評価され学校教育で繰り返し奨励されているという意外な事実。発音が複雑な中国語は大声で明瞭に喋ることは不可欠。はたまた、通信事情が悪い中国では大声で喋らないと電話が通じない、という珍説も飛び出す。公共の場所において大声で喋るのは、他人を思いやらない無神経さの表れ。日本人が抱きがちなそんな悪印象が、視点をずらすだけでずいぶん変化する。

チマチマした印税稼ぎのために軽薄な新書の類を押し付ける似非社会学者による使い捨て新書の類いか？という疑念も湧きそうだ。〈残念ながら現代社会にその手の書籍が蔓延している〉のも事実〉。しかし本書はそれらとは、一線を画し……

＜農村部の人々の結びつきや、はるか遠くからでも大声で会話を始める農村部の人々の結びつきや、はるか遠くからでも大声で会話を始める農うらやましい文化ではないか。いかにも文集という素朴な雰囲気の装丁の中、日中両国を愛する中国人学生61名が、文化の違いと相互理解・歩み寄りについて、様々な視点から真摯に、かつ生の声で語りかけてくるのが心地良い。

酔っぱらった時の声がうるさいと、家内にいつも大声で叱責される私。しかし故郷の高知県での酒席は到底太刀打ちできない喧しさ。でも単なる聞き役に回る私ですら飛び交う大声で不快どころか楽しさの象徴だ。高知県人は深い大皿に盛られた料理を大勢で囲み、にぎやかに喋るのが好きなのだ。日本人の視点でも、ところで一衣帯水の中国と文化を共有しているらしい。中国移住を真剣に検討すべきだろうか。

◇だん・やくちゅう＝1958年、中国・湖南省生まれ。91年に来日し、新潟大大学院修了。日本僑報社編集長。

日本経済新聞

2016. 12. 26

春秋

流行語にもなった「爆買い」。一時の勢いは衰えたともいわれるが、その隆盛を同じ国の若者はどう感じているのだろう。中国で日本語を学ぶ学生たちの作文集『訪日中国人「爆買い」以外にできること』が出版されたので読んでみた。彼らの日本旅行記が印象深い。

▼演習のある学生は初の訪問地に大阪を選ぶ。「浪花恋しぐれ」の舞台、法善寺横丁を見るためだ。店の人や客たちと大阪弁で盛り上がる。歌詞に登場する落語家について解説を受ける。店での時間を思い出し慨深い気持ちになった。「爆買いだけしかしないなら、忘れがたい思い出を作ることは難しい」と記す。

▼別の学生は長野県の農村に足を運ぶ。無農薬の野菜作りに驚き、ブドウやリンゴのみずみずしさに「中国のものと全く違う」と思う。環境汚染に悩む母国と、公害問題の解決に努力した日本。国内にいると急速な発展にうぬぼれがちだ。「同胞たちよ、観光地や買い物以外に、本当の日本を体験しよう」と呼びかけている。

▼「爆買い」が注目される裏に、マナーの悪さにまゆをひそめるニュアンスを読み取る学生もいる。前向きな好奇心、感受性、潔癖感が行間からあふれ、何ともまぶしい。年末年始、国を離れ海外で過ごす人の出国ラッシュがもうすぐ始まる。日本の若者も異国の素顔を知り、母国を見つめ直す経験を積んでほしいと願う。

「大声で喋る」中国人と「沈黙のなか」で生きる日本人が理解し合う知恵を

佐高 信の政経外科
Sataka Makoto

連載 683

Layout Kazuhiro Tada

日中交流研究所所長の段躍中が編んだ『中国人がいつも大声で喋るのはなんでなのか?』(日本僑報社)という『中国人の日本語作文コンクール受賞作品集』がある。「中国若者たちの生の声」を集めたもので、第八回のコンクールの作品集だ。日本への留学経験のない中国人の学生を対象に募集された。

テーマもユニークだが、中にいろいろな声が出てくる。

大連交通大学の李書琪は、パリのノートルダム寺院には、漢字で「静かに」と注意の紙が貼ってある、と書き始める。

山東大学威海分校の李艶蕊の実家の説明が説得力があるが、彼女の実家を含めて中国では十三億の人口のうち、九億ほどが農民であり、彼らは畑や市場で、たとえば、

「君のトウモロコシは良いね」

「そんなことないよ、天候がよくないから」

といった遣り取りを大声でする。中国人は賑やかさこそがいいことだと思っているからでもある。

李は「最近は農村から都市に移り住む人が多くなったが、彼らは大声の習慣も持ってきた」と指摘する。

長春工業大学の黄慧婷は、中国人の彼と日本人の彼女が恋人になった時のことを書く。

「もう我慢できない。あなたと一緒にいるのは恥ずかしいの。いつも大声で喋るなんて、信じられない」

怒りを爆発させた彼女に、彼は一瞬黙り、にっこりと笑って言った。

「皆にはっきりと僕の気持ちを伝えるためだよ。もちろん、君にもそうだよ」

日中友好の象徴パンダの「鈍感力」が両国に必要だ

こうした違いを踏まえて、浙江大学波理工学院の王威は「十四億人で『海外で心惹かれる国』を問われ『昔の中国』と答えたらしい。

政治家や経済評論家だけが新聞やテレビにいつも出て、お互いの国の話をするのはおかしくないだろうか。

国の中では、政治家や経済学者よりも、一般民衆の方がずっと多く働いている。一つの国の本当の姿は、その国の民衆を見なければならない。利益より、日本と人間の温情を強調し、他国の道徳観に対しては、責こそ両国のマスコミが持つべき態度ではないか」と提言する。

華東師範大学の銭漆の「パンダをものを見てみよう!」も憐憫に価する。

日本と中国の間の暗い過去を乗り越え、偏狭なナショナリズムから脱して、恒久的な平和を築くためにはパンダが教えてくれる「鈍感力」が必要だというのである。

「パンダは物事に対して決して鈍いわけではなく、ただ余裕を持って過ごしているだけだ。いちいち大騒ぎするのではなく、寛容な態度で物事に接することこそ、両国国民の親近感を高めるのに最も欠かせないものなのではないか」

これを読むと、日中友好のシンボルのパンダが、また違って見えてくるだろう。

女優の檀れいは、あるテレビ番組で「海外で心惹かれる国」を問われ「昔の中国」と答えたらしい。

「昔の中国」は、現在とは逆に、「沈黙」が問題だった。

ドレイ根性を排した魯迅がこう嘆いたようにである。

「私は衰亡する民族の黙して声なきで、私は哀しむ民族の黙して声なき理由を知った。ああ、沈黙! 沈黙! 沈黙のなかで爆発しなければ、沈黙のなかで滅びるだけだ」

「沈黙のなかで滅び」ようとしている、日本が「沈黙のなかで声なきび」……いずれにせよ、何で日本語なんか学ぶのかという白い眼の中で、それを学んだ若者たちの作文は貴重である。

朝日新聞掲載記事のため、本文の書き起こしは省略します。

「爆買い」超える交流を
中国で日本語学ぶ若者に聞く

横井裕・中国大使（中央）から表彰を受ける最優秀賞者ら＝12日、北京の日本大使館、延与光貞撮影

● 中国人の日本語作文コンクール

今年で12回目を迎えた「中国人の日本語作文コンクール」の表彰式が12日、北京で開かれた。今年のテーマの一つは「訪日中国人の『爆買い』以外にできること」。急増する中国人観光客とその消費ぶりが印象づける中国の若者が、日本のどのような姿に心を引かれているのだろうか。12日に北京で開かれた同コンクールの表彰式で、中国で日本語を学ぶ受賞者たちの率直な思いを聞いた。

日中間の相互理解促進を目的とした2005年に始まった。日本僑報社が主催し、朝日新聞社がメディアパートナー。12回目の今年は過去最多となる5100本の応募があった。今年のテーマは中国人訪日観光客による「爆買い」や「日本語教育の現場から」「応募者全員執筆・編集者選『日本語学習者からの報告・提言』など」。「日本語を学べる人材を育てていきたい」と語った。同社の段躍中・編集長は「受賞作品は日本の宝物。これからも受賞作品を集めた書籍を発刊していく」と話す。受賞作を収めた書籍『訪日中国人、「爆買い」以外にできること』（日本僑報社刊、詳細は同社サイト（http://duan.jp/cn/index.htm））で。

「日本の製品 良くて安い」

山東政法学院の孫さん(21)は、「もし私が日本に行くなら、100%間違いなく爆買いするな。一回じゃ持って帰れない」と話した。

「爆買いにはマナー問題があるけれど、買い値打ちはある。商品の質は良くて安いから、多くの中国人にとってはいいことだと思う」

今年、日本を訪れた中国人は9月末時点で500万人以上。年内に迫る勢いで、700万人の過去最多だった昨年を上回る見込みだ。中国人民元の金起延さん(20)は「私自身は爆買いしたことはない」と語るが、「中国人で日本製の商品の質は良くて安いと感じる人は多く、その購買行為は年齢層の違いを問わず多い」と河北省から来た謝君鵬さん(35)。中国でも多くの学生はまじめで、多くの行動力の強さを誇りに感じているようだ。

「高い購買力 中国の誇り」

意味はないと、その実態もあまり知られていないという状態だから、ブームだけの要因ではないかな」と話した。

「次回の訪日 伝統に興味」

中南財経政法大の大学院出身の王劉巍さん(24)は昨年11月の北京の国際会議の際に、日本語を学ぶ学生と先輩の3本に出会い日本に興味を持ち、初めて日本に行った。日本の伝統文化を学ぶことで、新鮮に感じた。「おもてなし」を食べる楽しさにも感動し、「次回の訪日では伝統的なもっと知りたい」。

「日本人が中国人に対しての日本のイメージしか持っていないと思ったら、悲しい」。中国で信頼性を獲得し、町を巡り京都で動物を見て新鮮に感じた。「おもてなし」を食べる楽しさにも感動し、「次回の訪日では伝統的なものをもっと知りたい」。

(北京＝貝英善、延与光貞)

大好きな日本語で 日中つなぐ職が夢
最優秀賞の白宇さん(22)

最優秀賞（日本大使賞）を受賞した南京理工大学の白宇さん(22)は中国内陸部・安徽省の農村出身。実家も農家だ。「保守的な土地柄で、日本へのイメージが良くなかった」

尖閣諸島をめぐって日中関係が悪化した2012年9月に入学。会計などを勉強したかったが、希望していなかった日本語学科に配属された。「専門に絶望して母親を悲観した」と振り返った。

そんな白さんが日本語作文で出会った「広島佳先生」。

演習授業で、安倍首相の国会答弁の「深化できている」という言葉を使って作文した学生たちに、訪日経験者の佳先生が口にしたのは「中国人がみんなこんな風に考えているのかと思うと悲しくなった」。同感の白さんは約半年後、神戸に短期留学していた間、佳先生の「買い物を通じて日本を楽しんではいけない」「もっと日本人に日本を知ってほしい」という呼びかけに応えた。「日本人の良さを知るきっかけになる。次は日本人に中国の良さを知ってもらいたい」

今秋、南京大学の大学院に進み、日本語を学ぶ。教師や外交官、通訳などを学び、中国をつなぐ仕事に就くのが夢だ。12日の表彰式では、「横井さん。家族や友人へのプレゼントの『爆買い』を楽しんでほしい」と話した。留学した日本人や友人を通じて感じている日本人の優しさを知らせたい」

2017年3月27日

朝日新聞 特派員メモ
白さんの思いを胸に ◆東京

第12回「中国人の日本語作文コンクール」で最優秀賞に選ばれた南京大学大学院の白宇さん(22)が先月、日本にやってきた。昼食をとりながら本音を聞く機会があった。

白さんは日本好きだったわけではない。ふるさと安徽省の農村は保守的で、日本によい印象は持っていない。ところが大学では希望していない日本語学科に配属された。

思いを変えたのは、2人の日本人教師。熱心な指導に心を打たれた。勉強に没頭し、日本の魅力を知った。春節に両親に日本人を連れて里帰りをしてみせた。村の雰囲気も変わった。白さんの受賞みな喜んでいるという。

「爆買い」や漫画、文学をきっかけに、日本を体感したいと思う中国人は多い。それぞれの経験を通した日本観が若者を中心に広がっているという。白さんは「日本人に中国の魅力を伝えていきたい」と言語学にとどまらず、訪日した者を知る日本人だけでなく、中国を知る日本人も増えれば、中国をより冷静にも見られるはずだ。相互理解に、私はもうすぐ北京へ赴任する。微力ながらお互い貢献したいと思う。
(福田直之)

【編者略歴】
段 躍中（だん やくちゅう）
日本僑報社代表、日中交流研究所所長。
1958年中国湖南省生まれ。有力紙「中国青年報」記者・編集者などを経て、1991年に来日。2000年新潟大学大学院で博士号を取得。
1996年日本僑報社を創立。以来、書籍出版をはじめ、日中交流に尽力している。
2005年から日中作文コンクールを主催。2007年8月に「星期日漢語角」（日曜中国語サロン）、2008年9月に出版翻訳のプロを養成する日中翻訳学院を創設。
1999年と2009年の2度にわたり中国国務院の招待を受け、建国50周年・60周年の国慶節慶祝行事に参列。
2008年小島康誉国際貢献賞、倉石賞を受賞。2009年日本外務大臣表彰受賞。
北京大学客員研究員、湖南大学客員教授、立教大学特任研究員、日本経済大学特任教授などを兼任。
主な著書に『現代中国人の日本留学』『日本の中国語メディア研究』など多数。
詳細：http://my.duan.jp/

第14回中国人の日本語作文コンクール受賞作品集
中国の若者が見つけた 日本の新しい魅力
特別収録…現場の日本語教師の体験手記「私の日本語作文指導法」

2018年12月25日　初版第1刷発行
編　者　　段　躍中（だん やくちゅう）
発行者　　段　景子
発行所　　株式会社日本僑報社
　　　　　〒171-0021 東京都豊島区西池袋3-17-15
　　　　　TEL03-5956-2808　FAX03-5956-2809
　　　　　info@duan.jp
　　　　　http://jp.duan.jp
　　　　　中国研究書店 http://duan.jp

©Duan Press 2018　Printed in Japan.　　　　　ISBN 978-4-86185-267-1　C0036

忘れられない中国滞在エピソード

旅华故事

主催 日本僑報社

日中平和友好条約40周年記念
心と心つないだ餃子

【第1回】受賞作品集　2018年12月発売

近くて遠い大国・中国の本当の姿とは？
日本全国から寄せられた涙と感動の実体験を収録！

伊佐進一・小島康誉 ほか44人 [著]
段躍中 [編]

A5判208頁 2200円＋税
ISBN 978-4-86185-265-7

忘れられない中国留学エピソード
日中対訳
难忘的中国留学故事

近藤昭一、西田実仁など48人 著
A5判272頁 2600円＋税
ISBN 978-4-36185-243-5
2017年12月刊行

第2回 忘れられない中国滞在エピソード
2019年 開催決定!!

内 容

「忘れられない中国滞在エピソード」
中国滞在時の貴重な思い出、帰国後の中国とのかかわり、近況報告、中国の魅力、今後の日中関係への提言など。忘れられない思い出やとっておきのエピソードなどを募集します。

対 象

中国に滞在経験のある日本人
（長短期問わず、現在滞在中の方も応募可）

【応募の宛先】**40@duan.jp**

特 典

入選作品は単行本としてまとめ、毎年秋に刊行。表彰式ならびに出版記念会を開催する予定です。

入選作品からは、**最優秀賞（中国大使賞）**（1名）をはじめ、**一等賞、二等賞、三等賞、佳作賞**を選出。単行本への掲載のほか、副賞の贈呈も予定しています。

お問い合わせ

TEL 03-5956-2808　FAX 03-5956-2809
E-mail info@duan.jp

詳細 ☞ **http://duan.jp/cn/** 中国滞在エピソードHP

日本僑報社好評既刊書籍

日中語学対照研究シリーズ
中日対照言語学概論
―その発想と表現―

高橋弥守彦 著

中日両言語は、語順や文型、単語など、いったいなぜこうも表現形式に違いがあるのか。
現代中国語文法学と中日対照文法学を専門とする高橋弥守彦教授が、最新の研究成果をまとめ、中日両言語の違いをわかりやすく解き明かす。

A5判256頁 並製 定価3600円＋税
2017年刊 ISBN 978-4-86185-240-4

日中文化DNA解読
心理文化の深層構造の視点から

尚会鵬 著
谷中信一 訳

昨今の皮相な日本論、中国論とは一線を画す名著。
中国人と日本人、双方の違いとは何なのか？文化の根本から理解する日中の違い。

四六判250頁 並製 定価2600円＋税
2016年刊 ISBN 978-4-86185-225-1

同じ漢字で意味が違う
日本語と中国語の落し穴
用例で身につく「日中同字異義語100」

久佐賀義光 著
王達 中国語監修

絶対に間違えてはいけない単語から話のネタまで、"同字異義語"を楽しく解説した人気コラムが書籍化！中国語学習者だけでなく一般の方にも。漢字への理解が深まり話題も豊富に。

四六判252頁 並製 定価1900円＋税
2015年刊 ISBN 978-4-86185-177-3

病院で困らないための日中英対訳
医学実用辞典

松本洋子 編著

海外留学・出張時に安心、医療従事者必携！指さし会話集＆医学用語辞典。本書は初版『病院で困らない中国語』（1997年）から根強い人気を誇るロングセラー。すべて日本語・英語・中国語（ピンインつき）対応。豊富な文例・用語を収録。

A5判312頁 並製 定価2500円＋税
2014年刊 ISBN 978-4-86185-153-7

日本の「仕事の鬼」と中国の〈酒鬼〉
漢字を介してみる日本と中国の文化

冨田昌宏 編著

鄧小平訪日で通訳を務めたベテラン外交官の新著。ビジネスで、旅行で、宴会で、中国人もあっと言わせる漢字文化の知識を集中講義！
日本図書館協会選定図書

四六判192頁 並製 定価1800円＋税
2014年刊 ISBN 978-4-86185-165-0

日本語と中国語の妖しい関係
中国語を変えた日本の英知

松浦喬二 著

「中国語の単語のほとんどが日本製であることを知っていますか？」
一般的な文化論でなく、漢字という観点に絞りつつ、日中関係の歴史から説明、そして現在の日中関係までを検証したユニークな一冊。中国という異文化を理解するための必読書。

四六判220頁 並製 定価1800円＋税
2013年刊 ISBN 978-4-86185-149-0

中国漢字を読み解く
～簡体字・ピンインもらくらく～

前田晃 著

簡体字の誕生について歴史的かつ理論的に解説。三千数百字という日中で使われる漢字を整理し、体系的な分かりやすいリストを付す。
初学者だけでなく、簡体字成立の歴史的背景を知りたい方にも最適。

A5判186頁 並製 定価1800円＋税
2013年刊 ISBN 978-4-86185-146-9

日中常用同形語用法
作文辞典

曹櫻 編著
佐藤晴彦 監修

同じ漢字で意味が異なる日本語と中国語。誤解されやすい語を集め、どう異なるのかを多くの例文を挙げながら説明。いかに正確に自然な日本語、中国語で表現するか。初級から上級まで幅広い学習者に有用な一冊。

A5判392頁 並製 定価3800円＋税
2009年刊 ISBN 978-4-86185-086-8

日本僑報社好評既刊書籍

日中中日翻訳必携

武吉次朗 著

古川 裕（中国語教育学会会長・大阪大学教授）推薦のロングセラー。著者の四十年にわたる通訳・翻訳歴と講座主宰及び大学での教授の経験をまとめた労作。

四六判177頁 並製 定価1800円＋税
2007年刊 ISBN 978-4-86185-055-4

日中中日翻訳必携 実戦編
よりよい訳文のテクニック

武吉次朗 著

好評の日中翻訳学院「武吉塾」の授業内容が一冊に！
実戦的な翻訳のエッセンスを課題と訳例・講評で学ぶ。
『日中中日翻訳必携』姉妹編。

四六判177頁 並製 定価1800円＋税
2007年刊 ISBN 978-4-86185-160-5

日中中日翻訳必携 実戦編Ⅱ
脱・翻訳調を目指す訳文のコツ

武吉次朗 著

日中翻訳学院「武吉塾」の授業内容を凝縮した『実戦編』第二弾！
脱・翻訳調を目指す訳文のコツ、ワンランク上の訳文に仕上げるコツを全36回の課題と訳例・講評で学ぶ。

四六判192頁 並製 定価1800円＋税
2016年刊 ISBN 978-4-86185-211-4

日中中日翻訳必携 実戦編Ⅲ
美しい中国語の手紙の書き方・訳し方

千葉明 著

日中翻訳学院の武吉次朗先生が推薦する『実戦編』第三弾！
「尺牘」と呼ばれる中国語手紙の構造を分析して日本人向けに再構成し、テーマ別に役に立つフレーズを厳選。

A5判202頁 並製 定価1900円＋税
2017年刊 ISBN 978-4-86185-249-7

日中中日翻訳必携 実戦編Ⅳ
こなれた訳文に仕上げるコツ

武吉次朗 編著

「実践編」第四段！「解説編」「例文編」「体験談」の各項目に分かれて、編著者の豊かな知識と経験に裏打ちされた講評に加え、図書翻訳者としてデビューした受講生たちの率直な感想を伝える。

四六判176頁 並製 定価1800円＋税
2018年刊 ISBN 978-4-86185-259-6

『日本』って、どんな国？
―初の【日本語作文コンクール】世界大会―
101人の「入賞作文」

大森和夫・弘子 編著
（国際交流研究所）

初の日本語作文コンクール世界大会入選集。54カ国・地域の約5千編から優秀作101編を一挙掲載！
世界の日本語学習者による「日本再発見！」の作品集。

四六判240頁 並製 定価1900円＋税
2017年刊 ISBN 978-4-86185-248-0

中国人ブロガー22人の「ありのまま」体験記
来た！見た！感じた!! ナゾの国 おどろきの国
でも気になる国日本

中国人気ブロガー招へい
プロジェクトチーム 編著
周藤由紀子 訳

誤解も偏見も一見にしかず！SNS大国・中国から来日したブロガーがネットユーザーに発信した「100％体験済み」の日本論。

A5判208頁 並製 定価2400円＋税
2017年刊 ISBN 978-4-86185-189-6

新中国に貢献した日本人たち

中日関係史学会 編
武吉次朗 訳

元副総理・故後藤田正晴氏推薦!!
埋もれていた史実が初めて発掘された。登場人物たちの高い志と壮絶な生き様は、今の時代に生きる私たちへの叱咤激励でもある。
－後藤田正晴氏推薦文より

A5判454頁 並製 定価2800円＋税
2003年刊 ISBN 978-4-93149-057-4

好評発売中！ 日中翻訳学院 受講生の訳書

第13次五カ年計画
胡鞍鋼 著
小森谷玲子 訳
1800円+税
978-4-86185-222-0

中国発展のメカニズム
程天権 著
中西真 訳
2500円+税
978-4-86185-143-8

中国出版産業データブック
国家新聞出版総局 著
井площад綾、舩山明音 訳
2800円+税
978-4-86185-180-3

新疆物語
王麒誠 著
本田朋子 訳
980円+税
978-4-86185-179-7

中国発展報告―最新版
陳雨露 監修 袁衛、彭非 編著
平間初美 訳
3800円+税
978-4-86185-178-0

人民元読本
陳雨露 著
森宣之 訳
2200円+税
978-4-86185-147-6

大国の責任とは
金燦栄 著
本田朋子 訳
2500円+税
978-4-86185-168-1

中国のグリーン・ニューディール
胡鞍鋼 著
石垣優子、佐鳥玲子 訳
2300円+税
978-4-86185-134-6

中国の未来（受講生訳書第一号）
金燦栄 等 著
東滋子 訳
1900円+税
978-4-86185-139-1

第1巻 一角札の冒険
豊子愷
小室あかね 訳
978-4-86185-190-2

第2巻 少年音楽物語 第3巻 博士と幽霊 第4巻 小さなぼくの日記 第5巻 わが子たちへ 第6巻 少年美術物語 第7巻 中学生小品

藤村とも恵 訳
978-4-86185-193-3

柳川悟子 訳
978-4-86185-195-7

東滋子 訳
978-4-86185-192-6

藤村とも恵 訳
978-4-86185-194-0

舩山明音 訳
978-4-86185-232-9

黒金祥一 訳
978-4-86185-191-9

『源氏物語』翻訳などで知られる **豊子愷（ほうしがい）児童文学全集**（全7巻 各1500円+税）海老名香葉子さん推薦

日中翻訳学院のご案内   http://fanyi.duan.jp

　日本僑報社は2008年9月、北京オリンピックを支援する勉強会を母体に、日中の出版交流を促進するため、「日中翻訳学院」を設立しました。

　「日中翻訳学院」は、「出版翻訳」の第一線で活躍したい人々の夢を実現する場です。「日文中訳」や「中文日訳」のコースを設け、厳選された文芸作品、学術書、ビジネス書などのオリジナル教材を使って、高度な表現力を磨き、洗練された訳文を実現します。

　当学院の学習者と修了生には、日本僑報社の翻訳人材データバンクへの無料登録に加え、翻訳、監訳の仕事が優先的に紹介されるという特典があります。自ら出版、翻訳事業を手がける日本僑報社が設立した当学院だからこそ、「学び」が「仕事」につながるというメリットがあります。

　実績豊富な一流の講師陣が揃い、一人ひとりに対応した丁寧な指導で、着実なステップアップを図ります。メールによる的確な添削指導を行う通信講座のほか、スクーリングでは、それぞれのキャリアや得意分野を持つ他の受講生との交流や情報交換がモチベーションを向上させ、将来の仕事に生きる人脈も築かれます。

　中国の翻訳界と友好関係にあり、実力養成の機会や活躍の場がますます広がっています。

好評発売中！ 日中翻訳学院 受講生の訳書

習近平はかく語りき（受講生訳書37冊目）
人民日報評論部 編著
武吉次朗 監訳 日中翻訳学院 訳
3600円＋税
978-4-86185-255-8

中国コンテンツ産業対外貿易の研究
劉建華 著
大島義和 訳
4800円＋税
978-4-86185-258-9

中国政治経済史論 毛沢東時代
胡鞍鋼 著
日中翻訳学院 訳
16000円＋税
978-4-86185-221-3

「一帯一路」詳説
王義桅 著
川村明美 訳
3600円＋税
978-4-86185-231-2

中国集団指導体制の「核心」と「七つのメカニズム」
胡鞍鋼、楊竺松 著
安武真弓 訳
1900円＋税
978-4-86185-245-9

習近平政権の新理念
胡鞍鋼、鄢一龍、唐嘯 他著
日中翻訳学院 訳
1900円＋税
978-4-86185-233-6

任正非の競争のセオリー
Zhang Yu, Jeffrey Yao 著
日中翻訳学院 訳
1600円＋税
978-4-86185-246-6

悩まない心をつくる人生講義
チーグアン・ジャオ 著
町田晶 訳
1900円＋税
978-4-86185-215-2

中国名記者列伝 第二巻／新中国を拓いた記者たち 上下巻
柳斌傑、李東東 編
加藤青延 監訳 黒金祥一 訳
3600円＋税
978-4-86185-237-4

柳斌傑、李東東 編
河村知子 訳 2800円＋税
978-4-86185-230-5
978-4-86185-239-8

SUPER CHINA
胡鞍鋼 著
小森谷玲子 訳
2700円＋税
978-4-9909014-0-0

漫画で読む李克強総理の仕事
チャイナデイリー 編著
本田朋子 訳
1800円＋税
978-4-9909014-2-4

目覚めた獅子
黄衛平 著
森永洋花 訳
2800円＋税
978-4-86185-202-2

中国の発展の道と中国共産党
胡鞍鋼、王紹光、周建明、韓毓海 著 中西真 訳
3800円＋税
978-4-86185-200-8

中国企業成長調査研究報告
伊志宏 主編 RCCIC 編著
森永洋花 訳
3600円＋税
978-4-86185-216-9

中国による平和
李景治 著
林永健 訳
2600円＋税
978-4-86185-212-1

中国人の価値観
宇文利 著
董松なほ 訳
1800円＋税
978-4-86185-210-7

新疆世界文化遺産図鑑
小島康誉、王衛東 三編
本田朋子 訳
1800円＋税
978-4-86185-209-1

チャイニーズドリーム
任暁駟 編著
速水澄 訳
1900円＋税
978-4-86185-213-8

現代中国カルチャーマップ
孟繁華 著
脇屋克仁、松井仁子 訳
2800円＋税
978-4-86185-201-5

人気の中文和訳講座「武吉塾」「高橋塾」受講生募集中！
日中翻訳学院
http://fanyi.duan.jp

学術研究 お薦めの書籍

● **中国の人口変動─人口経済学の視点から**
第1回華人学術賞受賞　千葉大学経済学博士学位論文　李仲生著　本体6800円＋税　978-4-931490-29-1

● **現代日本語における否定文の研究**─中国語との対照比較を視野に入れて
第2回華人学術賞受賞　大東文化大学文学博士学位論文　王学群著　本体8000円＋税　978-4-931490-54-3

● **日本華僑華人社会の変遷**（第二版）
第2回華人学術賞受賞　廈門大学博士学位論文　朱慧玲著　本体8800円＋税　978-4-86185-162-9

● **近代中国における物理学者集団の形成**
第3回華人学術賞受賞　東京工業大学博士学位論文　清華大助教授楊艦著　本体14800円＋税　978-4-931490-56-7

● **日本流通企業の戦略的革新**─創造的企業進化のメカニズム
第3回華人学術賞受賞　中央大学総合政策博士学位論文　陳海権著　本体9500円＋税　978-4-931490-80-2

● **近代の闇を拓いた日中文学**─有島武郎と魯迅を視座として
第4回華人学術賞受賞　大東文化大学文学博士学位論文　康鴻音著　本体8800円＋税　978-4-86185-019-6

● **大川周明と近代中国**─日中関係のあり方をめぐる認識と行動
第5回華人学術賞受賞　名古屋大学法学博士学位論文　呉懐中著　本体6800円＋税　978-4-86185-060-8

● **早期毛沢東の教育思想と実践**─その形成過程を中心に
第6回華人学術賞受賞　お茶の水大学博士学位論文　鄭萍著　本体7800円＋税　978-4-86185-076-9

● **現代中国の人口移動とジェンダー**─農村出稼ぎ女性に関する実証研究
第7回華人学術賞受賞　城西国際大学博士学位論文　陸小媛著　本体5800円＋税　978-4-86185-088-2

● **中国の財政調整制度の新展開**─「調和の取れた社会」に向けて
第8回華人学術賞受賞　慶應義塾大学博士学位論文　徐一睿著　本体7800円＋税　978-4-86185-097-4

● **現代中国農村の高齢者と福祉**─山東省日照市の農村調査を中心として
第9回華人学術賞受賞　神戸大学博士学位論文　劉燦著　本体8800円＋税　978-4-86185-099-8

● **近代立憲主義の原理から見た現行中国憲法**
第10回華人学術賞受賞　早稲田大学博士学位論文　晏英著　本体8800円＋税　978-4-86185-105-6

● **中国における医療保障制度の改革と再構築**
第11回華人学術賞受賞　中央大学総合政策学博士学位論文　羅小青著　本体6800円＋税　978-4-86185-108-7

● **中国農村における包括的医療保障体系の構築**
第12回華人学術賞受賞　大阪経済大学博士学位論文　王峥著　本体6800円＋税　978-4-86185-127-8

● **日本における新聞連載 子ども漫画の戦前史**
第14回華人学術賞受賞　同志社大学博士学位論文　徐園著　本体7000円＋税　978-4-86185-126-1

● **中国都市部における中年期男女の夫婦関係に関する質的研究**
第15回華人学術賞受賞　お茶の水大学大学博士学位論文　于建明著　本体6800円＋税　978-4-86185-144-5

● **中国東南地域の民俗誌的研究**
第16回華人学術賞受賞　神奈川大学博士学位論文　何彬著　本体9800円＋税　978-4-86185-157-5

● **現代中国における農民出稼ぎと社会構造変動に関する研究**
第17回華人学術賞受賞　神戸大学博士学位論文　江秋鳳著　本体6800円＋税　978-4-86185-170-4

「大平学校」と戦後日中教育文化交流
日本語教師のライフストーリーを手がかりに
徐一平　中国日本語教育研究会名誉会長・元北京日本学研究センター長
新保敦子　早稲田大学教育学部教授　推薦！
孫暁英著　本体3600円＋税　ISBN 978-4-86185-206-0

日中経済とシェアリングエコノミー
宮本雄二　元中国大使　監修　学生懸賞論文集 Vol.4
本体3000円＋税　978-4-86185-256-5

華人学術賞　論文募集中
お申込み・お問い合わせ先　info@duan.jp